WILEY

i产权

全球创新时代的智力成果获利

iProperty

Profiting from Ideas in an Age Of Global Innovation

[美] 威廉·A. 巴雷特（William A. Barrett） | 克里斯托弗·H. 普里斯（Christopher H. Price） | 托马斯·E. 亨特（Thomas E. Hunt） 著

李纪珍　崔杨杨　汪樟发 ◎译

清华大学出版社
北　京

北京市版权局著作权合同登记号　图字：01-2017-8962

William A. Barrett，Christopher H. Price，Thomas E.Hunt
iProperty: Profiting from Ideas in an Age of Global Innovation
ISBN: 978-0-470-17179-0

图书在版编目(CIP)数据

i 产权 : 全球创新时代的智力成果获利 / (美) 威廉 • A. 巴雷特 (William A. Barrett) , (美) 克里斯托弗 • H. 普里斯 (Christopher H. Price) , (美) 托马斯 • E. 亨特 (Thomas E. Hunt) 著 ; 李纪珍 , 崔杨杨 , 汪樟发译 . —北京：清华大学出版社，2021.1
（清华创新管理前沿丛书）
书名原文：iProperty: Profiting from Ideas in an Age of Global Innovation
ISBN 978-7-302-54870-6

Ⅰ . ① i…　Ⅱ . ①威… ②克… ③托… ④李… ⑤崔… ⑥汪…　Ⅲ . ①企业管理—创新管理
Ⅳ . ① F273.1

中国版本图书馆 CIP 数据核字 (2020) 第 039352 号

责任编辑：高晓蔚
封面设计：汉风唐韵
版式设计：方加青
责任校对：王荣静
责任印制：沈　露

出版发行：清华大学出版社
网　　址：http://www.tup.com.cn，http://www.wqbook.com
地　　址：北京清华大学学研大厦 A 座　　邮　　编：100084
社 总 机：010-62770175　　邮　　购：010-62786544
投稿与读者服务：010-62776969，c-service@tup.tsinghua.edu.cn
质 量 反 馈：010-62772015，zhiliang@tup.tsinghua.edu.cn
印 装 者：三河市龙大印装有限公司
经　　销：全国新华书店
开　　本：170mm×230mm　　印　　张：17.25　　字　　数：251 千字
版　　次：2021 年 1 月第 1 版　　印　　次：2021 年 1 月第 1 次印刷
定　　价：99.00 元

产品编号：075443-01

不采用新方法的人迟早会遇到新危机——因为时间是最伟大的创新者。

——弗朗西斯·培根

评价与推荐

Reviews

不论你是否拥有一个运转良好的知识产权开发体系，本书都有助于倍增运转速度，以提高贵公司知识产权工作的产量、质量与价值。书中提到的流程看似简单，但它实际能产生巨大的效果。请读一读这本书，否则你就只能眼看着自己的知识产权开发体系被竞争对手所超越。

安迪·吉布斯，PatentCafe® 公司主席、CEO

想要创立一家企业，使其发展壮大，或是想要从全球技术商业领域里获得融资，都必须有一份全面而令人信服的知识产权战略。本书为知识产权总体规划的制定与执行提供了详细可行的路线图。不论你是业内经验丰富的资深人士，还是企业家新人，都可以在本书中获得许多宝贵的经验。

B. 杰斐逊·克拉克，Aurora 基金公司主理合伙人

在这个全球创新的时代，本书为企业如何制定一份成功的知识产权战略提供了独特的路径。本书极具可读性，能够为研究人员、实业家、律师、知识经济学者，以及其他对于如何通过知识和知识产权创造财富感兴趣的人士提供助益。

阿尼迪亚·西尔卡博士，印度 Biocon 公司首席知识产权顾问

本书是一本企业高管和知识产权专业人士的必读书籍。它向我们展示了如何构建一个知识产权宝库，以及如何将它整合在企业战略之中。同时，它也告诉我们应该如何去管理和利用这些知识产权组合，从而在全球市场竞争中获胜。

理查德·贝克，3Com 公司知识产权许可主管

本书三位作者实际上撰写的是一本从业者手册，与我们分享了应该如何与管理者、投资人及全球其他关键利益相关者沟通知识产权所具有的价值这一问题，以及应该如何规划知识产权工作等重要的框架性问题。为了将这些可获取经济收益的创新与企业的经营战略融为一体，本书也将一些必备工具与管理方面的成败案例一并呈现在读者面前。对于任何将实行企业战略作为其部分职业使命的管理者来说，本书都是一本必读书。

巴里•布拉格，Preception 公司主理合伙人

不管你是一家刚起步的公司还是一家大公司，本书所提出的战略与技术方法都将很有帮助。在如何保护智力成果方面，书中提出的一些处理方式将使任何一家技术创新公司都从长远角度来认真思考这一问题。

埃德•索耶，SBE 有限公司 CEO

第二部分 扁平世界里的 i 产权战略

第三部分 i产权战术：使影响最大化

绪　论

重新思考知识产权

在过去，我们把对智力成果（ideas）的法律保护称为“知识产权”（intellectual property），或简称为IP。一个常见的比喻就是将知识产权看作一块房地产周围竖起的尖尖的栅栏。但在当今以及未来激烈的全球竞争中，只有那些能够持续不断地为消费者提供新产品与服务的企业才能兴旺昌盛，而这种“尖尖的栅栏”在保护智力成果方面所发挥的作用已不再足够有效了。当然，鉴于“知识产权”是一个法律术语，我们不能完全废弃不用。但我们认为，现在是时候——过去就应该已经完成——去重新展望这个用知识产权来保护创新的“非黑即白的世界”了。我们将这个新愿景称为“i产权”（iProperty）世界。

“i产权”[①]是知识产权加上全球战略和全球执行，以及适度成分的、由业务驱动的常识。它关乎大大小小的所有创新型企业。“i”不仅代表了“知识”（intellectual）一词，该词在普林斯顿词典中被定义为“头脑的”“与头脑有关的”或“需要使用头脑的”，“i”还代表：

① 译者注：我们在书中将iProperty皆译为“i产权”。本书作者提出“i产权”（iProperty）是要区别于一般意义上的“知识产权”（intellectual property），并在本书中以英文特殊缩写的方式对此加以注明和强调。从书中此处的解释以及后文运用来看，“i产权”的核心是知识产权，内涵相对更丰富。

- 想象力（imagination）——不只是遵守惯例，而是展望未来的能力；
- 构思力（ideation）——不只是随机思维，而是积极主动地发明创新；
- 洞察力（insight）——不是未经处理的原始信息，而是拥有了辨析方向的能力；
- 创新力（innovation）——不只是智力成果，而要将其商业化；
- 国际化的（international）——不只是自家后院，而是任何地方、每个地方；
- 无形的（intangible）——不只是土地、厂房、劳动力和资本，而是富于创造力的人才和新颖的创意；
- 集成（integration）——不只是专利，而是集科学、技术、企业愿景及目标、知识资产的经济学及保护为一体。

“i 产权”是速度、力量以及战略精准性的强有力组合。如果知识产权是房地产周围竖起的尖尖栅栏，那么“i 产权”就像是一辆使用生物燃料的麦克牌卡车，满载货物，由一位喝着红牛牌咖啡因饮料的司机驾驶着，正以 100 英里的时速向特定目的地飞驰。而一个设计良好的“i 产权”组合就像是一个经过统一部署的麦克牌卡车车队，正锁定目标驶向全球各个目的地。所以，我们必须严肃对待“i 产权”，当然，更不可忽视它。在这样一个竞争优势难以获得、更难以保持的时代，那些忽视自己“i 产权”的创新者会丧失维持竞争优势的力量；而那些忽视别人“i 产权”的创新者，也会走向穷途末路。

“i 产权”的世界不接受一如往常的、将专利权事项留给专利律师去处理的思维模式。高效的 i 产权公司意识到，如果智力成果是全球经济中最宝贵的资源，那么“拥有”智力成果的公司就比那些不拥有它们的公司更具竞争优势。当我们说“拥有”一词时，并不仅仅表示的是“为自己所有”。当托马斯·亨特（本书作者之一）的孩子在游戏中打败朋友时，获胜一方会以“完胜”（ownage）一词奚落对手。“完胜”的重点不是说打了一场漂亮仗，而是强调彻底击败了对手。完胜意味着对整个游戏空间的所有权，从而使潜在的竞争对手要经过再三考量才敢冒着被猛力打击的风险进入你的地盘。通过阻止竞争对手、产生授权许可收入、提高公司声望、确保行动自由、树立相关标准、建立有效联系等方式，“完胜”得以发挥杠杆作用，服务公司股东利益。[①]

因此，“i 产权”是关于“完胜”的产权。那些创造或获取了最佳的、也是最具经济价值的智力成果，并且在全世界“拥有”这些智力成果的公司，才是“完胜”的。这里所谓的“拥有”，指的是这些智力成果能通过一种有效阻碍竞争对手参与竞争的方式被施以保护。“完胜”不仅要求我们能将有关创新产品与服务的智力成果从一开始的概念构想直至将其融入“i 产权”战略组合的一系列过程中都能一直把它们牢牢掌握在手中，也要求我们能自由地将这些智力成果带到每一个经济相关的国家市场中去，并且不受到竞争对手“i 产权”的干扰与阻碍。然而具有讽刺意味的是，这样一个需要“完胜”的时代，却也正是一个由于创新的全球扩散而使“完胜”比以往更难以实现与守护的时代。

争夺未来

当今全球经济中，几乎众所周知的就是公司的价值甚至经济体本身都越来越多地建立在知识产权这一基础之上。正如 2006 年英国众议院委托撰写的一篇报告中所说的那样：

> 1984 年在伦敦证券交易所上市的前十名公司合计有 400 亿美元的市值以及同等价值的净资产。经过二十年的发展，这些最大公司的资产存量翻番，但它们的市值却增长了近十倍。[②]

① Marshal Phelps, “Turning a Patent Portfolio into a Profit Center,” in *Making Innovation Pay: People Who Turn IP into Shareholder Value*, ed. Bruce Berman (Hoboken, NJ: John Wiley & Sons, Inc., 2006), 30.

② British Department of the Treasury, *Gowers Review of Intellectual Property* (Norwich, United Kingdom: The Stationery Office, 2006).

该报告将这种价值上的差异归因于知识资产，如商誉、声誉和知识资本。据一项估计，美国 GDP 的大约一半都是基于知识产权的！[①]两百多年来，生产要素被认为包括土地、劳动力和资本；而现在，生产要素则是人、智力成果和产品。[②]Ocean Tomo 公司创立了一项根据专利组合实力对公司进行排名的股票指数，公司总经理基斯•科多扎认为："今天，当我购买 100 股通用电气公司（General Electric）的股票时，并不是说我由此获得了该工厂的大量库存。我购买这家公司的股票是由于它的创新与技术，而且这是被体现在专利组合之中的。"[③]同时，我们认为还要将商业秘密、技术诀窍以及其他形式的 i 产权价值加上。

关于公司的 i 产权流程和 i 产权组合，为什么多数高层管理者都知之甚少呢？高层管理者能快速地将本企业员工人数、工厂建筑面积等各方面数据与竞争对手进行比较，但关于 i 产权却几乎很难说出只言片语。此外，鉴于缺乏对 i 产权的重视，他们对自己公司 i 产权的许多观念与阐述也就只能是不准确的了。

在畅销书《竞争大未来》中，作者加里•哈默尔和普拉哈拉德描述了他们是如何考察公司经理人以弄清他们如何建立公司未来观的过程。[④]首先，询问他们有多少时间用于"眼光向外"地考察会对公司发生影响的外部议题。接下来，在这些"眼光向外"的时间里，又有多少时间用于从提前 5 年或 10 年的角度来考察所处行业的未来。最后，在这些"向外看"和"向前看"的时间里，又有多少时间用于与同事们一起建立一个"有深度共识的、经得起考验的未来观"。哈默尔和普拉哈拉德观察到，高层管理者在这种用于建立公司未来观的"向外看"和"向前看"的活动中通常只花费了不到 3% 的时间。

当谈到 i 产权时，这一问题就更令人沮丧了。很少有公司在传统意义上

---

① "New Ideas about Ideas," *The Economist*（December 9，2006），66.

② David Warsh，*Knowledge and the Wealth of Nations*：*A Story of Economic Discovery*（New York：W. W. Norton，2007），introduction.

③ 基斯•科多扎与作者在 2007 年 5 月的讨论。

④ Gary Hamel and C. K Prahalad，*Competing for the Future*（Boston：Harvard Business School Press，1994），3–4.

的知识产权开发和管理的内部流程上投入大量的经营注意力，在开发前瞻性 i 产权远景方面所投入的资源就更少了。多数公司只是简单地遵循阻力最小原则来行事。哈默尔和普拉哈拉德对公司未能作出正确预见的分析诊断如下：

> 这些问题未能得到回答，因为要想解决这些问题，公司的高层管理者就必须向自己和员工承认，对于完全掌控公司未来这一目标而言，他们还有一些差距。他们也必须承认，他们今天所掌握的知识和经验——保证了自己当前在公司所处地位的合理性——但对于公司的未来发展来说可能是毫不相关的或者是具有误导性的。[①]

也许再也没有比触及和改变企业角落里的知识产权“孤岛”更乏味与更困难的了。无论这个“孤岛”是在企业内部还是在某个遥远的精通知识产权事务的律师事务所，那些投身于保护企业知识产权工作的人往往是企业中一体化与协调化程度最低的成员。我们有机会从律师、顾问以及企业高管的角度观察到很多企业内部的情况，也看到了很多高管层为打破旧知识产权模式，全力支持与推行改进后的 i 产权流程所做的努力，但这些努力都停滞在了向高管层汇报的专利律师手里。

对于那些外聘专利律师的企业而言，情况也许更为糟糕。因为美国的许多专利事务所及其在世界各地的同行们似乎把更多精力（和计费工时）都放在了设计昂贵流程以保护企业免于承担责任上，而不是用于理解客户业务并创造性地解决客户问题上。如果出现的问题不适用于现存体系，那么就没有了解决方案。

最后，就像哈默尔和普拉哈拉德所说的那样：“紧急事项挤开了重要事项；对公司的未来几乎未作探索；行动能力，而非思维和想象能力，成了衡量领导力的唯一标准。”[①]如果公司不对 i 产权资产的管理方式多加注意，那就不可能指望能在全球创新竞争中获得持续胜利。

---

① Gary Hamel and C. K Prahalad，Competing for the Future（Boston：Harvard Business School Press，1994），5.

什么是i产权？

与“知识产权”这一内涵清晰的词汇不同，i产权无法精确定义。它代表了一种创新性的思路，不仅包括知识产权，还包含了许多其他思想。i产权可以被看作企业在全球经济竞争中强化和延长智力成果优势的方式，为使智力成果获得“完胜”而采用的一整套富于远见的概念、战略和战术。它的基础在于对智力成果保护所处的全球经济、法律和文化环境现状的现实理解。i产权包括三个基本要素：技术智力成果、新颖性和完胜。

技术智力成果，就是指关于技术的智力成果，也就是“怎样做”（how-to）的知识。简单地说，技术智力成果包括任何有关工具、流程、组织和系统的知识应用。智力成果并不局限于典型的研究开发活动，而是可以并且也应该从价值链上的每一个活动中产生，包括监管、制造、营销、销售和分销等。除与传统技术有关的智力成果外，如半导体设计、生物技术，这一术语也包括一些通常并不认为是技术的事情，例如业务流程。为简化起见，我们简单地将技术智力成果称为“智力成果”。

i产权的第二个要素是新颖性。新颖性意味着与过去不连续、领先于当前先进水平、能力有所提升等类似概念。新颖的智力成果应该是首次来到世界上的。旧的、未经改良的智力成果可以成为重要的无形资产，但它们没有机会产生i产权。假如智力成果包括如何制成一种药品、如何组装一台电脑、如何建立一个网站、如何卖给客户一张DVD等，那么新颖的智力成果就包括如何制成一种更好的药物、如何更可靠和经济地组装一台电脑、如何建立一个有更多视窗互动的网站、如何帮助客户使用软件来选择一张他可能找到更多乐趣的DVD。在谈到专利保护时，我们偶尔会使用“发明”这个相关术语来指代新颖的智力成果或潜在的新颖智力成果。

我们要将新颖的智力成果与创新进行区分，因为创新意味着正式实施或引入市场。[①] 每一个被商业化实施的创新都起始于人们头脑中的一个创意，若公司希望有效地保护创新，那就必须从仔细识别与保护这些智力成果开始。

i产权的第三个要素就是我们已经讨论过的“完胜”。知识产权关乎法律上的所有权，而i产权已超越了法律所有权这一层面，它还包括公司用来建立“完胜”的战略、战术。我们有很多建立“完胜”的方法，包括传统的法律保护方式，如专利和商业秘密，以及有关创立、获取和评估智力成果流程的各种理念；建立开源社区；向世人公开成果以阻止其他人再申请专利；签订创意合约；组建专利池；以及向发展中国家的工人支付有吸引力的工资，以降低因员工流失而造成商业秘密和技术诀窍泄露所造成的损失。以上这些方法以及其他各种方法的有效性，因国家和时代的不同而各不相同。真正的“完胜”并不是建立在盲目遵循以往战略的基础上的，而是建立在坚定执着地理解现在、洞悉未来，以及创建与实施经营战略和法律战略的基础上的，以获取现代和未来竞争的胜利。

大多数i产权还有第四个组成部分：可实施性。可实施性是从专利法中借用来的概念。它的意思是该智力成果必须是行得通的。公司经常将可实施性与另一个相关的专利术语“付诸实践”（reduction to practice）相混淆，后者的意思是这项成果已经被看得见摸得着地实施并用于工作中了。然而，可实施性的范围更为广泛，有些智力成果不需要任何的付诸实践，只需在纸上描绘出来或用语言描述出它们的运行，就说明是可实施的了。我们之所以把可实施性列在i产权三大核心要素之外，为的是强调即使智力成果没有真正付诸实施，但如果它们属于可实施的一类，那就可能具有价值。开发过程本身也就是智力成果得以实施的过程，每一家开发创新产品与服务的公司都会在i产权管道中培育一些未实施的智力成果。但i产权并非关乎科幻小说中的一些概念，例如将人类用激光束吸离地球表面或以翘曲速度进行星际航行……至少目前还不是。

我们也知道，如果把焦点放在技术智力成果上的话，会排除掉许多具有

① 见 Keith Smith，“Measuring Innovation，” *The Oxford Handbook of Innovation*，ed. J. Fagerberg，D. Mowery，and R. R. Nelson（Oxford：Oxford University Press，2004），164.

重要经济意义的智力成果，如艺术作品、商业标识和广告脚本等。同时，这也使我们现在讨论中没有包括一些重要且有价值的知识产权类型，如用于保护品牌的商标、用于保护音乐的版权等。鉴于这些话题会带来一系列全然不同的挑战，因而需要在其他地方加以充分论述。

此外，也并不是每项新颖的智力成果都值得用同样的投资去建立完胜局面。我们关于 i 产权的讨论，假定是建立在一个根据市场机遇与竞争压力而对智力成果进行评估的流程基础之上。如果没有潜在的市场利益，也就没有了对 i 产权的需求。如果现有的 i 产权遇到了看似不可逾越的竞争威胁，那么公司也可以重新设想或寻求其他的市场机遇。

我们的 i 产权概念是属于“无形资产”这一范围更为广阔的话题，而且近来有关这一话题的著述颇丰。然而，根据我们的经验，多数关于无形资产的著述都很少提及保护无形资产的战略与战术。因此，我们认为有必要建立一个更为实用的指南，它不仅可以向读者介绍知识产权管理在现实层面的运用，还致力于将整个知识产权管理领域都推入当前的发展进程之中，并也积极地推动它走向未来——i 产权。曾经有人说，预测未来的最佳方法就是创造未来。尽管我们并不掌握所有的答案，但希望通过向读者介绍的一些创建了 i 产权这个新世界的人、公司及其智力成果，使我们能够开启一场对话，帮助公司开发与部署一套以实现基本目标为目标并具备自身特色的 i 产权战略。

最后，由于 IBM 公司创造了价值 17 亿美元的技术对外许可业务，受到这一非凡业绩的鼓舞，许多公司都在寻求将知识产权资产货币化的方法。公司可以把授权其他人甚至竞争对手使用本公司的专利、商业秘密、技术诀窍以及其他知识产权资产作为条件，收取特许权使用费及其他款项。

自里程碑式的著作《阁楼上的伦布朗》鼓励企业开发知识产权并将其货币化以来，对外授权许可的趋势已有显著进展。[①] 如微软公司副总裁兼知识产权副总法律顾问马歇尔·菲尔普斯所言，当前的智慧就是“默认所有的

① Kevin Rivette, *Rembrandts in the Attic: Unlocking the Hidden Value of Patents*（Boston: Harvard Business School Press, 1999）.

技术或技术诀窍都应该可以在合适的时间与合适的条件下进行对外授权许可。”[①] 本书并未深入探讨有关建立一个知识产权对外授权许可方案的复杂细节等问题，但我们要强调的是，这是实现i产权资产货币化的一种重要战略。

如惠普公司知识产权副总裁乔•贝耶斯所言，“妥善保护公司的知识产权，让公司在创新上的整体投资回报最大化，是一项战略性任务。”[②] 本书将重点放在i产权组合的开发上，以此来保护公司的创新投资，构建可能的最佳布局，从而使公司能通过实施对外授权许可和其他知识产权战略来实现这一战略性任务。对于有兴趣学习更多技术授权许可方案开发的读者，我们建议阅读由布鲁斯•伯曼编辑的《创新回报》（*Making Innovation Pay*）一书。

i产权并非祸害

我们篇首就想要明确的是：知识产权并非祸害。无论在美国、欧洲还是全球其他国家，知识产权，尤其是专利，已成为公众经常批评的对象。在一起值得注意且高度公开化的案件中，黑莓手机用户与黑莓生产商RIM（Research in Motion）公司都仿佛坐了一次过山车，当时RIM公司正在应对由某公司发起的专利侵权诉讼——而这家公司唯一的重要资产就是专利。在医药行业，专利已经越来越被视为大型制药公司的作恶工具，因为这些公司想要把不合理的药价强加给消费者，已经到了蓄意拒绝向贫困国家生命垂危的患者供应药品的地步。甚至专利法也因专利流氓这种新“怪物”的出现

① Phelps, “Turning a Patent Portfolio into a Profit Center,” in *Making Innovation Pay: People Who Turn IP into Shareholder Value*, ed. Bruce Berman (Hoboken, NJ: John Wiley & Sons, Inc., 2006), 30.

② Joe Beyers, “Managing Innovation Assets as Business Assets,” in *Making Innovation Pay: People Who Turn IP into Shareholder Value*, ed. Bruce Berman (Hoboken, NJ: John Wiley & Sons, Inc., 2006), 162.

而备受指责。专利流氓（patent troll）是指仅仅将专利用于向那些想使用其专利又没有防备的公司强行收取高昂费用的公司。本书写作期间，印度人正因美国最近授予的与瑜伽方法相关的专利而一片哗然。

流行小说家迈克尔·克莱顿甚至写了一本名为《危机当前》的小说。在小说里，那些为基因申请专利的科学家（以及他们的专利律师）被描绘为反派角色。在此书封面上写着："我们生活在一个自身基因的五分之一为别人所拥有的时代，毫无戒备的个人及其家庭可能会因为他们的染色体中恰好包含某些有价值的基因而被跨国追捕。"[①]这话在相当程度上是有些误导人的，但这么做显然是为了让此书更加畅销。

对美国专利制度的不满已经导致许多人都宣称该制度已经破裂。[②]一种常见抱怨针对的就是近期由于可专利性（patentability）标准放松而导致大量问题专利出现这一情况的。一位评论家认为此举"增加了这样一种可能性，即一项发明将侵犯一个或多个现有专利。"[③]在《创新及其不满》一书中，布兰迪斯大学经济学家亚当·杰夫和哈佛商学院教授乔希·勒纳声称：

> 在不到十年的时间里，我们已经把专利这种像手枪或者口袋中小刀一样的武器变成了像火箭筒一样的武器，并开始将这种火箭筒一样的武器发到差不多任何一个需要它的人手中。[④]

按杰夫和勒纳所说，这种做法已经导致了"一场危险且昂贵的军备竞赛"[④]，会破坏而不是推动技术创新的进程。而且，在美国忙于加强专利权的同时，部分人士称欧盟委员会却一直忙于做出削弱专利权的尝试。一位评论家指责欧盟委员会培育的是一种对待知识产权的消极态度，认为这将导致

---

① Michael Crichton，*Next*（New York：Harper Collins，2006），见于此书封面盖片。

② "Patently Absurd，" *Wall Street Journal*（March 1，2006）.

③ Nancy Gallini，"The Economics of Patents：Lessons from Recent U.S. Patent Reform，" *Journal of Economic Perspectives* 16，no. 2（2002）；131.

④ Adam Jaffe and Josh Lerner，*Innovation and Its Discontents*（Princeton，NJ：Princeton University Press，2004），35.

“一场创新危机，很可能会加剧欧洲技术落后或被边缘化的局面”[①]。

一些听信这些批评的高管和公司创始人认为，i产权是一种战术，适用于那些没有社会意识的企业巨头，这些巨头只会考虑自己的利润，将知识产权作为一种大规模杀伤性武器滥用。但是，我们认为这取决于企业是否在法律范围内有道德地进行竞争，同时，i产权战略也是能够从道德视角对企业予以支持的。

i产权力量强大，但它的力量能以道德上适当的方式加以利用。举例来说，一家公司可能希望运用强大的i产权来阻止行业巨头使用其智力成果，而同时又将相同的i产权免费提供给学术界或特定的开源社区使用。即使在某些圈子里微软公司被认为是所谓的知识产权恶霸，但它最近也和Linux的软件分销商Novel公司、Xandros公司签署协议，同意不再对开源软件的使用者进行针对性行为——哪怕微软认为自己有235项专利受到了侵犯[②]。在不断变化的全球创新与竞争平台上，很多富于创造性且道德适当的i产权运用方法，能使企业与社会都获得成功。

全球流沙

即使我们像有人提议的那样，假定专利制度是失败的，或至少是被破坏了的，高管和经理们现在也依然必须要使用这套现有的制度去保护他们公司的智力成果。尽管用于保护知识产权的法律制度“就是这个样子的”，但它在技术、地理、政治、法律和文化等许多层面上也发生着迅速的改变。

事实上，每一个重要的经济体都在经历着知识产权领域里的变化，例如:

① Ian Harvey，chairman of the Intellectual Property Institute and the former CEO of BTG plc，“Creativity Destruction，” *Wall Street Journal Online*，May 31，2007，http：//online.wsj.com/article_print/SB118056787304019281.html.

② “Microsoft，Xandros Ink Patent Pact，” *Wall Street Journal Online*，June 4，2007，http：//online.wsj.com/article_print/SB118096792068623771.html.

- 在美国。各种变革的力量正影响着美国的知识产权法，诸如两党的专利改革立法、2007年专利改革法案（Patent Reform Act of 2007）、美国最高法院近期与专利法有关的5个案例、一份2007年由美国司法部与联邦贸易委员会联合发布的题为《反垄断执法与知识产权：促进创新和竞争》（*Antitrust Enforcement and Intellectual Property Rights*：*Promoting Innovation and Competition*）的报告，甚至还有一份美国评估师协会（American Society of Appraisers）为评估知识产权价值而制定的新会计标准[①]。此外，美国专利和商标局在《联邦公告》（Federal Register）上发布了一份长达129页的极为详细的管理条例，代表了美国近代史上甚至可能是有史以来在专利政策方面最为根本的管理变化。但就在这个管理条例公布后的几天时间里，一起要求法官停止执行本条例的诉讼就在联邦法院得以立案。该条例被专利律师和其他人普遍视为会对企业保护自身发明能力造成毁灭性的打击，尤其是对小企业及生命科学公司。
- 在欧洲。欧盟正在考虑改变欧洲的制度体系，除其他方面外，可能还会建立一个真正的欧洲共同体专利体系，也可能将改变在欧洲获取专利及进行专利诉讼的方式。托尼•乔克是欧洲知识产权事务所H.G.F的一名合伙人，他说道，“如果欧盟国家批准了欧洲共同体专利权公约，那么专利权所有人将拥有在整个欧盟都可以实施的单一专利，而不需要像现在这样麻烦，持有在不同国家各自生效的一大堆国家专利。”[②]
- 在印度。印度于2005年通过了新的专利法，以使其专利体系符合国际义务。目前，国际制药商诺华公司（Novartis）正就其抗癌药物“格列卫”（Glivec）的专利申请发起诉讼，这使印度政府对有效专利制度的偏好备受考验。许多评论家都担心，如果判决结果是有利于诺

① Cameron Gray of Ocean Tomo observed the congruence of these various factors in “Clearing the Underbrush,” *IAM*（June–July 2007），23–26.

② 托尼•乔克与作者在2007年6月18日的电子邮件中交流的内容。

华公司的，那么贫困人群就会被剥夺使用该药品的权利。这一诉讼在全球引起的公众抗议是如此巨大，以至于诺华公司要在其官方网站添加一个“信息中心”栏目，试图为相关复杂问题提供清晰说明。[①]

- 在中国。中国的知识产权保护也存在较多问题。它的专利制度建立于 1984 年，现在也只是步入了“青少年”时期，但中国在 2007 年对其知识产权制度进行了新一轮大范围的修订。2007 年，美国因中国未能充分履行保护知识产权的国际义务而正式向世界贸易组织提起申诉，这一举动对双方的贸易往来也造成了不利的影响。近年来，中国的知识产权保护工作得到一定的改善。

一般情况下，这些变化是朝着知识产权制度全球协调一致化的方向进行的。但是，这一进程依然是未完成的，为了构建起经得住时间考验的 i 产权组合，决策制定者必须时刻留意现状，并对知识产权法律、制度以及文化的未来状况进行合理预测。就像许多其他的商业决策一样，比如涉及未来市场的规模、消费者的偏好、资本可获得性及政治环境等，i 产权决策的制定同样也面临着大量的不确定性，含有适当成分的有依据的推测。

然而，正是在这个不断搅动的全球经济流沙之中，公司领导人必须做出大量的 i 产权决策，比如需要保护哪些智力成果，何时、何地以及如何保护等，而所有的这些决策还要避免踩到别人布置的 i 产权地雷阵上。

创新无处不在

当我们在 2005 年开始写作 i 产权这一主题之时，外包还主要局限于使用欠发达国家的非熟练劳动力，相关讨论和新闻报道也多是关于中国的制造工厂或者印度的客户呼叫中心。而知识密集型创新的外包才刚刚开始。当时

① 诺华公司网站，www.novartis.com/newsroom/india-glivec-patentcase/index.shtml，访问于 2007 年 6 月 14 日。

人们讨论的问题是："你真的认为这些事情可以外包吗……工程设计、代码编写、化学、设计，等等？"而到本书出版时，知识密集型创新的外包几乎在商业领域的各个方面都已司空见惯。创新也不再局限于早期的少数几个热点区域，如印度的班加罗尔和中国的上海，高技能创新人才将在全球数以千计的地方创造着新技术和新产品。

为了利用这种人才分布特点，许多公司正将产品开发转变为全球范式，由来自全球各地的工程技术团队一起合作开发产品。[①] 这种转变可以将众多具有不同背景、文化框架、教育经历以及采用不同竞争方式的创新人才集聚在一起，因此，对于想要产生新的、有价值的智力成果，以及想要从这些智力成果中获得经济收益的公司来说，掌握这种复杂的、全球性的创新能力，是极其有效的。[②] 要想取得成功，公司需要利用好这个一片混沌的全球创新引擎，并保护好该引擎产出的重要智力成果，同时还要向顾客提供激动人心的新产品与新服务，得以从这些成果中获取经济价值。

但要实现这一目标并不容易。在如今数不胜数的创新热点中，有许多都产生在对 i 产权的法律保护、文化保护尚不完备的地区。我们认为，从长远来看，对于那些具有远见、勇气和战略思维进入"不稳定水域"的创新公司而言，许多国家在 i 产权保护上的持续改进将带来巨大的创新与投资红利。当前，公司在评估投资决策时，它们必须对 i 产权的未来保护状况作出最认真的预估。在这个快速演进的 i 产权竞技场上，公司可能犯的最糟糕的错误就是用昨天的战略去打明天的战役。要想取得成功，有前瞻思维的公司既要直面今天的现实，又要预测明天的情况。此外，公司也必须能够理解这个不断变化的法律、法规、政治法律环境、商业惯例的全球图景，将这些信息整合到它们的商业计划活动中，并将对 i 产权做出合理判断的能力，有效执行 i 产权战略战术的能力构建为企业文化的一部分。

---

① Steven Eppinger and Anil Chitkara, "The New Practice of Global Product Development," *MIT Sloan Management Review*（Summer 2006）, 22–30.

② 见 Michael Porter, *The Competitive Advantage of Nations*. New York：The Free Press, 1990, 48.

我们都在全球中

此刻，我们的一些读者可能会想："我们只是一家区域性的公司，这些全球性问题不会影响我们。"对此我们要说："再看看。"这回更近一些看。公司规模大小并不重要，大大小小的创新公司都可以投入精力重新思考自己的i产权愿景并从中获益。一家在亚拉巴马州阿拉巴斯特市附近两个县里生产和销售产品的小公司，可能因为侵犯一家中国公司所拥有的美国专利而受到起诉的容易程度，与一家在北美和南美所有国家都销售同样产品的大公司受到起诉的容易程度是一样的。

同样，一家位于北卡罗来纳州三角研究园区的小公司也可以在新加坡为自己的智力成果申请专利，并与一家愿意支付特许权使用费的新加坡公司就此达成使用许可协议，允许其在泛太平洋地区销售相关产品。是的，在全球经济中，北卡罗来纳州的公司能通过开发和授权使用i产权而从新加坡及周边地区创造收入来源。更妙的是，这一收入的来源却并不要求公司在新加坡做出建立工厂、供应链、仓库等类似方面的投资。

所有公司都可以从投资（时间，精力和金钱）i产权的开发与保护工作中获益，然而，这就会带来一个必然的结果，就是当越来越多的公司运用i产权战略去保护智力成果时，公司所面临的危险也就越多，而任何一家依靠创新能力参与竞争的公司都不能免于受到这种危险的影响。我们在本书中讨论的这种全球经济变化既增加了机遇，也加大了风险。全球i产权的战略家必须理解与全球创新相关的机遇和风险；根据这些机遇和风险，判断何时、何地以及如何保护公司的智力成果；以及识别与处理由其他公司的i产权所带来的威胁。在当今日益一体化和竞争全球化的商业世界里，这些都是极具挑战性的工作。

让我们思考片刻

在探究i产权的世界前，我们邀请读者花点时间来思考几个问题。想想你们的公司是如何管理知识产权的？想想你们公司的未来、快速变化的全球经济，以及这些变化正如何影响你们创造和维持产品或服务竞争优势的能力的？创新对你们的现在和未来发挥了什么样的作用？i产权对于保护你们的竞争优势、支撑你们的企业战略，发挥着什么样的作用？

你们公司是在所处业务中为i产权的开发和使用设立了标准，还是只是追随别人、对于渗透过来的新战略和战术做出被动反应的？你们的i产权战略是否蕴含着对全球经济和法律环境变化的理解，还是只是一个或更多的高级管理人员未获支持的偏见？在保护竞争优势、支撑企业战略中，i产权发挥了什么作用？你们的i产权决策是否有一个记录成文并经过检验的i产权战略作为指导？对于你们的i产权资产会如何影响竞争对手的决策和选择，公司的经理人是否理解？在全球背景下，对于你们公司的i产权组合结构应如何发展和变化以实现长远目标这一问题，你们有清晰的和经过深思熟虑的愿景吗？

你们的高管可以清楚地阐述i产权是如何服务公司经营目标的吗？当谈到i产权时，他们是变得目光茫然还是更加活跃？你们的经理人对于公司i产权资产和流程的当前优势与劣势是否有清晰、一致的认识？在你们公司里，是谁正专心地向外看，研究竞争对手的战略及i产权的最佳实践呢？无论公司大小，你们是否有一个人或者一个多元化背景的团队（这是更好的）来负责开发i产权战略，还是i产权战略只是被置于公司某个偏僻角落的一名专利律师的地下储藏库中？那些管理公司i产权资产的人只是将精力用在做好记录、避免错过最后期限上，还是作为i产权的设计师，致力于展望未来并构建一个能够承受预期压力、抓住新兴机会的i产权投资组合呢？为了确保各级员工都能对i产权的价值及相关议题保持敏锐意识，你们公司里是否有人注重公司的文化建设呢？

对于那些依靠创造新的智力成果，并以产品和服务的形式将它们提供给市场而获得生存的公司来说，如果它们不只是想运用这种能力来抢先竞争对手一步，而还想建立一个 i 产权的“完胜”局面，并利用所产生的杠杆效用为它们的公司、行业乃至全世界，创造一个崭新未来的话，以上这些都是必须问的问题。当我们冒险进入 i 产权的世界时，我们将探讨由这些问题带来的相关及其他议题。

第一部分

全球i产权背景

第 1 章

创新中的世界：欢迎来到全球创新工厂

现在，创新是一个全球现象。它既是全球化的驱动力，因为它创造出了使全球化成为可能的技术，同时也是全球化的结果，是全球化导致了先进的创新能力在世界范围内前所未有的重新配置与扩散。在全球化影响下，要想发展竞争优势，智力成果创新变得比以往任何时候都更加重要。由此推论，保护智力成果以维持竞争优势也变得比以往任何时候都更为重要。事实上，比竞争对手更加善于保护有价值的智力成果，本身就是一种竞争优势。然而，随着越来越多的公司使用全球法律体系来保护智力成果，竞争环境变得布满更多危险，因此，公司还必须集中注意力来规避由其他企业的 i 产权所带来的风险。

世界各国对智力成果所提供的保护正快速变化着，尽管挫折频发，但总体还是朝着积极方向迈进，而且不同国家制定与实施法律的文化背景有时难以为外人所理解。公司要想发展壮大，必须对保护与实施 i 产权的整个全球背景保持警觉与了解。本章中，我们将从 i 产权视角来观察全球经济的演进，对以上这些问题及其他议题进行探讨，为以后讨论 i 产权的战略与战术做好铺垫。

1.1 为什么世界在不断创新

今天的创新公司无论是大是小、本土的还是国际的，都处于全球竞争中。因此，它们必须专注创新，并思考如何在全球背景下保护自己的创新成果。能在全球经济竞争中始终立于不败之地的公司，将是那些能够洞察当前趋势，并预见应该如何保护和延展由其创新能力所赋予竞争优势的持续创新公司。图 1.1 描绘了六个关键要素，它们刻画和塑造了当今世界的创新方式。

1. 创新作为全球化的驱动力。当今，创新也许是这场前所未有的经济全球化的关键驱动力。

2. 创新的迫切性。对于发展竞争优势这个目标而言，经济全球化（全球竞争）使创新变得比以往任何时候都更为重要。

3. 创新的全球化。经济全球化推动了先进创新能力在全球的分布。

4. i 产权的风险与机遇。创新的全球化也推动了 i 产权的开发与运用，这为每一家创新公司带来了新的风险，也提供了新的机遇。

5. 知识产权法的标准化。全球各国的知识产权法正日益变得标准化，但仍存有显著差异，因此创新者必须应对好全球 i 产权所面临的复杂性问题。

6. 日益增长的全球经济产出。创新全球化连同全球一致的知识产权标准，将会促进更多创新，推动经济全球化，并提高全球经济产出。

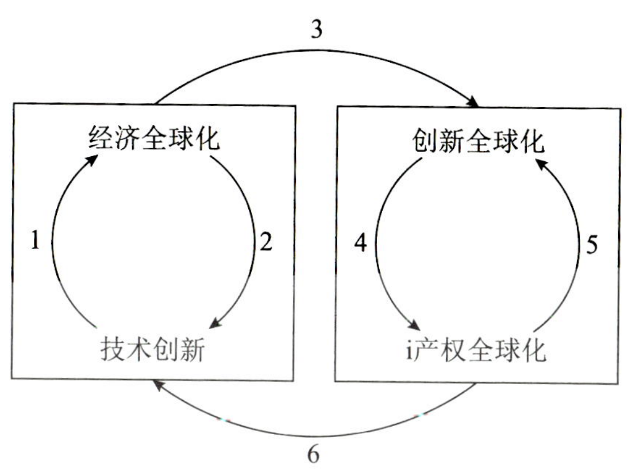

图 1.1　创新的全球化

1.1.1　创新驱动经济全球化

创新正驱动着这场前所未有的经济全球化，而全球化也为 i 产权世界带来了各种各样的机遇与风险。这一切是怎么发生的呢？首先，创新驱动了交流、合作与竞争的全球扩散。《世界是平的》一书对影响我们现实经济的全球性力量作了评估，托马斯·弗里德曼写道：

> 很明显，与世界历史上的任何一个时候相比，当今的人们可以与来自这个星球上更多不同地区、更多不同工作领域、更多的人在一个更为平等的基础上开展实时的合作与竞争。[①]

弗里德曼列出的最为高级的全球性力量是一系列的创新，包括更多、更快速也更可靠的通信技术，更多的光缆、更多的绕地卫星，以及像手机、电脑这样更多也更便宜的、可接入全球爆炸式增长的带宽中的设备。与过去相比，当今更好的基础设施和技术能将人和物在全球范围内更快、更可靠地移动。而且，许多发展中国家实现了技术跨越，它们跨过传统技术，直接跳转到新技术上，例如从固话通信系统直接跳到无线通信。以印度为例，看到农民驾着牛车打手机并不是什么新鲜事。这些创新迅速消除了国家层面旧有的商业壁垒，并有力支持了这场前所未有的由商业驱动的经济全球化。然而，正如我们将在第 2 章进一步所讨论的那样，这些创新也为那些想要保护智力成果的公司带来了新威胁。

1.1.2 创新的迫切性

经济全球化的一个重要影响，就是商业环境转变为日本著名战略管理大师大前研一所称的“无国界的商业环境”[②]。“无国界的商业”使公司能进入更大的市场，但同时这也意味着有更多的竞争者能接触到同样的客户，从

---

① Thomas Friedman，*The World Is Flat*：*A Brief History of the Twenty-first Century*（New York：Farrar，Straus and Giroux，2006），8.

② 见 Kenichi Ohmae，The Next Global Stage：The Challenges and Opportunities in Our Borderless World（Upper Saddle River，NJ：Wharton School Publishing，2005）.

而加剧了竞争。尤其是互联网的存在，为买家创造了平等环境，为卖家扫清了产品与服务信息共享的障碍，使以前彼此隔离的公司可以直接进行竞争和协作，显著地提高了市场效率。

激烈的全球竞争已迫使谋求产品供应的公司转向了资金与劳动力成本较低的国家，甚至对于像是产品有较高利润率的医药公司来说也是如此。美国公司向印度外包；印度公司向斯里兰卡外包。价格战使公司陷入困境，这也促使公司领导寻求新颖的智力成果，以作为竞争优势的主要来源，因为如果不这样做，就无法回避这不可避免的商品化竞争。在最近一期的考夫曼基金会报告中有如下总结：

> 当今经济由创新所驱动——新产品、新工艺以及新商业模式的开发与应用。国家、州、地区、企业甚至个人的竞争，都依赖它们这种用新方式去积累、整合及应用资产的能力，以创造价值，为遍布世界各地的日益多样化客户提供服务。[①]

巴鲁克·列弗是无形资产领域的重要思想家，他把这种现象称为“创新的迫切性”。据列弗所说，“鉴于生产的规模经济（效率收益）递减……加之不断上升的竞争压力，创新已经成为关系公司存亡的重要问题。”[②] 尽管创新能赋予公司一定的竞争优势，但在快速变化的全球经济中，如果未能对创新成果加以保护，未能避免其他公司的简单复制，那么，竞争优势将会非常短暂。

创新所带来的全球再分配效应如何影响贵公司的竞争方式呢？

---

① The 2007 State New Economy Index，The Kauffman Foundation with the Information Technology and Innovation Foundation（2007），4–5.

② Baruch Lev，Intangibles：Management，Measurement，and Reporting（Washington，DC：Brookings Institution Press，2001），14–16.

哥伦比亚大学商学院金融与资产管理方向的教授布鲁斯·格林沃尔德，以及哈明伯德管理有限责任公司（Humingbird Management，LLC）的首席运营官贾德·卡恩，近来都强调“进入壁垒”是一种影响竞争环境的重要力量：“非常明确的是，那些寻求发展、追求制胜战略的领导者应该从忽略‘其他力量’而只专注于这一力量开始……竞争格局中没有其他因素能像公司针对进入壁垒的立场那样，对成功有如此重要的影响。”[①] 麻省理工学院斯隆商学院的前院长莱斯特·梭罗认为，除版权和品牌之外，“真正竞争优势的其他唯一来源就是那些其他公司所不具备的技术。”[②] 普华永道的沃尔特·韦利根也呼应了这种观点：

> 21世纪的成功企业将不能只是单纯依靠古老的竞争手段了，即劳动力、资本以及土地。进一步地，它们将不得不有效管理和充分利用知识产权——专利、商标和技术，以作为对有形资产管理的补充。[③]

尽管那些传统上依靠工程、化学等领域的技术进步而生存的企业，对创新战略的依赖是最为明显的，但是创新的迫切性以及运用i产权保护创新成果的需求却影响着所有的创新型企业，这些企业涉及的技术领域遍及生物技术、金融、计算机芯片、消费品等。迈克尔·斯加治是麻省理工学院媒体实验室的副研究员，他在最近的一篇文章中记录了烤箱技术的演进过程。据斯加治所述，当进入“台面烘烤技术”时代，那些没有进行差异化、市场细分和创新的公司是注定要失败的。[④] 他总结认为，激烈的价格竞争并不意味着

① Bruce Greenwald and Judd Kahn，Competition Demystified：A Radically Simplified Approach to Business Strategy（New York：Penguin Books，2005），5.

② Lester Thurow，Fortune Favors the Bold：What We Must Do to Build a New and Lasting Global Prosperity（New York：HarperCollins，2003），x–y.

③ Walter Willigan，“Leveraging Your Intellectual Property：A Proved Path to Value Extractio n，”PricewaterhouseCoopers LLP，1998.

④ “The Myth of Commoditization，”MIT Sloan Management Review [0]（Winter 2007），10–14.

产品的商品化程度高，而可能反映的是对创新的需求："创新以求形成差异化……识别出隐藏的或尚未开发的新价值创造潜力。"在今天的经济中，似乎连烤箱都必须有创新性。

1.1.3　创新的全球化

对创新的追求已风靡全球，创新热点也几乎遍布地球的每个角落。这些热点从地域上既将本地化的创新能力——包括工程师、科学家、艺术家、企业家以及产品制造能力集中起来，也为热点所在城市带来了国际竞争优势。[①]从机械工程到制药的量产与制造，企业都可以找到便宜的服务。《经济学人》近期一篇文章认为，拥有许多创新热点的中国和印度，正"改变着开发的进程"。文章预测，"随着印度和中国兴起成为创新中心，将从根本上动摇当前技术产业主要位于富裕国家的局面。"[②]经济合作与发展组织估计，到 2006 年年底，中国将是研究开发（R & D）领域的第二大投资者，政府与企业投资将超过 1 360 亿美元。[③]此外，我们也预计小额融资的出现将对草根阶层产生巨大影响，它能为个人创业者提供少量资金，而这些大大小小的投资必定会推动已有创新热点的发展，也会促使新热点不断涌现。

以 Albany Molecular 公司（AMRI）为例，它是一家在化学药物研究、开发与制造行业中处于领先地位的公司。AMRI 成立于 1991 年，目前雇用了约 850 名员工，专攻新型小分子处方药物研发工具与流程领域。它的许多客户都是那些将创新药物研发工作进行离岸外包的大型制药公司。由于意识到客户需要有更多的成本选择，AMRI 最近在印度的海德拉巴以及新加坡这两个全球领先的创新热点开办了最先进的化学创新设施。现在，当遇到需要

① Michael Porter，The Competitive Advantage of Nations（New York：The Free Press，1990），580.

② "Thinking for Themselves：India and China Aim to Challenge Western Tech Firms Through Innovation，Not Just Cheap Labour，" The Economist（October 22，2005），15.

③ Organization for Economic Co-operation and Development，"China Will Become World's Second Highest Investor in R&D by End of 2006，Finds OECD，" press release，April 12，2006，www.oecd.org/dataoecd/37/18/37770382.xls.

报价的情况时，AMRI 会为制药企业客户提供一个三层次的价格结构，通常美国价格最高，新加坡价格居中，印度的价格最低。客户会根据劳动力对手头工作的精细程度、对创新文化和法律保护的情况、通信的便捷性及其他因素，选择自己愿意接受的价格。

近期硅谷的经济振兴也部分归因于全球创新能力的扩张。全球化对硅谷产生影响的证据之一就是创始于硅谷但有全球其他地区发明者参与的专利的数量。“硅谷指数”报告了硅谷发明者与其他国家发明者联名的专利数量的增长。[①] 根据该指数，这种硅谷雇员和国外合作者的“共同专利”数量在 1993 年至 2005 年翻了 6 倍，大多数合作者来自印度、中国、意大利和芬兰。*Scripps News* 的一篇文章指出，“全球化有助于提振而不是威胁硅谷的经济。”[②] 因此，与全球创新热点地区开展的竞争与合作，似乎对硅谷的创新有着积极影响。*Scripps News* 指出，“尽管有人预测硅谷会由于全球化被取代，但该地区仍保持着技术投资与就业的领先地位。”[②]

1.1.4 知识产权的风险与机遇

全球创新的快速蔓延为企业创新提供了前所未有的低成本来源，但企业也将面临更多可能在 10 年前从未考虑过的竞争风险。这些威胁可能来源于这两个事实：其一，竞争对手正将自己的创新中心移至成本更低的全球热点地区；其二，新的本土竞争对手也会从这些创新热点地区中产生。例如，对 i 产权的威胁可能来自：

- 实施外包或离岸外包战略时，关键技术所在国缺少充分的法律保护，或者缺乏尊重 i 产权的雇员文化，导致 i 产权面临产生损失的风险。
- 在一个创新者的 i 产权得不到真正意义上保护的国家，竞争对手进行制造工作，生产山寨产品。

---

① Joint Venture Silicon Valley Network，“The Silicon Valley Index”（San Jose：Joint Venture，2007）.

② “Silicon Valley Hits Another Boom Cycle，” Scripps News，February 2006，www.scrippsnews.com/node/19085.

- 竞争对手在创新者错过了获取专利权机会的市场上销售相应产品。
- 在离岸外包情形下，雇员离职后为本土竞争对手工作或者自己开办公司，导致有价值的商业秘密、技术诀窍以及其他知识产权的流失。
- 一家位于遥远的创新热点地区的公司在贵公司所在国家提起诉讼，如专利侵权诉讼。

上述及许多其他潜在威胁出现的可能性正在不断增加，原因就在于经济全球化，创新能力在全球的不断扩散，脑力资源的高流动性，以及分布日渐密集的全球专利格局。

2005 年是世界知识产权组织的国际专利申请创纪录之年，韩国国际专利申请的提交数量超过了荷兰，中国超过了加拿大，明确反映出东方国家专利申请数量的上升。[①] 依托自身创新产品与服务去参与未来竞争的企业，不可忽视这一变化的重要性。全球专利格局正在显著地重塑着，充满了来自新一批国家的公司专利，其创新能力在不断提升。至少可以这样说，那些仅仅舒服地打量着自己周边邻近地区 i 产权竞争的公司，将很可能会对此感到惊讶。以上这些问题将在本书第 2 章中进一步详细探讨。

1.1.5 滞后的法律规范

商业活动正运行在一个政治和地理界限变得越来越没有意义的经济世界中。一般来说，具有创新性的商品和服务以及用于购买它们的资金，在国与国之间是自由流动的。但是，除少数例外地区外，保护商品中所包含智力成果的法律体系仍被牢牢地限制着。我们缺少全球性的知识产权体系，而各个知识产权体系的形式又各式各样。即使有的法律标准看上去是相似的，但这些法律执行时所处的文化背景仍然广泛存有差异。

1994 年，世界贸易组织（WTO）用 份《与贸易有关的知识产权协议》（TRIPS 协议）积极（尽管受到来自西方国家的压力）并深刻地改变了全球

① World Intellectual Property Organization，“Exceptional Growth from North East Asia in Record Year for International Patent Filings，” press release，February 3，2006.

知识产权标准的未来。正如 TRIPS 协议序言所述，该协议有三重目标：

1. 减少国际贸易中的扭曲和障碍。

2. 促进对知识产权充分而有效的保护。

3. 确保知识产权的实施措施和程序不至于变成合法贸易的障碍。

TRIPS 协议被广泛认为是 20 世纪最重要的知识产权协议。[①] 此外，TRIPS 协议还要求各国在涉及知识产权的获取与实施时，对本国人和外国人要一视同仁。TRIPS 协议使得全球大大小小国家的 i 产权获取、收购、范围、维护及实施工作日益规范化。例如，印度和中国都在 2005 年对专利制度做出了顺应趋势的改变（尽管并不完备），而中国于 2007 年再一次进行了大范围的修订。

您最近一次与专利顾问探讨 i 产权的国际发展形势及对本组织的影响是什么时候呢?

将法律条文印于纸上是一回事，实际执行起来却又是另一回事。美国政府用于鼓励、推动、诱导甚至操纵各国去完善其知识产权制度的手段之一就是发布一份“年度成绩单”，该成绩单被亲切地称为“特别 301 报告”。[②] 例如，2007 年的“特别 301 报告”将中国列在重点观察名单上。重点观察名单上的国家在知识产权保护、实施或市场准入方面都有很多失败之处。用所谓朴素的外交辞令来讲，名单上的国家都是需要“在相关问题领域增强双边关注的重点”。在最近一份报告中，阿根廷、智利、埃及、印度、以色列、黎巴嫩、泰国、土耳其、乌克兰和委内瑞拉被挑选出来予以特别关注。

由于地方一级的执法问题往往更为紧迫（特别是在中国），美国贸易代表办公室最近在“特别 301 报告”中专设了地方评论，开始对地方保护和执

---

① 关于 TRIPS 协议及其对知识产权政策的影响的有关描述，可参见 Pat Choate，*Hot Property*：*The Stealing of Ideas in an Age of Globalization*（New York：Alfred A. Knopf，2005），Chapter 8。

② 见 William Alford，*To Steal a Book Is an Elegant Offense*：*Intellectual Property Law in Chinese Civilization*（Stanford，CA：Stanford University Press，1995）。

法问题加以关注。对地方进行审视的目的是找出经常发生侵权的地方，并敦促负责任的政府对侵权行为施以足够严厉的处罚，起到威慑作用，而不是像中国现在这样，对知识产权诉讼的处罚往往只是好像打了一巴掌那样的微不足道。2007 年的报告中就列出了世界上许多经常发生侵权的地区，从中国北京的秀水街市场到巴拉圭、阿根廷和巴西三国的交界区。

另一个处理各国之间知识产权标准差异的重要工具就是 TRIPS 协议的争端解决机制。WTO 成员将其他国家违反 TRIPS 协议规定的情况反映给世贸组织，一旦情况属实，败诉国家可能被要求支付赔偿并（或）修改相关法律。如果败诉国家不进行赔偿，胜诉国家可对来自败诉国家的进口产品增收关税，并将这些关税收益直接支付给因败诉国家违反协议而遭受损失的公司。

尽管美国很少使用争端解决程序，但有迹象表明美国政府正加快步伐。2006 年 6 月，美国贸易代表办公室新设立了一个知识产权与创新管理局，并任命了一名首席知识产权执行谈判代表，以增强对知识产权保护和实施的关注力度。2007 年，美国贸易代表办公室进一步加大了对中国的施压，提出要进行争端解决磋商，其中部分是关于中国法律体制在版权保护与执行方面的缺陷。2007 年的“特别 301 报告”指出，对于那些没有充分履行 TRIPS 协议义务的国家，美国将考虑进行争端解决磋商。

20 世纪 80 年代中期以来，中美两国都考虑了一些至关重要的知识产权议题，除无数小的外交努力之外，这些议题也都频繁地在两国领导人的讨论中出现。[①] 双方对于强化在知识产权保护合作方面的支持，看上去都强劲有力。在与美国专利与商标局局长的最近一次会晤中，中国官员强调，中国高度重视美国在知识产权保护领域的经验。[②] 这两个国家甚至任命特殊联络官来处理知识产权项目，并且美国还计划派遣专家去培训中国的知识产权官员。2006 年 7 月，中国公布了修订后的专利审查指南，显著地完善

① 见 William Alford，同上。第 6 章对这些交流进行了精彩的历史回顾。作者极具说服力地指出，美国采用外部施压来迫使中国国内法律发生改变的做法“不论是在方法论层面还是目标层面，都存在严重缺陷，并且这一做法最终对法律流程和结果所带来的改变都是自欺欺人的”。

② “China，U.S. Vow to Deepen Co-op on iProperty Protection，” China View（November 13，2006）.

了专利体系，例如在软件和化学专利领域以及对新颖性的要求等方面。然而，中国的言辞也表明其对西方插手其内部知识产权事务的行为极为不满。此外，尽管旨在改善与协调相关法律的知识产权体系有了许多改进，但缺陷之处依然较多。

1.1.6 日益增加的全球经济产出

尽管对日益增加的全球经济产出这一重要议题的详细讨论不在本书的讨论范围之内，但我们想在此提及的是，创新能力的全球化加上完善的全球知识产权保护体系，可望推动经济的螺旋式上升。知识产权的法律、政治和文化方面的保护有所完善，将刺激对创新领域的投资，投资又进一步刺激了创新，创新提高了生产率，生产率提高带来了经济增长，经济增长又进一步刺激了对创新的投资。用一个评论员的话来说，就是“政府正是通过实施这些标准来促进创新能力的提升……而不是倾向于走所谓的捷径”①。

以印度班加罗尔的 Avesthagen 公司为例，该公司生产生物技术药物的通用版本。公司已与印度和其他地区的 30 多个行业和政府组织达成了联盟及伙伴关系，这些关系通过一个正在增长的包括 140 项专利和专利申请的 i 产权组合连成一体。2007 年，这一成绩使 Avesthagen 公司为印度吸引了 3 200 万美元的投资，部分是由富达国际基金公司（Fidelity International）投入的。②

在另一个例子中，Aptuit 有限公司和 Laurus 实验室有限公司于 2007 年在印度联手设立了一家新药研发公司，命名为 Aptuit Laurus 公司。新公司在研发、制造以及信息能力方面的投资额将达到 1 亿美元。除在基础设施方面的重大投资外，这笔交易也将为医药化学、固体化学、大规模药物剂型生产、临床包装以及物流等领域增加数百个高薪职位。该公司看到了知识产权问题的重要性，也指出了印度专利法最近改革的重要意义，它在新闻

① Bright Simons，“Drug Patents Don’t Kill Poor Patients，” Ohmy News，June 4，2007，http：//english.ohmynews.com/articleview/article view.asp?at code=414276.

② Seema Singh，“Avesthagen Closes $32.5M Funding，” *Red Herring*，January 24，2007，www.redherring.com/PrintArticle.aspx?a=20912§or=Briefings.

稿中写道：

> 印度政府通过实施世界贸易组织的《与贸易有关的知识产权协议》（TRIPS 协议）以及对其他产品专利的保护措施，为该地区的知识产权安全提供了进一步的支持。[①]

发展中经济体如何施行知识产权政策，并不是一个简单的议题。我们和许多评论者一样，都认为尽管印度、中国、新加坡和其他发展中国家可能已经准备好迎接一个健全的知识产权体系，但让那些最贫困的国家去实行发达国家所采用的知识产权政策，将会是有害的——如果不是不可能的话。然而，一个有效的知识产权体系对于吸引投资、创造就业和创造有价值的产品和服务是很有帮助的，这将会激励发展中国家中有真知灼见的领导人去实施符合本国发展阶段的有效政策。记者大卫·沃什在他的《知识与国家财富》一书中就优雅地谈道，“如果用于创造智力成果的复杂激励机制发育不良，那么整个社会将普遍缺乏进步（特别是贫困人群）。因此，如果这种激励机制过于慷慨或者过于严苛，结果也是一样的。”[②]

1.2　推动创新的全球扩散

目前为止，我们已经概括了多种趋势之间的互动关系，包括技术创新、创新全球化、创新的迫切性、知识产权法与执法体系的变革与停滞等，以及

---

① Aptuit 有限公司和 Laurus 实验室有限公司，“Aptuit to Invest More than $100 Million In Laurus Labs（India）；Dr. atyanarayana Chava Named Aptuit Laurus CEO，Joins Aptuit Board，”联合新闻稿，参见 PharmaLive，www.pharmalive.com/News/index.cfm?articleid=451980&categoryid=54#.

② David Warsh，*Knowledge and the Wealth of Nations*：*A Story of Economic Discovery*（New York：Norton，2007），xvii.

这些趋势与全球经济健康之间的关系。除这些趋势外，以下6个因素既受到了创新全球化影响，也推动着创新全球化。

（1）知识型员工作为全球“创意阶层”的兴起；

（2）业务流程外包和离岸外包的趋势；

（3）发达国家日益增加的创新成本；

（4）发展中国家的经济进步和基础设施改善；

（5）教育全球化；

（6）旨在支持创业活动的政府和私人举措的发展。

1.2.1 创意阶层

经济学家理查德·佛罗里达在《创意阶层的兴起》一书中引入了“创意阶层”这一概念。① 这个阶层有时也被称为“知识工作者”，包括科学家、工程师、艺术家等有创造力的个人，以及那些推动了创新型经济增长的企业家。创意阶层的成员，在创新全球化中扮演着关键角色。这群人往往自由奔放，会被创造性的机遇所激励，会被能提供不同寻常和多元化生活方式的地方所吸引。在他的最新著作《创意阶层的流动》一书中，佛罗里达记述了自己与一些国际研究生关于他们毕业后计划的讨论，以及这场讨论是如何影响他思考创意阶层在全球的再分布的：

> 我们对这一问题的探讨越多，我们就越加感到担忧。这些年轻人都还只是冰山一角。不只对于他们，对于那些已有建树的科学家和工程师、企业家和雇员、艺术家和文化专家来说，美国已不再是他们的唯一选择。这点对于我们的外籍学生而言不一定正确，我们依靠他们来帮助建立科技型企业；对于外来移民雇员和企业家也不一定正确，他们对我们经济增长的推动如此之大。全球创造性脑力

① Richard Florida，*The Rise of the Creative Class：And How It's Transforming Work，Leisure，Community and Everyday Life*（New York：Perseus Books Group，2002）.

资源的天平正在发生倾斜。[①]

贵公司采取了哪些措施吸引和留住自己所需要的全球创意阶层成员呢？

多年来，世界各国一直有人才流失到美国和欧洲。杜克大学的维瓦克·瓦德瓦及其他人所做的一项研究特别强调了这些外来移民对美国经济做出的贡献。[②]根据瓦德瓦的研究，在美居住的外国人（非美国公民）所申请的专利数量占比在过去十年里已经翻了三倍。大型专利持有人所持有的大部分专利申请都列有至少一名外籍专利申请人，例如：

- 高通公司（Qualcomm Inc.），72%
- 默克公司（Merck & Co.），65%
- 埃克森美孚公司（Exxon Mobile Corp.），48%
- 美国政府，41%

这些国家正在不断培育它们的高科技与生物技术部门，而且也在努力吸引侨民回国。中国和印度都有数以百万计的海外侨居人士能够在资金、专业商务知识、教育以及先进技术知识等方面为本国发展提供资源。[③]中国科学院已开始启动一项授予“研究员职位”的“百人计划”，以吸引中国海外人士归国。[④]据印度国家软件与服务企业协会估计，约有 2.5 万名印度技术人员在 2001 年至 2005 年间回国。[②]有报告指出，一项针对在美国工

① Richard Florida，*The Flight of the Creative Class*：*The New Global Competition for Talent*（New York：HarperCollins，2005），95.

② Vivek Wadhwa，Guillermina Jasso，Ben Rissing，Gary Gereffi，Richard Freeman，“Intellectual Property，the Immigration Backlog，and a Reverse Brain-Drain：America's New Immigrant Entrepreneurs，Part III，” *Social Science Research Network*，August 22，2007，http：//papers.ssrn.com/sol3/papers.cfm?abstract id=1008366（accessed September 9，2007）.

③ Oded Shenkar，*The Chinese Century*：*The Rising Chinese Economy and Its Impact on the Global Economy*，*the Balance of Power*，*and Your Job*（Boston：Wharton School Publishing 2004），55.

④ “Opening the Doors，” *The Economist*（October 7，2006），13.

作的印度高管的调查显示，68% 的人在寻找机会回到印度。另一项面向全印度医药科学院毕业生的类似调查发现，40% 在海外生活的毕业生都准备返回印度。[②]

美国的移民问题也迫使许多高价值移民返回祖国。2006 年大约有 100 万外国国民在等待关于永久居留权的决定，其中就包括 50 万高技术移民，但以永久签证重要类型之一的 EB 签证为例，每年的名额却不超过 120 个。[①]瓦德瓦认为：

> 我们已经引进了高技能的人才，并由美国给予他们商业和营销方面的培训，之后又迫使他们回到自己的国家并开始竞争。这样，不仅公司失去了人才，员工们也极为不满和愤怒，出现了一个两败俱伤的局面。[③]

而且回国去创办和发展技术型公司的侨民越多，也就越能为那些受过高层次教育、想要回国或留在国内工作的科学家和工程师创造更多的工作机会。这种情况的净效应就是将顶尖的创新发明能力在全球更多的国家间进一步重新分配。

1.2.2 外包

高技能与非高技能类工作的外包和离岸外包也促进了创新热点的扩散。Enterprise Systems 最近针对 700 家公司的一项调查发现，超过 33% 的受访者目前正将部分或全部应用程序、服务或运营工作进行外包，并且有大约 43% 的受访者正在对外包服务供应商进行评估。[②]这一重要的发展趋势会导

---

① Rachel Konrad，“‘Reverse Brain Drain’ may Hurt Patent Filings，” *The Raleigh News & Observer*（August 24，2007）.

② Dian Schaffhauser，“Outsourcing Survey，Part 1：Who and Where，” www.esj.com/enterprise/print.aspx?editorialsId=1701.

致资金涌入发展中经济体，在那里资金通常用来投资基础设施建设以及建造对创意工作者具有吸引力的社区。此外，创意工作者还需要开发和维护一些能将低技术水平的外包中心与通常位于发达国家的客户群连接起来的技术。外包服务的开展培育出了一个新的创意工作者阶层，促进了创意能力在全球的再分配。

1.2.3 创新成本

最近的一个重要趋势就是创新工作外包或离岸外包。随着创新热点在全球低成本劳动力市场的出现，企业比以往有了更多选择来将创新工作外包或进行离岸外包。发展中经济体的人才成本通常要低得多。例如，通常一名印度毕业生的成本大约是美国毕业生成本的 12%。[①]《经济学人》最近的一篇文章说道："实质情况是雇佣一名美国人的成本几乎能雇到 10 名印度人。"[②]最近，我们采访了一位拥有生物技术博士学位的科学家，他在美国的生物科技公司工作数年后回到了印度。他在印度拿到的薪水约为原来在美国的 1/5。在印度，他有相同的技能，能接触相同的高科技设备，他周围科学家的能力和在美国的一样出色。而在印度，为了获得他的创新能力却只需要支付在美国获得同样能力的成本的一小部分。同时他的薪水能使他在自己的祖国维持一个可接受的生活水准，在这里他也更能亲近家人，在自己更喜欢的文化中养育孩子。

1.2.4 基础设施的发展

正如前文所提到的那样，外包和离岸外包的趋势能使本地经济为他们的创意工作者建设一个具有吸引力的工作环境，从而吸引受到良好教育的海外人士归国。Infosys 技术有限公司（ITL） 就是这样的众多案例之一。该公

① "The World Is Our Oyster，" *The Economist*（October 6，2006），9.

司总部位于印度班加罗尔，也是一个创新热点地区，在这里，全球型企业驻扎的富丽堂皇的大厦矗立在当地古老文明的遗迹之中，周围则是一片极度贫困的景象。托马斯·弗里德曼将ITL公司的全球会议中心描述为印度外包产业的“坐标零点”：这是一个巨大的木质镶板房间，天花板上装有电话会议要用的摄像机，还配有超大尺寸平板电视，它能汇集起ITL公司的整个供应链——不论在纽约、伦敦、波士顿，旧金山，还是新加坡，都可以全部同时在线。[①] 与其他国家地区相比，外包热点地区的公司能接触到更好的建筑材料（如钢材、混凝土），更好的公路、更清洁的水、更可靠的电力和通信设施，以及其他基础设施。外包经济及其所推动的基础设施建设，也是影响全球创新分布的一项基本的使能技术（enabling technology）。

1.2.5　教育的改善

美国和欧洲的大学曾一直是发展中国家顶尖学生的重要目的地，例如中国和印度的学生。从学校毕业后，这些学生中有许多留在西方国家以享受西方的生活水平，他们之中有许多人创立了公司，从当地和国外募集风险资本，并打造能够为经济提供新产品和服务的公司。但是，现在高等教育的趋势却是“走向全球”。

发展中国家的大学正不断获得更高评级，它们中有许多已与美国和欧盟的大学建立了紧密联系，例如有着印度“麻省理工学院”之称的印度理工学院就是如此。与此同时，西方的大学也正在创造性地为海外学生提供在本地的学习机会。例如，位于北卡罗来纳州达勒姆市的杜克大学与新加坡国立大学在新加坡开立了一所医学院，这是杜克的第一所医学研究生院；杜克大学还计划在北京开立第二所医学院。不仅如此，发展中国家的教育成本也比发达国家要低得多。

衡量一个国家提高自主创新能力是否获得成功的指标之一就是国内机构

---

① Friedman，*The World Is Flat*，5–6.

所授予博士学位数量的增长情况，尤其是在科学领域的博士学位数量。① 以中国为例，国内博士学位的授予量从 1985 年的基本为零，上升到 2000 年的近 7 500 人。在大约同一时期内，韩国的博士学位授予量也从 128 人增加至近 3 000 人。另一个相关的衡量指标是发表在同行评议期刊上的科学论文数量。以 2003 年为例，来自中国、新加坡和韩国的作者在美国化学学会期刊上发表了 55 300 篇论文，而这一数字在 1998 年是 7 200 篇。② 由于学生们已经不再需要为了接受一流教育或者为了学以致用而前往美国和欧洲了，所以世界上许多最优秀的人才可以很舒适地留在自己的国家里。

1.2.6　政府和非营利组织的举措

鉴于创新中心带来的经济收益，一些政府正在将国民辛苦赚来的钱投入建立创新中心上，以吸引来自世界各地的创意工作者。生物技术中心就是这一趋势的代表。《芝加哥论坛报》近日报道称，生物技术中心如雨后春笋般遍布全球，从澳大利亚到多伦多、到新加坡，再到阿姆斯特丹。③ 直到最近美国还在全球生物技术投资中占据大部分，但世界各国正采用政府补贴的方式来吸引生物技术企业以及随之而来的投资与就业机会。有趣的是，风险投资基金已经开始流向这些新的热点地区（如中国和印度），为的是利用低成本研发的优势。

---

① Committee on Prospering in the Global Economy of the 21st Century：An Agenda for American Science and Technology，National Academy of Sciences，National Academy of Engineering，Institute of Medicine，*Rising Above the Gathering Storm*：*Energizing and Employing America for a Brighter Economic Future*（Pre-publication Copy，2005），3–9.

② Michael Heylin，"Globalization of Science Rolls On，"*Chemical Engineering News*（November 27，2006），28.

③ Jon Van，"The Rush Is on for Biotech Bonanza，" *Chicago Tribune*（June 22，2005），Business Section，1.

1.3 全球 i 产权博弈

尽管参与全球竞争是一项严肃的商业行为，但从许多方面来看，它也是一场博弈游戏——i 产权的博弈。创新企业必须在 i 产权这一筹码上进行昂贵的投资。在这个全球竞技场上，玩家战略性地挑选出一组国家并放好筹码，技术力量和市场力量展开较量。筹码一旦放下，可以移开，但不能移到其他国家（可以放弃保护措施，但如果在其他国家没有及时启动保护，那么在这些国家保护智力成果的机会就可能丧失）。放置筹码的努力并不见得都能成功（尽管作了投资但预期的保护可能无法实现，或者技术可能会失败）。即使筹码放置成功，也有可能达不到预期效果（例如，法律保护制度可能已经建立，但却未能得到有效执行）。知识产权的筹码也可能被其他玩家所放置的高级筹码压倒（比如，即使一项专利得到了授权，但竞争对手可能拥有高级的专利权，以阻止本公司运用自己的专利）。在那些没有放置专利筹码的国家，威胁将会出现（除非在所有经济上可行的国家里都对智力成果加以保护，否则复制抄袭将会出现在公司还没有投资智力成果保护的国家里）。在这场经济博弈中，最成功的企业将是那些将创新做好了的企业；相比于创新较少的竞争对手，它们有更多的筹码可用。而且在这些创新工作做得好的企业当中，那些善于在复杂的全球竞技场保护所得智力成果的企业将比那些不善于保护智力成果的企业更具竞争优势（如完胜）。

第 2 章

i产权世界：在变化的全球环境中评估i产权风险

我们在第 1 章讨论了全球创新经济中的变化，这些变化为那些在新的全球经济中运用 i 产权战略进行竞争的大大小小的企业带来了机遇和挑战。先进技术成果的研发能力在全球的分布，意味着创新地点也很可能位于世界上的某个发展中国家，而那里通常缺乏充分的法律保护，管理者和员工通常也没有获得足够的培训或缺少足够的动力去保护知识产权。

例如，我们现在已经能够在印度、中国和新加坡以一个大幅降低的价格大规模地购买创新了，但是，在不对创新成果本身所具有的法律权利及保护这些创新的法律权利造成不必要损害的情况下，企业如何才能评估自己能否获得这种低成本创新所带来的收益呢？快速变化的技术也影响着创新者保护其智力成果的能力，因为现在我们很容易就能在数秒时间内在全球范围内泄露和传递有价值的信息。i 产权企业必须了解并能迎面处理这一风险。同时，无论创新型企业的运营是否全球化，它都必须努力应对源自创新热点地区的侵权风险。我们把这些挑战分为以下四类。

（1）制度风险，例如，许多国家法律制度尚不完善，或者缺乏可预见的执行力。

（2）侵权风险，全球可执行的 i 产权权利正日渐增多。

（3）管理风险，包括 i 产权管理知识的匮乏以及员工层面上的 i 产权文化缺失等。

（4）技术风险，例如电子传输风险或者在互联网上公布了 i 产权信息而导致权利丧失。

这些风险交织在一起，削弱了 i 产权在维持竞争优势方面所能发挥的作用。

2.1 制度风险

创新中心向低成本劳动力市场的扩散，为企业降低创新成本提供了机会。然而，在许多低成本劳动力市场里，保护知识产权的法律仍不完善。即使在那些法律不断改进的地区，法律的实施通常也仍然难以预测。将工作从制度得力的国家转移到制度薄弱或者根本不存在的国家，可能会使创新者的成本高企，尤其是公司没有处理已经上升了的风险或者没有采取保护性策略以防止有价值的 i 产权遭受到损失的时候。企业防止有价值的 i 产权遭受损失的能力，实际上取决于员工的态度。

尽管全球化力量促进各国 i 产权保护法走向协调一致，但各国当地的社会与文化力量仍在确保本国的专利法在很多方面保有独特性。例如，在涉及计算机软件、业务流程、药物化合物的新用途，以及医疗方法等可专利性领域的法律，各国间存在广泛差异，专利覆盖范围仍局限在特定地区。目前，还没有真正的国际专利，因为需要在多个国家分别提交专利应用申请，专利成本也显著上升。因此，企业必须就如何以及在何处保护其创新成果进行认真分析并战略性地制定决策。即使保护商业秘密可能并不会很昂贵，但在许多国家执行起来要么极为困难，要么几乎不可能。员工缺乏对知识产权价值的理解，也会进一步削弱知识产权法的效力——即便该法律是完备的。

2.1.1 印度的新专利法

为使专利体系与 TRIPS 协议接轨，印度于 2005 年通过了新的专利法，我们对此曾在第 1 章作过讨论，新专利法为食品、药品、化学品等一些以前不能申请专利的事物提供了专利保护。该法还在某些情况下为软件申请专利打开了大门，这使得印度的做法更加接近了欧洲标准，但与美国自由的软件保护标准仍有一定差距。然而，政治力量的参与又使新专利法的持续影响变得不确定。很多印度人似乎将专利看成是一个国际妖怪，他们看不出除全球企业巨头之外还有谁能从专利中获益。在印度当前的政治氛围下，新专利法究竟能在多大程度上降低国内外企业的 i 产权损失，预期收益的累积到底有多快，现在尚不清楚。

就在印度新专利法通过两周年的前夕，诺华制药公司以法律不完善为由起诉印度政府。该诉讼与诺华公司为其抗癌药物“格列卫”（Glivec）申请新用途专利时遭到的拒绝有关。根据印度的专利法，药物的新形式（如盐形式或者新的结晶形式）只有在专利申请人能够证明这种新形式比现有形式有更显著的疗效时，才可以获得专利。而印度政府坚决认为，诺华只是为原有药物的一种新形式提出了申请，并没有按要求证明药物疗效因此有所增强，因此根据印度法律不能授予其专利。而诺华则声称印度专利法不符合 TRIPS 协议的相关规定。

这场冲突也引起了无国界医生组织（Medicines Sans Frontiers）等国际救援团体的参与，它们并不希望看到这一专利被授权。这些团体担心如此一来，印度的贫苦民众将更难以获得所需药物。诺华制药公司的支持者辩称，如果诺华对药品的定价使印度民众无法承受，那么根据新的法律，印度政府仍可以保留强制许可（compulsory license）的权利，这一权利可以允许其他公司制造和销售这一药品。因此，即使诺华公司取得了专利授权，政府使用强制许可这个“安全阀”的机会并不会被削弱。

尽管还存在一些不确定性，但新专利法已经推动了印度药品研发行业的投资增长。在新法实施前，印度企业无法收回投资的状况制约了印度制药研发领域的投资。随着新专利法的实施，一家位于班加罗尔名为 Avesthagen 的生物制药及农业生物技术公司，已经谈妥了一项 3 200 万美元的投资，对此我们也在第 1 章提到过。Avesthagen 公司的公开市场估值约为 15 亿美元，据报道，公司收入将以每年 40% 的速度增长，预计 2010 年的收入能达到 50 亿美元。① 如果现在将 i 产权的时钟拨回到从前，就会阻碍 Avesthagen 这样

① Seema Singh，“Avesthagen Closes $32.5M Funding，” *Red Herring*，January 24，2007，www.redherring.com/PrintArticle.aspx?a=20912§or=Briefings.

的公司得到进一步发展。

保证印度民众健康水平不断提高的最佳途径，就是拥有一个创新型的制药行业，有针对性地在本地健康问题、符合本地经济现状的新药开发上进行投资。但是，如果没有一个足够强大的知识产权体系，创新型制药行业的发展将举步维艰，公司要取得成功，就需要将重心放在印度以外的、会承认和保护其投资的国家。而且，印度与中国在吸引国际制药公司方面正处于激烈竞争中，而最新的调查也似乎显示印度将要输掉这场比赛。① 不为知识产权提供充分保护，就不可能有助于问题的解决；当制药公司把它们的知识、投资和就业机会带到中国而非印度时，由此就会产生长期的持续性影响。

在贵公司中，由谁来负责展望未来，预测全球主要国家在知识产权法和知识产权文化方面的变化呢？

尽管 2005 年的法案为 i 产权打开了提供更多法律保护的大门，但印度的基础设施建设还需加强，法律的执行层面也存在不确定性。在许多方面，印度专利局就像印度政府一样，也是一个官僚作风根深蒂固的机构。例如，在美国和欧洲，专利副本可以通过互联网免费获得；而在印度，你需要预付费用并亲自拜访提交申请时的那家专利局。② 甚至有时即使已经付过款了，在取得专利副本前也还需要等待一段时间。印度缺乏一个可供搜索专利的数据库，这也促使 XB 实验室决定投资开发了一个这样的数据库，名为“印度大专利”（BigPatents India）。③

对于印度的专利体系来说，工作人员也是一个问题。美国大约有 3 500 名专利审查员，中国有 4 000 名，而印度只有 275 名。工作人员既然如此之少，

---

① “Indian Government Warned over Pharma Competitiveness，” *Pharma Times*，July 21，2006，www.pharmatimes.com/WorldNews/Articles/9255-India-manufacturing.aspx?src=PTNews-11033.

② Sapna Dogra，“The Patent Challenge，” Express Pharma Online，July 16–31，2006，www.expresspharmaonline.com/20060731/market01.shtml.

③ XB 实验室官方网址，http：//xblabs.com/static/xblabs（2007 年 8 月 27 日访问）。

那么要支持一个行之有效的专利系统显然也是不可能的。印度的多办公室专利体制（multiple-office patent system），又给问题增加了一层复杂性。每个办公室对法律的解释都不尽相同，这就意味着提交某项专利申请的结果可能会因其所对应办公室的不同而不同。

现在也有一些致力于帮助印度加快知识产权体系发展的教育项目不断设立。例如，乔治·华盛顿大学法学院在 2004 年设立了“印度项目”，其中也包含一些为促进美国和印度两国的学者、法官、从业人员、商务人士之间互动的节目和会议。[①] 该学院还携手著名的印度理工学院—卡哈拉格普尔校区（Indian Institute of Technology–Kharagpur），共同帮助卡哈拉格普尔地区新建的拉吉夫·甘地（Rajiv Gandhi）知识产权法学院发展。然而，也有一些印度人将这些项目看作一种偏见，是自私自利的政党用一种不符合印度经济现实的方式为自己追逐更多利益。

2.1.2 中国：知识产权保护存在的问题

和印度一样，中国也是许多重要条约的缔约国，包括世界知识产权组织（WIPO）和《伯尔尼公约》（*The Berne Convention*），并且也有旨在保护 i 产权的相关法律。但即使如此，中国的知识产权保护尚存在较多的问题。2006 年，在美国边境查获的侵权商品中，中国所占的份额超过了美国其他任意一个贸易伙伴。[②] 这些还只是美国企业的损失；如果再推算全球其他国家受到的损失，数字将会更大。

中国的知识产权法律体系在很多方面尚不完善。目前，不管是本土企业还是外资企业，都无法依赖中国的法律制度来维护个人或组织的法律权利。主要由于制度上的弱点和自身利益问题，写入法律的规范尚未融入有效的执

① 乔治·华盛顿大学法学院“印度计划”网址：www.law.gwu.edu/Academics/India+Project/India+Project+Overview.htm（2007 年 6 月 8 日访问）.

② 美国贸易代表办公室 2007 年发布的“特别 301 报告”，www.ustr.gov/Document_Library/Reports_Publications/2007/2007_Special_301_Review/Section_Index.html.

行体系中。[①]美国贸易代表办公室曾抱怨中国的不良记录涉及了知识产权的诸多形式，并特别指出了困扰中国国内市场的假冒和盗版问题。

2006 年，在一次美国专利与商标局有关中国知识产权保护问题的会议上[②]，美国贸易代表办公室的首席知识产权执行谈判代表斯坦福·麦考伊，用他访问中国时的一个小故事来说明中国的盗版问题。当他在中国一个公开市场中游览时，一名男子走近麦考伊的旅游团队并向他们兜售假冒的高尔夫球杆。麦考伊同意和该男子一起去仓库看看，但此时警察出现并赶走了这名男子。而当团队一行人要登上电梯往外走时，刚才那个男子已经躲开了警察的追赶，冲进了电梯，并再次向他们兜售起来。显然，那些依靠售卖盗版商品来维持生计的中国人是不容易被劝服的，而这一事实又加大了那些希望在中国保护自己 i 产权公司所面临的挑战。

2.1.3　好消息

印度和中国所遇到的这些问题，可以看作发展中国家在谋求现代知识产权体系所带来经济利益时所经历的“成长的烦恼”，因为同时，它们还要避免这个更适合发达国家而不是发展中国家的体系可能带来的损害。知识产权战争会涉及国际国内的政治力量以及强大的国际组织之间的冲突，冲突中各方都会努力强化自己关于如何在激励创新者和让民众获得重要创新之间给出合理平衡的意见。本书目的并不是要解决这一重要的两难问题，而是着重于研究形势可能会如何变化，以此来帮助创新型公司决定去哪里创新以及在哪里保护自己的创新。

我们的观点是，尽管进步缓慢，但变化令人鼓舞。那些希望参与全球知识经济竞争的国家必须认识到有效保护知识产权的必要性，并有效落实相关

① United States Congress，Joint Economic Committee，China's Economic Future：Challenges to U.S. Policy（Armonk，NY：M.E. Sharpe，1997），224.

② 作者在美国专利与商标局 2006 年 9 月在波士顿举办的《在中国和全球市场中保护知识产权》会议上所做的一些会议笔记。

制度，否则它们将被甩在其他国家之后。麻省理工学院的经济学家莱斯特•梭罗指出，除非公司"看到了一个它们相信能够让其收回投资并赚到良好回报的知识产权体系"[①]，否则它们不会投资研发。一些重要的发展中国家仍需要一些时间才能实现创新带来的财富收益，而创新是受到不断完善的知识产权法的刺激与推动的。但随着在创新热点地区工作的人们不断提升他们所在社区的财富和生活水平，创新的价值以及保护 i 产权的价值凸显，这将鼓励各国政府在专利法的制定与实施上加大投入。

法律执行上的成功正变得越来越普遍。例如，摩托罗拉 2006 年就解决了一起针对韩国手机制造商 KBT 公司的知识产权诉讼。[②]摩托罗拉公司根据韩国反不正当竞争法提起诉讼，指出了对摩托罗拉 RAZR 手机的专利、商标和设计的侵权行为。摩托罗拉和 KBT 之间的这场冲突始于消费者关于在亚洲买到的摩托罗拉 RAZR 手机模仿品的询问。KBT 公司当时正在中国大陆、香港以及台湾地区销售一种酷似摩托罗拉 RAZR 的名为 V500 手机。

摩托罗拉移动设备业务的全球知识产权管理与许可事务副总裁伊冯•费尔泽评论说：

> 我们非常高兴地看到 KBT 公司已经承认了摩托罗拉公司 RAZR 手机专利、商标和设计方面的合法性及受保护的权利……为了创造竞争优势，摩托罗拉投入了大量人力和财力资源，将引人注目的创新带给市场。在世界各地，我们坚定不移地保护我们的投资，并且已经做好了通过实施知识产权来积极捍卫创新成果的准备。[②]

冲突解决的结果就是 KBT 公司同意停止制造、销售、要约卖出、出口以及展示任何类似 RAZR 的产品。KBT 也同意不会让其他公司制造类似

① Lester Thurow，*Fortune Favors the Bold*：*What We Must Do to Build a New and Lasting Global Prosperity*（New York：HarperCollins，2003），172.

② Motorola，Inc.，"Motorola Stops RAZR Copycat in Korea，" press release，May 10，2006.

RAZR 的产品，并承诺停止使用摩托罗拉的专利和商标。我们期待在未来几年中类似这样的故事还会大量出现。

马克·科恩是美国专利与商标局派往中国的外交专员。在这一岗位上，科恩的目标是敦促中国提升知识产权保护的水平。在对中国知识产权保护的一片负面评价里，科恩并不悲观。他强调，公司能够采取一些措施来保护它们在中国的知识产权。[①] 科恩说，就如泰德·普拉夫克在《在中国做生意》中所叙述的那样，在处理知识产权保护问题时，如果我们以为中国的知识产权会像在美国一样被定义和实施，那就犯了一个根本性错误。美国公司应利用好当地的知识产权选项，比如中国的外观设计专利。它们也应该认真选择自己将作出法律回应的地点，并与本土的行业组织协调合作，以提升对法律体系施加的压力。此外，努力的目标也同样重要。例如，追踪房东就可能比追踪销售盗版产品的公司要更为有效。

2.2　侵权风险

到目前为止我们已经讨论了制度风险，它是由创新热点地区的专利法及其他知识产权法能否获得充分运用与实施的不可预测性所引起的。然而，这些制度风险被这些国家对专利保护更强烈的渴望以及专利保护所带来的价值提升所抵消了。尽管专利实施过程有不可预测性，但越来越多的创新者愿意相信，在自己申请专利的有效期内，法律实施情况很可能会继续改善。此外，许多诞生于新创新热点地区的专利申请正在通过《专利合作条约》（Patent Cooperation Treaty）所建立的国际专利申请程序，进入发达国家。因此，全球格局中正充斥着越来越多的专利，各地的侵权风险也在上升。

---

① Ted Plafker，Doing Business in China：How to Profit in the World's Fastest Growing Market（New York：Warner Business Books，2007）.

2.2.1 发展中国家的风险

当前中国的 i 产权实施正在逐步改善。中华人民共和国专利局（CPO）成立于 1980 年，目的是“保护知识产权，鼓励发明与创造，帮助普及发明及开发利用，促进科技进步与创新，以及满足社会主义现代化建设的需要。”[①]《中华人民共和国专利法》于 1984 年通过并于 1985 年生效。1998 年，中华人民共和国专利局（CPO）更名为国家知识产权局（SIPO）。

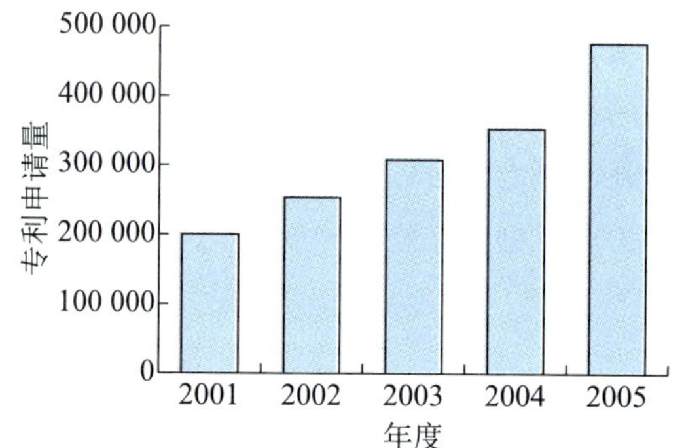

图 2.1　中国每年的专利申请量（2001—2005 年）

中国提升知识产权体系的努力已经被越来越多的公司愿意在中国投资获取专利的这一事实所验证。如图 2.1 所示，从 2001 年至 2005 年，中国的专利申请数量增加了一倍多，从 2001 年的 203 506 项增至 2005 年的 476 264 项。[②] 中国公司的专利申请量占据其中的绝大部分。但如图 2.2 所示，外国公司在中国提交的专利申请量也在迅速增加，从 2001 年的 37 800 项增至 2005 年的 93 107 项，增长也超过一倍。

---

① 中国国家知识产权局，“前言”，http：//www.sipo.gov.cn/wipo_new/english/neirono3/gywipo_wipojj_01.htm（2007 年 8 月 25 日访问）。

② 中国国家知识产权局，《1985 年至 2005 年间国内外三种专利申请统计表》，www.sipo.gov.cn/sipo_English/statistics/200607/t20060725_104689.htm（2007 年 6 月 25 日访问）。

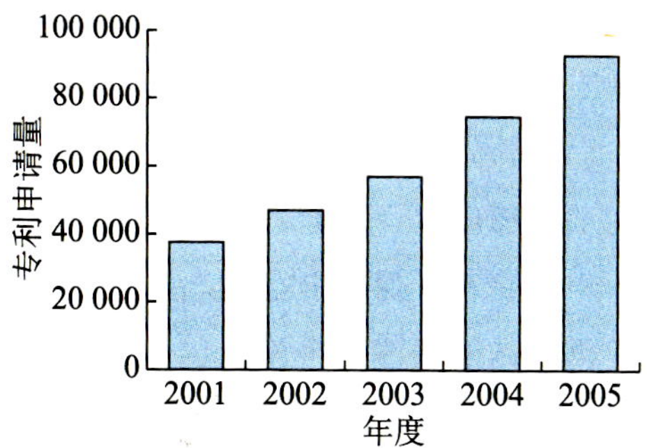

图 2.2 外国公司在中国提交的专利申请量（2001—2005 年）

一些发达国家比其他国家更愿意在中国和其他发展中国家积极申请专利，它们的行动也更为迅速。例如，据人民网报道，2006 年中国的邻国日本在中国提交了 37 848 项专利申请，超过其他任何国家。[①] 根据这篇报道，日本公司占了外国公司在中国专利申请量的半数以上，美国和韩国分别位居第二和第三位。外国公司在中国提交的专利申请越来越多，表明它们对中国专利体系的信心还在持续增强。中国专利数量的增长，也增加了公司在中国开展业务将面临的侵权风险。

贵公司是如何跟踪所处竞争领域中的全球专利授权趋势的?

与中国的专利体系不同，印度的专利体系是由殖民时期的 1856 年法案确立的，该法案的基础是 1852 年的英国专利法，直到近年这一专利体系都少有变化。前面已经提到，2005 年的专利法案对印度的专利体系作了重大改进，使印度体系与国际标准更趋于一致。与中国的情况类似，印度专利体系的改进引发了专利申请量的不断增长。2006 年的印度专利申请量接近 30 000 项，相比之下，2005 年专利申请量为 23 000 项，2001 年为 6 000 项。[②] 70%

① “Japan Files Most Foreign Patent Applications in China，” People’s Daily Online，May 31，2007，http：//english.people.com.cn/200705/31/eng20070531_379726.html.

② V. Hemamalini “Advantage PakOver India in 301WatchlistWar，” Economic Times of India，December 21，2006，http：//economictimes.indiatimes.com/Advantage_Pak_over_India_in_301_watchlist_war/articleshow/877918.cms.

的印度专利申请是由外国公司提交的，这证明了印度市场的价值以及2005年专利法案扩展了专利申请的机会，也体现出外部人士对专利权能够在印度得以实施的预期。

制药行业是印度的工业部门之一，它的成长建立在仿制世界各地药品的基础之上，而现在，这一行业有了保护自己创新的机会。除鼓励投资国内研发外，印度的新专利法也有助于创造一个使发达国家的公司更乐意将研发工作外包到印度的环境。当涉及自身知识产权的保护问题时，印度公司的表现依然落在后面；然而，这一问题并没有被忽视①，而当印度公司看到比它们更具远见的同行们从财务上和竞争力上都受益于自身的专利时，未来几年的专利申请量很可能会大幅度增长。

在中国、印度和其他发展中国家运营的公司，无论是将业务外包、离岸外包或是直接营销和销售产品与服务，都必须对专利权能否实施这一问题押下赌注。重要的是要记得，专利可以提供20年的保护。因此，随着国际外交压力的增强，对于那些执法机制才刚刚开始有改善迹象的国家来说，在20年后的专利期限届满之时，它们的执法机制可能会发生显著改善。而对于潜在的高额损失（比如对生产设备的投资），即使相关国家没有实施知识产权的悠久历史，但法律的不断完善、法律文化的改变以及外交干预等会带来知识产权实施概率的不断提高，而这可能就足以阻止潜在的侵权者了。

全球到处都充满专利的这一状况将引发更多的知识产权诉讼，但这也会促进更多的知识产权交易。例如，彩力公司（Color Kinetics Inc.）是美国一家设计和销售照明系统的公司，它近日宣布与真明丽国际有限公司（Neo-Neon International Ltd.）签署了一项全球专利许可协议。全球许可协议每天都在签署，而这次之所以特别是因为真明丽是一家中国公司。根据协议，彩力公司授予真明丽公司获得其完整的全球专利组合，其中包括数百项在世界各国的专利和专利申请。彩力公司在新闻稿中称该许可协议将“允许真明丽在全球范围内持续开发与销售LED照明产品”，意味着这不是一项常规的

① 见 J. Bhagwati. “It Is Technology，Stupid，” Business Standard，May 29，2007，www.business-standard.com/common/storypage.php?autono=285917&leftnm=4&subLeft=0&chkFlg=.

对外许可交易，而意味着两家公司之间争端的和解。

这笔交易反映出构建全球专利组合的价值正不断上升，与此同时，在世界上一些意想不到的地区被专利组合“挟持”的风险也在上升。十有八九，彩力公司将从这笔交易中获得的收入，却并不需要在基础设施建设上作出大的投资。事实上，彩力公司合法地利用了从中国竞争对手那里获取收益的机会，而并没有新增任何重要投资。因此，无论是在当地还是在全球开展业务，企业都不能忽视通过在其他国家保护自己的发明而获取收益的机会。

正如彩力公司的董事长兼 CEO 比尔·西姆斯所说，“这项协议标志着我们处在成长中的许可业务又一次强力胜出，它撬动了我们近十年以知识产权为基础的投资、研究与开发。”[①] 彩力公司最近还与捷克一家为剧场、游览、电视及其他娱乐应用提供照明系统的公司 Robe Show Lighting 达成了交易。像彩力公司这样在 i 产权方面具有远见的公司，正在从全球各国的 i 产权保护策略中获利。

现在许多发展中国家的企业都积极在本国或本地区保护着自己的智力成果，但缺乏在发达国家保护自己智力成果的相关资源。例如，尽管在各国的专利保护名单上，印度的排名已有所上升，但印度企业在发达国家保护自己智力成果的情况却依然落在后面。印度企业未能保护其新颖成果的部分原因可能是保护的成本太高。过去，在发达国家进行专利侵权研究就能揭示出大部分位于发展中国家的风险，因为大多数专利都是在发达国家创立、在发展中国家申请的。而在今天，发展中国家的本土企业难以负担在发达国家保护智力成果的成本，但发展中国家的专利体系为它们在本国保护新的智力成果提供了更强的激励，且它们本国的专利制度也可以为它们提供了更多激励措施去保护这些新颖的智力成果。因此，那些希望在发达国家以外的全球热点地区开展业务或开拓市场的公司，必须将它们的专利侵权研究扩展到这些国家中，否则就存在着许多侵犯潜在专利的风险。在中国处理这一问题就变得更困难和更昂贵了，因为在那里的专利申请要使用当地语言。

① Color Kinetics Inc.，“Color Kinetics Announces Licensing Agreement with Neo-Neon，” press release，December 18，2006.

2.2.2 发达国家的风险

随着中国、印度和其他发展中国家专利制度的改善以及在这些国家里为自己发明申请专利的公司越来越多，在那里做生意的外国企业将面临更大的专利侵权风险。这一点是非常明显的，但不那么明显的是，中国、印度及其他地方的专利申请数量的增加，也将通过《专利合作条约》引导本国企业到美国、欧洲、日本及其他传统上对专利提供有力保护的国家去申请专利。例如，美国公司已经习惯了日本和欧洲的公司通过美国法院来执行美国专利、应对美国公司。然而，它们还没有习惯以中国和印度所创造的专利为基础的侵权诉讼。

例如，中国公司正开始积极实施专利权以应对美国公司。苹果公司目前正在抵御一项专利侵权诉讼，该诉讼声称苹果公司的 iPod 产品侵犯了中国台湾一位独立发明人的专利。此外，中国的闪存制造商朗科（Netac）最近也在得克萨斯州的一家联邦法院起诉其在新泽西州的一位竞争对手。[①] 未来几年，对发达国家企业提起诉讼的发展中国家企业的数量还将显著增加。根据世界知识产权组织（WIPO）的报告，源自中国的国际专利申请在过去 10 年里增加了 7 倍之多，其中很多专利申请最终都会成为美国、欧洲及其他地方具有法律效力的专利。因此，任何一家通过创新技术取得市场地位的企业，都不能忽视这一日益增加的风险来源。

2.3 管理风险

许多国家的 i 产权保护的法律和法律制度正不断完善，公司有机会去实施新的知识产权战略以保护重要的智力成果。尽管这些国家的非熟练劳动力

① Netac，Inc.，“Milestone of China Company to Enforce Its Patent Rights Overseas，” press release，February 16，2006.

可能很充裕，但具备基本的 i 产权技巧的管理者却很难找到，具有革新性的知识产权理念的管理者也非常少见。40% 的中国公司都称难以找到各类合格的高级管理人。[①] 在这些 i 产权保护传统不强的国家里，对于如何保护智力成果或如何管理 i 产权组合的战略开发工作来说，管理者和员工很少接受过培训或者具有相关经验。举例来说，这样的管理者往往缺乏以下必要的重要技能：

- 识别有潜在价值的和可申请专利的智力成果
- 制定 i 产权战略以保护智力成果
- 通过公开发表和标价出售等能够破坏 i 产权权利的活动，防止 i 产权损失
- 准备合适的专利申请，为其在美国和欧洲取得保护
- 管理这些过程中所发生的成本

我们在书中一再强调，发达国家的管理者实际往往缺乏以上部分技能甚至全部技能。因此，在新的创新热点地区进行创新或从这些地区获得创新服务的公司，必须花时间和精力向管理者和员工们灌输必备的理念和技能，以战略性地部署 i 产权，保护由此形成的智力成果。

2.4　技术风险

除已经讨论过的制度风险、侵权风险和管理风险外，i 产权面临的重要挑战还会来自技术扩散的便捷性和快速性。第一个挑战与公开发表导致 i 产权权利的破灭有关。在大多数国家，在提交专利申请前将该发明公开发表，将导致可专利性的自动中止（该专利权在公开发表的那一刻就已经消失了）。美国和其他国家有相同之处，但它给公开发表提供了一年的宽限期，在此期间仍可以提出专利申请以保护公开发表了的发明。对许多国家而言，在互联

① "The World of Work," *The Economist*（January 6，2007），57–58.

网上的公开发表已越来越成为一个问题，即使在美国、欧洲和日本这样管理者和员工对知识产权问题有较好理解的国家也是如此，再加上在新兴创新中心的管理者缺乏对 i 产权价值的认识，互联网公开的简便程度都给 i 产权权利带来了极高的风险。

你们采取了哪些电子防护措施来防止商业秘密泄露？

互联网在全球的传播意味着公司可能很快就会丧失对有价值的商业秘密的控制权。公开发表在互联网上会消除秘密性，从而也就消除了作为商业秘密的可能性。技术促进了通信，但它也使公司变得“漏水（leaky）”。当你按下“发送”键的那一刻，不管有意还是无意，关键性的技术信息几乎可以被传送到世界上的任何一个国家，而且给 1 000 个人发送电子邮件就像给一个人发送电子邮件一样容易。此外，现在像记忆棒和闪存盘这样的微型便携存储设备价格低廉，方便可得，可被用来下载和携带大量数据。因此，在那些法律和社会标准还没有发展到尊重 i 产权程度的国家里，信息被盗的风险特别高。

来自公司围墙之外的风险也变得越来越普遍。现在大多数的信息系统都可以从地球上的任何地方通过互联网进行访问。而如今的黑客也比以往任何时候都更为精明老练，即使是最小的安全漏洞都有可能使系统被入侵，导致公司丢失了宝贵信息。

2.5 全球风险最小化

在世界各国想要增强对知识产权风险认识的公司都必须考虑本章所讨论的四个主要风险来源：制度风险、侵权风险、管理风险和技术风险。无论是在授予世界各地申请者越来越多专利的发达国家，还是在因其改善制度的承诺而吸引了大量对 i 产权组合投资的发展中国家，侵权风险的发生都将更加频繁。所有国家的公司管理者都必须努力变得更具有前瞻性眼光，而在缺少良好 i 产权文化的发展中国家，公司必须帮助管理者和员工增强对 i 产权价值的理解，并帮助他们执行好旨在实现战略性目标组合的政策与流程。最后，所有的公司都必须时刻警惕那些会造成 i 产权轻易流失的技术风险。

有远见去思考这些风险并实施能利用 i 产权优势的战略，同时还会运用良好的商业判断去降低这些风险的公司，将拥有竞争对手所不具备的独特且具决定性的优势。在本书下一章，我们将讨论如何将战略规划用于 i 产权的部署（就像运用在其他经营领域一样），并提供一个框架，帮助管理层创建、控制和维护一个能够保护、加强及拓展公司商机的 i 产权组合。

第二部分

扁平世界里的i产权战略

第 3 章

全球战略：保护、加强及拓展商机的i产权

在《战争的33个战略》一书中，罗伯特·格林描述了拿破仑是如何打败他的敌人普鲁士人的，原因就在于他的敌人缺乏想象力。[①] 他们没能对拿破仑采用的新战略做出反应，而是继续依靠曾在过去取得成功的老掉牙的战术，这种失败格外可悲，因为他们本有10年时间的机会去研究拿破仑的创新性战略。他们不去学习与适应，却只是坚持着既有的教条。相反，拿破仑并没有尊重过去的传统，而是选择以一种新的方式去战斗。他调整战略以适应当下的形势，并赢得了一场决定性胜利。格林写道：

> 当被问及遵循了什么样的战争法则时，拿破仑回答说他没有遵循任何法则。他的天才之处就在于能够应对变化的环境，最大限度地利用自己手中的资源——他是一个超级机会主义者。[①]

不能应对和适应现实情况，是一种根本性的战略失误。因为每一场战役都是不同的，技术、战术以及环境都在发生着变化。我们不能假定过去有效的方法在今天的战争中同样有用。同样，对于企业而言，用“一如既往”的方式去管理知识产权也将非常危险。如本书第1章和第2章所述，这个世界已经不是5年前的样子了。全球性的变革正影响着整个世界的竞争方式，不主动适应这些变化的公司将重蹈普鲁士人的覆辙。公司发展不能依赖昨天的战略；它们必须努力调整到今天的轨道上来，并且制定出能适应明天的战略。

① Robert Greene，*The 33 Strategies of War*（London：Penguin Books，2006），18.

3.1　战略背景

经济全球化创造了一个竞争白热化的大环境。缺乏独特优势的产品所面临的激烈竞争，将导致商品日益大众化，市场份额的丧失以及利润的缩减。格林沃尔德和卡恩（第 2 章中曾提到）强调，当有：

> 很多企业在寻找有利可图的投资机会时，在一个不受保护的行业中，企业的回报会降至没有“经济利润”的水平，也就是说，不会有高于所投入资本的成本的回报。[①]

要获得更多的可持续利润，产品和服务就要有特色，具有可传递给购买者的优势。但在全球经济中，除非得到某种形式的保护，否则没有产品或服务能够长时间的保有特色。用格林沃尔德和卡恩的话说：“能够做竞争对手做不了的事情，才是一种竞争优势。”[②]

与其他公司相比，那些善于创造差异化产品和服务并对其加以保护的 i 产权公司，更具备持续获取超过平均水平利润的能力。有前瞻性眼光的企业能认识到通过创新获取竞争优势的紧迫性，也会认识到对创新加以保护的紧迫性。

企业在构建 i 产权组合时将面临该领域的大量决策：如何目标明确地产生智力成果，识别有价值的并值得保护的智力成果，为每项特定的智力成果选择有效的保护形式，避免在不必要的保护工作上浪费资源等。现如今，几乎所有的创新企业都有机会采用各种各样的 i 产权保护方式：实用新型专利、外观设计专利、商业秘密和版权，以及实际的合同保护。在不同的国家，各

---

① Bruce Greenwald and Judd Kahn，*Competition Demystified：A Radically Simplified Approach to Business Strategy*（New York：Penguin Books，2005），5.

② 同上，第 6 页。

种保护方式的可得性、成本和有效性也都不尽相同。

成功的企业必须留意到所有的战略选择，甚至更多地战略选择。疏忽会带来风险，因为一个不恰当的i产权组合或者竞争对手出人意料的组合都可能导致一笔数百万美元交易的失败、一场昂贵的侵权诉讼、一项关闭工厂的禁令、一个主要产品运输的海关问题，或者由于一个重要产品在竞争中易受冲击，而导致企业无法收回前期在研发项目上投入的大量经费。

如果i产权工作是这样的充满风险性，那么我们可以很自然地假设企业会投入大量资源去管理和发展它们的i产权战略和i产权组合。很少有企业会在缺乏充分事先考虑和战略评价的情况下，就投入大量资源去开发一项新产品的。然而，尽管企业会投资数百万美元去发展i产权组合，但它们在设计战略以最大化实现i产权组合的有效性上，却往往考虑甚少。很多时候，它们不是花费必要的时间和精力去制定一个有效的战略，而是要么依赖于根深蒂固的内部专利库，要么定期"把球吊过墙去"——将智力成果交给外部专利律师。

贵公司有一份由经营战略驱动，能指导i产权组合发展的成文的i产权战略吗?

基于对哪些智力成果能够被加以保护或潜在保护的有效性的假设，很多企业根本无视i产权的潜在价值。在那些传统上认为它们的创新成果不能申请专利的行业里，情况尤其如此。但在当今世界，几乎所有的创新企业都有机会运用i产权战略来保护他们的智力成果。某些行业正在迅速追赶，如银行业，其他一些行业还迟迟没有认识到给予这一问题关注的必要性。一个相关的问题就是，那些认为自己手中知识产权没什么价值的领导者，会严重低估竞争者手中知识产权的价值，而这样的领导者很容易使企业一头栽进代价高昂的侵权纠纷中去。

3.2 徒费金钱，一无所获

许多企业已经意识到自己并没能获得 i 产权的全部潜能，但也不知道去哪里寻求帮助。安德鲁 • 沃森是一家名为 Thirdspace 的视频服务器系统开发商的法律总顾问，在他开始寻找一名顾问协助自己制定 i 产权战略时，就表示了如下的无奈：

> 我们很快就意识到，我们需要一些专家的帮助。但这是迄今为止在这个过程中最令人沮丧的部分，我花了好几个月的时间去寻找合适的人。但令我惊讶的是，没有任何一家欧洲的大咨询公司能就商业性的知识产权战略谈出什么。律师事务所和专利律师也不行，他们中没有一个人关注知识产权世界以外的事情（老实讲，执业律师就不是生意人）……而让我更吃惊的就是，即使在美国，我们认为堪称精品的知识产权法律机构对这一问题的认识甚至还不如我多。[①]

3.2.1 视专利律师为大师

企业往往容易患上“视专利律师为大师的综合征”。按照英国一家知识资产管理公司 IP&AM 的管理顾问史蒂夫 • 芒通所说，尽管大多数企业领导人宣称公司的成功取决于自身 i 产权的实力，但“知识产权管理却总是被当成‘其他人的问题’，是一个应由中心职能运用组织中其他部分的最低投入来处理的特殊事项。”[②] 来自丹麦哥本哈根商学院的马库斯 • 雷特兹格也在

① Andrew Watson，“From Virgin to Evangelist—Seeing the IP Light，” *IAM*（December–January 2004）.

② Steve Menton，“Placing IP Management at the Heart of a Business，” *Les Nouvelles* 39 no. 3（September 2004），112–116.

《MIT 斯隆管理评论》上呼应了这一观点：

> （知识产权）管理不能单独交给技术经理或公司法务人员来做……（它）必须是公司的职能部门领导、业务部门领导以及公司最高级别的管理人员共同关注的问题。[①]

专利律师和代理人通常在为 i 产权取得法律保护方面拥有高超技巧，但他们很少关注公司的经营战略是否会与 i 产权战略有紧密的结合。从公司的角度来看，将潜在的新颖智力成果的信息输入到一个知识产权的黑盒子里，朦胧地期盼着从盒子里生成的东西能够足以覆盖成本开支，因为毕竟“我们花了许多钱”。但这往往会导致资源的无效利用，得到的是一个无法充分支持企业经营战略或产品战略的失调的知识产权组合、一个没有顾及公司知识产权定位实际情况的失调的经营战略，以及因竞争性专利随时出现而带来的一系列无休止的“惊喜”。

3.2.2 管理误区

公司的高管和经理们很少会理解自己的 i 产权组合，这就使黑盒子问题变得更加严重。很多时候他们的认识都基于对 i 产权事实的一些不准确的假设。例如，高管们常常大胆宣称公司专利涵盖了特定的技术进步，但实际上，那时甚至还没有人考虑过相关技术进步的保护问题。高管们往往认为软件、商业模式或者天然产品是无法申请专利的……但其实这几项都是可以申请专利的。还有许多高管对专利的有效性持有一种并不受证据支持的观点：“我们是可以花一堆钱去申请专利，但专利并不会带给我们什么好处”“你总是可以绕过某个专利”“我听说一家公司曾经有一项专利，并且……”诸如此

① Markus Reitzig，“Strategic Management of Intellectual Property，” *MIT Sloan Management Review*（Spring 2004），35–40.

类的。这些观点通常都源于某一个故事，在故事中某项专利因为一项很容易理解的原因而未得到实施，但讲故事的人却不知道这个原因。然后，这个故事承载着虚构出来的意义，成了为什么明智的人不会依靠专利制度来保护创新技术的一个例证。

我们无法指望那些安于重复惯用言辞、固守陈旧理念的企业领导者开发出能在当今全球竞争中取胜的 i 产权战略。当然，i 产权保护也不是在任何情况下都值得投资的。而且大部分常见的抱怨——如果不是全部的话，都至少包含着一些真实成分。例如，许多专利申请本身就建立在构思糟糕的发明之上，还不切实际地预期由此得到的专利是可实施的。然而，尽管专利以及其他形式的 i 产权并不总是能被正确使用或产生预期效果，但它们在许多情况下都得到了成功运用，所以它们应当作为战略选项认真加以考虑，而不应当被立即排除。

3.2.3 最糟糕的时机

公司也常常在可能是最糟糕的时候才去设法理解自己的 i 产权组合的，比如，当交易谈判正在进行之中的时候。换句话说，不等到潜在的投资者或合作伙伴尖锐地指出问题而触发危机时，公司管理者都意识不到花在积极描绘公司 i 产权组合优劣势以及识别战略问题上的支出是如此正当。通常，这个时点对于弥补相关问题而言已经太晚了，此时的决策者会承受着巨大压力去低估、忽视甚至隐藏这些问题。考虑进行交易的投资者、合作伙伴以及收购者们，对于企业是如何利用 i 产权来维持竞争优势是非常感兴趣的。他们明白，一家创新型企业的价值与其在 i 产权领域运作的成熟程度是密切相关的。可以得出的推论就是：i 产权组合的战略部署在与投资者、合作伙伴和收购者之间的关系中发挥着杠杆作用，因为一家公司的智力成果保护得越好，投资者、合作伙伴或收购者所拥有的其他合适选择就更少。

3.2.4 改变经营之道

毫不奇怪的是，黑盒子般的专利运作、管理层的认识误区以及糟糕的时机三者结合在一起，会导致毁灭性的后果。成长于如此环境下的i产权组合，可能会轻微偏离公司的战略需求，也可能会完全无法满足公司的战略需要。对这一问题的解决方案就是要有一个成文的i产权战略以及一个高效的战略执行团队。从经营战略到i产权战略，所有成员都必须积极主动地参与进来，这些决策都必须由一个坚实地建立在当前现实和未来发展趋势判断基础之上的理性战略加以指导。

i产权战略只有被公司i产权流程中的所有主要成员共享时，才会对公司发展有所帮助。为了确保愿景共享，战略得到高效执行，方法之一就是由一个i产权工作团队来负责制定和实施公司的i产权战略，对此我们将在第9章中进行详细讨论。制定和执行一个i产权战略需要跨学科知识的综合应用，包括技术、商业和法律专业知识。团队成员在影响i产权组合的决策上相互合作，以一种与公司愿景、使命、目标保持一致的方式做出这些决策。这种跨学科的方法看起来需要时间和人才资源方面的大量投资。然而，从长远来看，一个由构架良好的i产权战略指导的功能健全、具有前瞻性思维的i产权团队实际上会为公司节省时间和金钱，并且对任何一家想要推翻旧范式、重新思考i产权在业务中所发挥作用的公司而言，这都是一个必要条件。

3.3 混沌中建立秩序

一个基本的情况就是，为保护智力成果所进行的管理工作是十分杂乱的。有价值的智力成果并不会从善于发明的头脑中平稳、有序地产生出来，而是断断续续出现的。它们只有在历经痛苦、饱受折磨和坚持不懈的这样一个过程后才能锤炼出有用的产品。同样，将智力成果转变成为一个有价值的 i 产权组合也是管理混沌状态的一场实践。在混沌中建立起秩序，需要战略战术来将有价值的智力成果从劣质成果中分离出来、制定与执行战略以使 i 产权组合有序成长，使侵犯他人 i 产权的风险达到最小化的程度。

图 3.1 列出了任意一个力争克服这些挑战的 i 产权项目的组成部分，包括：

- 一个经营战略，通过运用 i 产权来获取战略优势
- 一个 i 产权战略（包含 i 产权愿景），以某种形式分配资源，以取得经营战略所要求的战略优势
- 一个 i 产权管道，引导 i 产权组合的发展
- 一个 i 产权情报处理流程，收集和了解 i 产权面临的机遇与风险

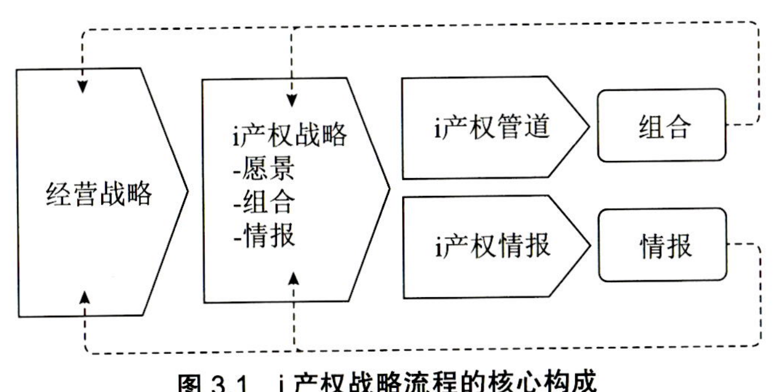

图 3.1　i 产权战略流程的核心构成

本章余下部分将对经营战略和 i 产权战略进行一个总体概述。本书第 5 章聚焦 i 产权情报这一组成部分，第 8 章和第 9 章将对 i 产权管道进行阐述。

3.3.1　促成战略决策

大卫·艾克是 Prophet Brand Strategy 公司的副总裁、加州大学伯克利分校哈斯商学院的名誉教授，他强调，任何战略制定流程的目标都是“促成以及作出战略决策”。艾克认为，“明确意识到我们需要作出战略回应，通常是十分关键的一步。许多战略性失误之所以会发生，并不是因为我们做出了

错误的决策，而是因为这个战略制定流程从未被启动过。”①

相同的情形也适用于 i 产权战略流程。最严重失误的出现，通常是因为决策问题从未被明确提出，并不是因为我们做出了错误决策。细菌学家亚历山大·弗莱明 1928 年在伦敦圣玛丽医院（St. Mary's Hospital）工作时发现了青霉素，但圣玛丽医院没有为这一发现申请专利。而在美国农业部工作的安德鲁·莫耶后来为青霉素的工艺流程申请了专利，这使得美国公司可以从大规模的青霉素生产中收取利益。要么是圣玛丽医院缺少提出专利问题的战略，要么是它犯了一个严重的战略性错误。但不管怎样，世界拥有了青霉素，圣玛丽医院却没有得到任何本可以用来重新投入慈善事业的财务收益。

有多少企业将有价值的智力成果拱手奉送给了竞争对手，仅仅是因为没有认识到 i 产权保护是可获得的吗？有多少企业被专利侵权诉讼打得措手不及，仅仅是因为在产品投放市场前没有人想过要在公开数据库中检索一下竞争对手的专利吗？有多少企业坐视外国竞争对手生产山寨产品却无力阻止，仅仅是因为缺乏在其他国家获取专利保护的前瞻性眼光吗？又有多少笔交易以失败告终，因为 i 产权被证明技术上有缺陷或是法律上无法执行的呢？

3.3.2 战略输入

艾克把一个经营战略的输入部分划分为外部分析和内部分析。外部分析包括对客户、竞争对手、市场、商业及法律环境等的分析；内部分析包括绩效分析（如盈利能力、销售额、员工能力与绩效）以及战略选择的决定性因素（比如过去和现在的战略、组织能力及局限性）。同样，为了厘清事实、作出战略决策，我们制定出来的 i 产权战略也需要进行上述这些分析，并且这些分析也是内部分析和外部分析的组成部分。

---

① David Aaker，*Developing Business Strategies*，5th ed.（New York：John Wiley & Sons，1998），18.

3.4　内部分析

如图 3.2 所示，与 i 产权战略流程相关的内部分析包括：

- 经营战略。理解 i 产权是如何融入并支持企业经营战略的。
- 现有的 i 产权组合。深入了解自己公司所拥有的 i 产权组合。
- 创新能力。评估公司生成 i 产权的能力。

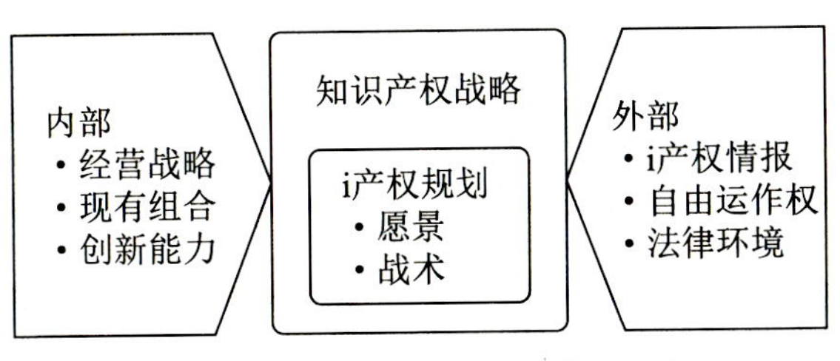

图 3.2　i 产权战略分析的输入要素

3.4.1　经营战略

我们过去常说制定 i 产权战略要从了解经营战略出发，然而，在最为理想的情况下，却并非是这样的。对于一家具有前瞻性眼光、思考未来竞争的创新型公司而言，i 产权战略必须是公司经营战略的主要组成部分之一。如果缺乏对公司将如何创新以及如何保护自己创新成果等问题的思考，公司的经营战略可以说是并不完备的。

与此相对应，公司的经营战略也必须在较深层次上明确公司将会如何应用 i 产权。例如，这家公司将会：

- 防御性地应用 i 产权，达到将其他公司排除在自身领域之外的目的？
- 全面应用专利，还是仅仅依赖自己的先发优势？
- 强势地追究 i 产权的侵犯者？

- 需要将 i 产权作为交易中与对方讨价还价的筹码？
- 运用 i 产权为自己的产品建立市场公信力，还是发展出一个强有力的 i 产权组合以阻碍其他竞争者的进入或获得声誉？
- 把 i 产权聚焦在自己的产品上，还是寻求发展出一个更广泛的 i 产权组合，并能够将核心或非核心的 i 产权授权许可给别人使用？
- 只把 i 产权许可给非竞争对手，还是在合适的条件下也能许可给竞争对手？
- 参与开源的 i 产权战略，还是与行业中的其他公司合作开发专利池？
- 有足够的资源（资金及时间）来执行所需战略吗？

当经营战略面对这些深层次问题时，企业可以制定一个 i 产权战略，使所需的各组成部分付诸运转，推动经营战略所需的 i 产权的实际应用。发展 i 产权组合最常遇到的问题之一就是无法将组合中的每一部分（每项专利、商业秘密、公开发表等）都与经营战略联结起来。结果就导致资源被用在了保护那些可能并不支持公司经营战略的 i 产权上；而更糟的结果就是公司没能为非常关键的 i 产权提供充分的保护。

通过合理得当的设计，i 产权战略能创建起这些联系。简单地说，对于任何一家收入来源基于技术创新的公司而言，为了将 i 产权融入经营战略之中，一个成文的 i 产权战略都是必不可少的。此外，这一战略必须能详细说明公司是如何获取和部署 i 产权，以建立、维护、提升其产品或服务的竞争地位的。该 i 产权战略还必须明确公司将如何避免倒闭问题或避免在其他公司 i 产权的追赶中放慢发展步伐的。同时，在全球经济中，i 产权战略也必须从全球视角来考虑它所面临的机遇与威胁。

3.4.2 现有组合

在不了解自己弹药库的情况下，军队无法为一场战役制定战略。强大的弹药库对应着一种战略，弱小的弹药库对应着另外一种战略。同样，在不了解现有 i 产权组合的优劣势，这些组合保护了哪些产品与技术，以及产权保护的范围和强度的情况下，创新型公司也无法制定好一个能保护自己竞争地盘的战略。

你能针对贵公司的产品与服务绘制出 i 产权组合吗？你能为组合中的每个 i 产权单元都明确一个目标吗？

一直以来的经验告诉我们，几乎很少有高管人员能真正理解公司的 i 产权组合，即便只是一般水平的了解。通常情况下，当我们向一起工作的专利律师和经理们推荐沟通交流的工具（用于培训公司高管，使其了解公司的 i 产权组合）时，他们的回答是："你不了解，我甚至无法获得他们哪怕只有几分钟的注意力来讨论 i 产权问题。他们有很多更大的事情要考虑。"

高管人员往往能说出公司有形资产所处的位置、如何配备及其性能。但很少有人能对公司有价值的 i 产权资产作出描述，诸如它们保护的是什么，在哪里提供保护，以及公司是如何利用它们来提升业绩的。大多数企业的智力资产价值远远超过其实物资产的价值，现在都已不是什么新闻了，那么为什么大多数高管对公司不动产情况的了解还要远多于对 i 产权情况的了解呢？为了建立一个 i 产权战略，高管人员必须了解公司的 i 产权组合以及这些组合是如何与公司的整体战略、融资、市场等情况相契合的。为了达到对这些问题的理解，专利律师及公司高管们在交流 i 产权信息时需要一些新方法，例如，针对公司的技术、产品、市场对 i 产权组合进行可视化的绘制，将 i 产权组合是如何融入公司的 i 产权竞争图景加以阐释。第 5 章和第 8 章包含了一些 i 产权直观展示的具体案例。

3.4.3　创新能力

一家公司的创新能力是其生产智力成果和实施智力成果的能力的函数；它涉及人员、体制、文化以及结构性资源等方面的因素。智力成果从头脑思维中涌现，并且至少在目前，头脑思维还只能体现在人的身上。要制定一个 i 产权战略，必须考虑的是为了实现公司的经营目标，需要的是什么样的创新能力，也要盘点一下可获得的是哪些创新能力，再决定如何处理这二者之间的差异。公司需要哪些发明创造能力呢？需要雇用谁？他们要具有什么样的能力？谁是重要的关键创新者？他们可获取哪些资源呢？

公司员工所拥有的经验、技能以及资源，决定了这家公司能够解决哪些问题，以及运用什么技术去解决这些问题——也就是说，这家公司将会产出哪种类型的创新。例如，生物化学家、生理学家、遗传学家都会从极为不同的角度来研究心脏缺陷的问题。要确保思维有创新性、不拘一格，也需要相应的创新能力。打个比方来说，一名电气工程师又如何能够研究心脏缺陷问题呢？

发明创造能力可以通过培训、动员、激励员工，以及建设一种创新性的文化使之得到加强。雅虎公司的联合创始人——杨致远声称："我们对工程师的评价就像（我们评价）专业级运动员一样，是根据他们所起的作用而进行的，我们认为一名杰出员工的作用是一名普通员工的 10 倍。"[①] 那么，您是如何评价公司的员工呢？又是如何激励他们进行创新的呢？

当今世界各种挑战复杂并存，而创新一词的过度使用已导致其含义有所削弱，于是惠普公司就在自己的商标上新增加了"发明"（invent）一词。但是仅仅修改商标的意义并不大，惠普公司还推动了一种新文化的发展，这种文化的特征包括激进的创意、创造力，同时还将保守势力与"少壮派"有所融合。[②] 该公司还推动了一种非正统思想能蓬勃出现并快速发展的环境的形成。但显然，仅仅依据问题往里砸钱是不够的。2006 年 Booz Allen Hamilton 发布的创新支出排行榜上，福特公司（Ford）虽然位居前列，但当

---

① "Scenes from a Conference：Comments from 'Riffing with the Masters，' " *Business* 2.0（January 1，2001）.

② 惠普公司官方网站，"Carly Fiorina，Comdex 99，Las Vegas，Nevada，Keynote Highlights"，1999 年 11 月 15 日，www.hp.com/hpinfo/execteam/speeches/fiorina/ ceo_comdex_short.html?jumpid=reg_R1002_USEN.

年它却创下了 127 亿美元的亏损纪录。[①]

贵公司是只空谈创新，还是确实有一个奖励创新性思维的文化？

将一个产品推向市场所需要的不仅仅是创新性思考。不拘一格的创新者有助于公司明确新的战略方向，但他们不太能够将思考重点放在如何规模化生产以及实实在在地将产品送至消费者手中等问题，他们必须得到那些有专注力的，以行动为导向的思考者的支持，由这些思考者来处理为了优化和完善产品概念，再将概念转化为实实在在的产品所需的大量渐进式开发工作。

公司的经营战略、i 产权战略以及创新能力之间的关系是相辅相成的。经营战略明确了公司需要解决的各种问题，明确了它需要的各种解决方案，以及明确了为得到这些解决方案所需要的各种创新能力。只要对公司发明创造需求和创新能力进行分析，再考虑公司的现有人才情况及还需要增加的发明创造能力，就可以弄清楚公司将可能产生何种类型的创新了。对于公司将如何填补上述缺失的需求，i 产权战略也可能成为一个驱动因素。例如，依赖外部承包商来满足核心需求是有风险的，可能导致公司丧失 i 产权机遇，甚至是培训了自己竞争对手，如果这家外部公司同时还为竞争对手工作，或其本身就可能成为竞争对手的话。在一些情况下，考虑将专业技能带到企业内部并保持所有权和控制权这一方案也将很有意义。

3.5　外部分析

公司在制定 i 产权战略时，不仅要进行内部分析，还需要理解和考虑各种外部因素。这些外部因素包括：

① Reena Jana，“The Innovation Backlash，” *Business Week*，February 12，2007，www.businessweek.com/print/innovate/content/feb2007/id20070212_728732.htm.

- i 产权情报。围绕某一特定产品或技术空间所进行的深层次专利情况调查。
- 自由运作权（Freedom-to-operate）分析。为了确定关键产品和技术是否会侵犯或者可能会侵犯竞争对手的专利。
- 法律环境。了解获取及实施 i 产权组合的全球法律环境。

3.5.1 i产权情报及自由运作权

乔治·华盛顿曾说："获取良好情报的必要性是显而易见的，无须进一步讨论。"和战争中的情况一样，知识产权领域中的竞争情报也是绝对必要的。掌握有竞争力的 i 产权是 i 产权管理中最为重要的一个方面。当我们提到 i 产权情报时，管理者和专利律师就立刻聚焦在自由运作分析流程上了。然而，自由运作权的分析流程只是 i 产权情报的一个组成部分，而且一般都发生在特定产品开发的后期。自由运作权分析流程深入专利侵权的细节之中，努力去降低那些就要商业化的产品或服务会侵犯他人权利的风险；i 产权情报还要挖掘世界各国的专利数据库，以获得竞争对手的商业、技术及 i 产权战略方面的信息。我们将在第 5 章中对 i 产权的这两个方面作进一步讨论。

3.5.2 法律环境

制定 i 产权战略的一个重要环节就是了解公司经营所处的法律环境。各国的法律是不同的，并且还在不断变化。能受到保护的创新类型也在发生变化，通常是不断扩展的，是为给更多类型的创新提供保护。但令人惊讶的是，许多高管并没有认识到商业模式也是可以加以保护的。是的，商业模式确实可以申请专利，奈飞（Netflix）、谷歌（Google）和亚马逊（Amazon）等公司都在运用商业模式专利来保护自身的竞争优势。我们来看一下奈飞公司的如下专利声明：

> 一种用于将影片出租给顾客的计算机执行方法。该方法包括：
>
> 提供能显示影片的一个或多个特性的电子数字信息；
>
> 通过互联网接收电子数字信息，并以电子数字形式建立与某一顾客相联系的影片租赁队列，队列中包括一个有序列表，上面列出要租赁给顾客的两部或更多影片；
>
> 基于列表中的顺序，向顾客递送某一特定数量的影片；
>
> 对得到满足的一个或多个递送标准作出响应，根据列表顺序选择另一部影片，并使所选择的影片也被递送给顾客；以及对通过互联网接收到来自顾客的其他电子数字信息作出响应，电子化地更新影片租赁队列。[①]

是的，奈飞公司拥有这个可以帮助顾客维护影片租赁队列的业务流程专利。

能在不同国家获得的专利保护类型也在不断变化。过去仅被少数公司采用的战术，现在都逐渐找到了自己的位置。多年来，IBM 公司利用公开发表的方式防止竞争对手在自身领域里为发明申请专利；而现在，任何企业都可以利用 IP.com 来为竞争对手设置路障（见第 12 章）。越来越多的公司采用开源战略，以确保灵活平台技术的使用者不会创建出一片“专利沼泽”来互相阻碍对方。此外，i 产权旧形式的新应用也正成为一种既定战术，比如我们可以为一款外形独特的钢笔的非功能性子弹外形提供外观设计专利保护，也可以保护计算机软件的版权。

今天所做的 i 产权组合决策会在多年的时间里对组合的形态发生影响，因而所有的决策都必须具有前瞻性。因此，战略团队不仅要跟踪全球有关国家的 i 产权保护现状，还必须放眼未来，并对未来数年的全球各国法律体系状况作出预测。如果缺少负责这些复杂法律问题的成员，i 产权团队就是不完整的。

① Reed Hastings，Marc Randolph，and Neil Hunt，“Approach for renting items to customers，” U.S. Patent No. 7，024，381，April 4，2006，claim 1.

3.6 i产权战略

我们刚才介绍了由内部因素和外部因素所构成的i产权战略输入端。i产权战略应该用一个成文的i产权规划来表述，该战略通常包括了i产权组合的愿景、使命陈述以及特定的i产权目标。它定义了公司将如何投入时间和资源去开发i产权组合，并结合经营战略和产品战略，帮助公司维持可持续的竞争优势。一个有效的i产权战略可以就哪些类型的智力成果能给公司带来最大价值这一问题，为公司的创新者提供指导（但不能太局限）。它也建立了一个框架，指导i产权团队如何评估智力成果，为i产权团队有关在哪里以及如何保护智力成果的决策指明方向。i产权战略也描绘了其他的一些i产权战术的应用，比如运用防御性发表方式削弱竞争对手的i产权地位、运用商业秘密的方式保护各种适合类型的信息与技术，以及采用许可战略将i产权资产货币化。

一个包含专利律师的i产权功能团队所制定的书面的i产权战略也是很重要的，这样可以减少由传统防御性法律实践带来的沟通阻塞问题。当本书作者之一比尔•巴雷特还是一名专利律师时，在一次参观客户的办公室的过程中他注意到墙角有一摞超过两英尺高的纸堆。这一堆纸中就包括了比尔写给客户的信，它们是被习惯性地放在角落里的——尽管想着很快就会把它们取过来翻阅。这就是客户应对专利事务所寄送文件流程的标准方法，事务所给客户寄送通用格式信件，并附有从国内外专利办公室和代理人处收到的每一份文件副本。这种流程更有利于降低律师的风险，但不利于与客户进行有意义的沟通。当看见这一堆纸时，比尔意识到他的信件除造成一小片树木的死亡之外，并不是与客户沟通的有效方式。虽然大部分信件都是常规性的，但是也有好几份非常重要的请求信息被掩埋其中。比尔的客户没能注意到这些重要的信息请求，因为它们被淹没在大量微不足道的沟通信息之中了。

而且，这些信件中的每一封都会花掉客户75～100美元的律师费，加起来是很大一笔费用。例如，某律师事务所先是寄来一封信件表示有一名国外代理人请求公司为一项国外专利申请支付 170 美元年费[①]，然后是几封催付年费的信函，再来一封信说明已经给代理人发送了支付年费的指令，还有一封表明代理人已确认收到支付指令，以及一封年费已经支付的确认函。在多数情况下，这些信件是由电子记事系统自动生成的。到信件停止往来之时，客户已经为支付这 170 美元年费而花掉了 350 ～ 500 美元。算一算，如果一个专利组合中有成百上千个外国专利及专利申请，公司要花多少钱！

你正被来自律师事务所的雪花般的信件所埋葬吗？

在书面的战略中包含对专利律师有关承诺、付款及沟通年金支付的指令，可以达到削减支出的目的。i 产权团队提前制定好的这份 i 产权规划，为 i 产权组合的开发提供了指导性原则和关键性决策，并通过授权专利律师进行日常决策，避免了毫无必要的大量纸张浪费。包含在大量计算机生成的通用格式信件中的许多警告、告诫以及决策请求，可以纳入 i 产权规划当中，并且定期传递给 i 产权团队，使沟通和决策制定更为有效。

3.6.1　创建愿景

在詹姆斯·柯林斯和杰里·波勒斯对具有远见卓识企业的研究中，他们将公司愿景分为三个组成部分：核心价值观，核心目的，以及一个或多个胆大包天的目标（Big Hairy Audacious Goals，BHAGs）。[②] 同样，i 产权愿景也包含指导愿景的核心价值观、驱动愿景的核心目的，以及一个或多个有远见的胆大包天的目标。i 产权愿景有助于企业寻找机遇，结合内部能力及变化的外部现实情况，激发更多努力与投入，并与公司的整体经营愿景保持

① 年费是在许多国家申请专利时需要支付给专利局的一项官方费用。

② James Collins and Jerry Porras，“Building Your Company’s Vision，” *Harvard Business Review*（September–October 1996）.

致。一个典型的 i 产权愿景可能是这样表述的：

我们的员工将成为杰出的创新者。因为我们的 i 产权组合中不包含垃圾部分，所以 i 产权流程的速度和有效性之高，使得投资者都想检查我们是否服用了能提高成绩的“药物”了。如果是看实力而不只是看数量的话，与我们相比，竞争对手的组合只会相形见绌。无须提出诉讼，我们的组合也会使竞争对手不敢踏上我们的领地。当然，如果有必要，我们也都随时做好了提起诉讼的准备。因为我们比行业内的任何人都更了解竞争对手的 i 产权状况。

3.6.2 制定战术

i 产权规划需制定指导性原则，并详细阐述为实现愿景所必须采用的具体战术。前文中提到的 Thirdspace 公司就制定并实施了一个 i 产权规划。沃森说，“我们把自己从头到脚都展现为一个精明的专利和知识产权公司，知识产权就是我们公司经营计划第五章的全部内容。” Thirdspace 公司所采用的方法包括以下战略与战术：

- 在销售领域中将专利作为杠杆，识别竞争对手的看上去会侵犯本公司专利的产品。
- 为销售团队武装必要技能，以回应顾客对专利问题的关注，这主要是在美国。
- 以正确方式处理 i 产权问题，提升公司作为成熟企业和高效合作伙伴的认知度。
- 利用专利吸引第二轮投资。
- 通过提交延续申请与工程师共同改善专利状况。
- 放弃不太重要的专利申请，将精力和预算集中在最有商业价值的专利申请上。
- 在与具有全球影响力的伙伴的合作与商谈中，将专利用作杠杆。
- 在 Thirdspace 公司的经营计划中将专利列为核心资产。

该战略是一个成功的战略，Thirdspace 公司已经募集到了下一轮融资，投资者指出，i 产权组合是他们进行这笔投资的三个关键原因之一。沃森指出，专利组合是 Thirdspace 公司得以成功出售而不是被清算的两个核心原因之一。

3.6.3 战术考虑

一个 i 产权规划必须考虑到各种各样的战术决策。敏锐的战术家会一直关注着新战术选项的出现。举例如下：

- 组合的广度。将 i 产权投资集中于一组能直接支持特定商业目标的核心知识产权，还是用于建立一个能广泛保护多个产品和 / 或技术空间的组合？
- 全球覆盖面。这一组合是在世界很多国家中加以保护的公司智力成果，还是在某一组数量有限的国家中加以保护？
- 信息获取。公司将如何让有关 i 产权组合及相关情况的关键信息在合适的时间以恰当的细致程度为公司领导所获悉，以便领导做出有效决策呢？公司如何推动与合作伙伴和客户就 i 产权信息进行准确沟通呢？
- 侵权风险。公司是否不惜一切代价地试图避免侵权风险吗？这是有可能的吗？公司将如何应对侵权指控？
- i 产权实施。当自身的 i 产权被他人侵犯时，公司将如何做出反应呢？是迅速诉诸法律提起诉讼，还是通过谈判寻求交易达成呢？公司的目标是阻止所有的侵权行为，还是要从侵权者手里拿到一笔款项呢？
- 权利保护。比如由于公开披露、要约出售等其他原因，公司要如何避免不必要的 i 产权损失呢？
- 企业文化。公司的文化是否理解与尊重 i 产权的作用和价值呢？如果不是，将采取哪些具体措施来影响企业文化使其向积极方面变化呢？现有员工的参与水平是否已经足够？公司的创新只是来自一个小群体，还是广泛散布于员工队伍之中？公司将如何刺激参与度的提高呢？

- 价值链。公司的 i 产权集中于产品价值链的细分区间（见第 4 章），还是 i 产权战略为公司当前所处位置的上游和 / 或下游都提供了保护呢？
- 尽职调查。公司的目标是将公司出售给第三方，对外许可一项产品或技术，结成共同开发的合作关系，还是其他的类似目标呢？公司将如何为交易之前的尽职调查做好准备？在尽职调查的准备过程中，公司是否采用了最佳的实践方式呢？
- 资源。为了完成计划中的一系列活动，公司是否已将适当、充足的资源（人员和资金）都分配好了呢？

3.6.4 可衡量的结果

除战略议题外，一个有效的 i 产权规划还应包括一些具体的、可衡量的短期目标。它们是公司下一年度必须采取的步骤，以此逐步实现自己的 i 产权愿景。在理想情况下，这些步骤应该是可衡量的，从而使公司能够跟踪进展情况。举例来说可以包括：

- 专利申请的提交数量。公司下一年度将提交多少项新的专利申请？相似地，公司将明确要有多少个商业秘密记录在案？
- 专利申请的覆盖范围。公司下一年度将通过提交专利申请的方式来保护哪些公司技术空间中的新领域？在整个价值链上，i 产权组合有哪些弱点？例如，一家公司可以在制造方法、使用方法、新式配方、包装等方面提交新的专利申请，以延伸自己的专利保护范围。
- i 产权管理会议的召开次数。在一家繁忙的公司中，任何团体推迟甚至取消会议都是很常见的事情。那么在这一年里，i 产权团队要召开多少次会议来管理公司 i 产权战略的执行情况呢？这些会议将覆盖哪些关键议题呢？
- 笔记本电脑的审计次数。公司员工是否使用实验室里的笔记本记录下有价值的数据和创新了呢？为了确保笔记本电脑的恰当使用，公司将进行多少次随机审查呢？笔记本电脑是如何（以及多久）进行备份的呢？

- 竞争性专利研究的次数。公司将致力于了解哪些技术或产品专利领域呢？领域的选择会影响公司对竞争性专利活动的认知。公司要在哪些领域，设立多少个电子专利观察员呢？研究哪些领域的竞争性专利呢？由谁来总结和评估电子专利观察员所识别的竞争性专利的战略内涵呢？
- 自由运作权的分析数量。在对关键的技术或产品专利领域投资之前，为了评估侵权风险，公司将在什么时候，进行多少次自由运作权的分析呢？
- 对外许可收入。公司会从部分或全部专利组合的对外许可中获得收入吗？收入有多少呢？专利组合中的哪些部分可用于对外许可呢？公司可以就此达成多少笔交易？公司可以利用哪些资源确保对外许可业务的成功呢？
- 教育活动的主题和数量。员工对哪些 i 产权主题的理解存在不足？公司可以提供哪些教育机会来弥补这些不足之处呢？员工是自愿参与还是强制参加的呢？会利用哪些论坛呢？
- 执行 i 产权政策的数量。公司现在已有哪些 i 产权政策了？它们是否在总体上得到了遵守？是否被员工很好地理解了呢？公司将如何就 i 产权政策对员工进行培训呢？公司还将制定和执行哪些新的政策呢？

制定 i 产权规划时，包含一些具体的、可衡量的目标是有益的。关键在于不要舞文弄墨，而是要在规划中包含可评估和可管理的行动方案。

3.7　战略性的 i 产权思维模式

当今的企业竞争是全球性的竞争，大大小小的公司都必须集中自己的时间、金钱和精力，通过制定和实施有利可图的商业模式，将产品投放到全球所有可进入的市场，并提升市场份额，为自己的股东创造价值。在这些主要目标的影响下，公司可能就忘记了要确保时间和资源的长期投入，才能开发出符合战略的全球专利组合。许多公司都是用一种特定方式来积累专利的：一旦创新碰巧出现就抢着提交专利申请；忽视对有潜在价值创新的专利申请——因为不理解它的价值；在最后一刻急忙做出专利投资决策；只在压力来临时，才会去了解这一过程的输出结果。其他形式的专利保护如商业秘密和员工保留等，通常更是被完全忽略了。

这种对待 i 产权规划和流程的极简主义方式，与 i 产权在公司参与全球竞争中极为关键和重要的地位相比，明显是脱了节的。不管是从经营战略到产品团队，还是从董事会到实验室里的科学家，i 产权的战略、战术以及管理技巧都必须全面渗透到技术型公司。要管理好 i 产权，公司需要执行一个富于远见的包含了具体目标及可衡量标准的战略，去控制 i 产权组合的开发。正如我们永远都不会放弃更多产品开发管道的机会一样，公司也必须积极地、战略性地管理自己的 i 产权管道，以确保投资回报最大化。

第 4 章

全球商业：i产权战略与经营战略的整合

企业要想超越竞争对手，就必须将 i 产权视为一种积极的商业工具。因此，公司应该把 i 产权视为一种在时间和金钱上的投资，并且要采用与其他事项相同的分析评估标准，比如营销预算等。简言之：投资回报是什么？不止一项研究报告指出，“研发部门执行一项专利战略以及相应的专利管理流程，几乎能使公司利润率翻番”。[①] 对 i 产权的认真开发，也能促进公司进军非传统的产品市场及地区，有助于建立与买家和供应商更紧密的联系。

在《董事会里的爱迪生》一书中，朱莉·戴维斯和苏珊娜·哈里森讨论了公司对于知识产权能给业务发展所带来的价值抱有不同程度的期望。[②] 她们观察到，公司 i 产权的目标及其成熟程度的差别可能会从单纯的防御水平一直到富于远见的水平，在前一水平上，专利是专门用于保护产品线，提升行动自由度的，而在后一水平上，i 产权成为公司识别商业发展趋势，杠杆调节市场以及提升利润率的一种战略性工具。

单纯从防御的角度来看待 i 产权是目光短浅的。那些无法看到 i 产权所具有的更多战略性作用的公司，是无法获取对 i 产权进行战略部署后所能带来的全部价值的。显而易见的是，当一家公司对 i 产权所抱的期望从防御性水平转向富于远见的水平时，它就必须用更精细的流程来审视、谋划以及跟踪 i 产权组合的发展。价值链分析法就是一种十分重要但很少被人们使用的可用于构思和评估潜在 i 产权战略的工具。从价值链视角来审视一家公司的 i 产权选择，可以将以往许多并不显而易见的战略选项带入我们的视野。如

① Malte Köllner，“Patents for High-Tech Start-ups，” IAM（October/November 2005）：42，citing N. Omland，“Patentmanagement und Unternehmenserfolgeine empirische Analyse，” Mitteilungen der Deutschen Patentawälte（2005）；402.

② Julie Davis and Suzanne Harrison，*Edison in the Boardroom：How Leading Companies Realize Value from Their Intellectual Assets*（Hoboken，NJ：John Wiley & Sons，Inc.，2001）.

果运用得当，通过价值链分析法得出的战略能为公司带来更多市场优势，更多效益，并进一步推动公司创新。

4.1　定义价值链

价值链是一份战略性的商业地图。① 价值链体现的是产品的制造过程，通常包括从原材料到进入市场这一过程中的每一环节。价值链分析中还可能包括售后环节，比如维修、回收或旧产品翻新等。价值链上的各环节都与一定水平的利润率或收入有关系，这也是公司进入特定环节时所期望得到的。价值链上的各环节也可能与业务活动所处的一组特定国家，一组特定竞争对手，以及特定的消费者和供应商有关系。公司在价值链所处的位置，就反映了公司选择参与哪些经营活动，以及公司能从投资中获得哪些价值。

图 4.1 展示了一家制造与销售个人电脑的公司的经过简化了的价值链框架。价值链环节起始于原材料，终于售后维修。在价值链上处于原材料环节的公司，可能会投身于制作集成电路、线材、板材等；处于组件环节的公司会将这些原材料集合为电路板、硬盘驱动器、电源、机械组件等；而处于系统组装环节的公司又将这些模块、装配件和子装配件集成在一起。在这前三个环节里，价值的增加是通过连续设计和生产更为复杂的物理组件以及一轮接一轮的集成来实现的。接下来是分销环节和售后维修环节，在这两个环节中，价值的增加是通过为消费者提供产品的交付服务以及帮助消费者维护和维修计算机系统实现的。

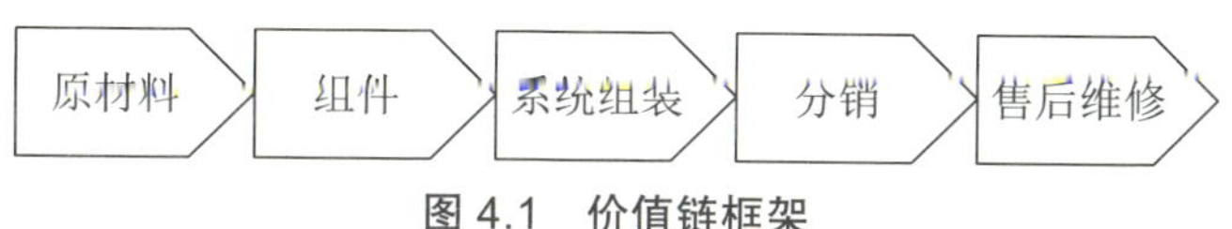

图 4.1　价值链框架

① 有兴趣的读者可以参考迈克尔·波特所著的《竞争优势：创造与保持优异业绩》（自由出版社，纽约，1998 年）一书，从书中可以获得更多有关价值链的基本知识及常用分析方式。

我们可以为任何行业，任何产品市场或者任何一个公司建立价值链框架。通过了解价值链，一家公司可以很容易看到在自己所处的经营环境及所采用的战略中，价值及市场优势在哪里。同时，价值链也是一种出色的可视化架构，有助于公司理解各种 i 产权风险，寻求各种 i 产权机遇，推动 i 产权的战略性进展，更好地参与全球经济竞争。

4.2 i 产权的价值链战略

我们假设有一家名为“顶点”的公司，如图 4.2 所示，它所生产的产品处于价值链上的组件环节和系统组装环节，而顶点公司试图通过投资的方式成为这些市场领域里更有力的竞争者。它在研发上的投入已经产生了具有创新性和竞争力的产品。在这些智力成果中有很多是可以申请专利的发明，且顶点公司为了保护这些能使自身产品与众不同的发明，已投入资源去申请专利了。其中有些智力成果属于内部工艺流程的改动，有些是技术诀窍方面的成果，它们适合用商业秘密的形式加以保护。顶点公司已经把这些商业秘密记录下来，并为重要的工艺流程改动制作了高分辨率视频，并且为这些工艺流程方面的商业秘密创建了一个保密视频目录，只有那些确实有需要的员工才能接触到。

但与许多其他公司一样，顶点公司对 i 产权的认识也处于单纯的防御性水平——当自己被竞争对手起诉时，将 i 产权作为确保自己行动自由的谈判筹码，以及用它为竞争对手设置进入壁垒。如图 4.2 所示，从专利组合的分布来看，顶点公司的防御姿态是显而易见的。顶点公司只在价值链上的组件环节和系统组装环节上进行专利投资，且这些专利中的大部分都集中在单个组件独特的细节性变革创新上，而不是与系统组装相关的更为广泛的创新。[①]

① 在某些情况下，专利数量的统计可能会有一些误导性，因为每一项专利都可能包括不同数量的专利权利要求，通常会从几个到几百个。此外，单个专利中同时包含了组件和系统组装两方面权利要求的情况也并不少见。在这种情况下，一个更准确的分析就可能涉及对权利要求的数量统计以及对专利申请主要的（独立的）权利要求的统计。

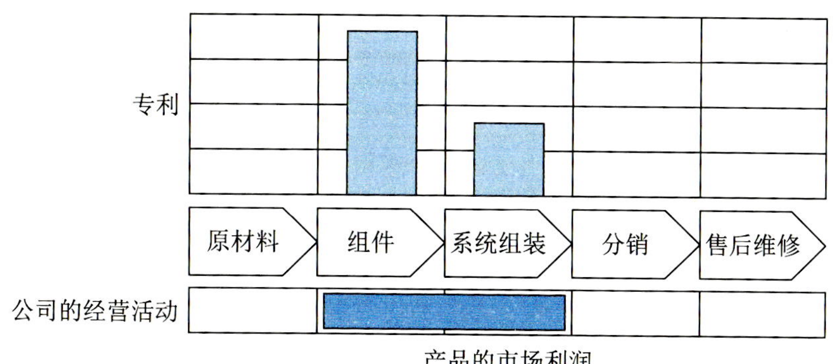

图 4.2　顶点公司在价值链上的专利组合分布

假如顶点公司决意探索更多业务领域中的 i 产权战略性应用，那么它能从价值链分析中学到什么呢？此处，我们重点关注其中三个最有效战略：

（1）保护价值链上的高利润环节；

（2）向价值链的下游延伸；

（3）向价值链的上游延伸。

4.2.1　保护价值链上的高利润环节

在任何一个价值链上，某些环节都可能比其他环节具有更高价值。这种价值上的差异可能是由于市场规模，其他市场更高的利润率或者是两者的理想组合而造成的。图 4.3 显示了顶点公司价值链上各环节的相对价值。价值曲线表明，生产的产品越接近终端消费者，其市场价值就越高。在本案例中，顶点公司目前生产的产品处于价值链的低价值环节。

虽然保护自己产品的 i 产权非常重要，但是鉴于顶点公司所拥有的行业经验与专业知识，它可能适合在价值链上具有更高价值的特定环节开发 i 产权。顶点公司应该绘制出价值链上每个环节的价值，并且识别哪些是高价值环节。进而，公司可以评估是否需要开发新颖的智力成果以满足高价值环节对产品和服务的市场需求，也可以为保护这些智力成果而开发一项 i 产权。

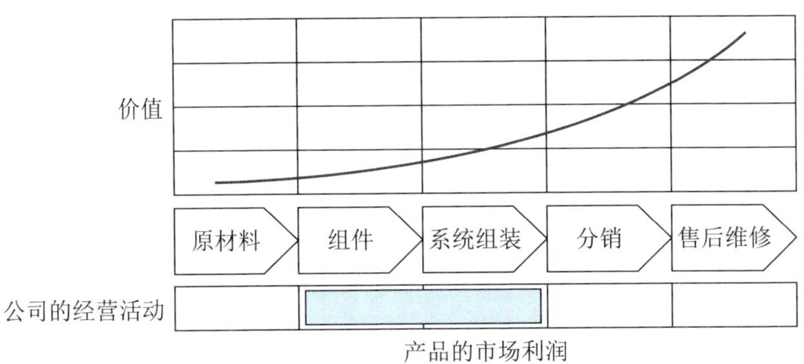

图 4.3　价值链的相对价值分析

例如，顶点公司可以把自己定位成一个从价值链上利润较高的售后维修环节获取价值的公司。这种情况下，顶点公司可以采用从分销或维修自己产品的公司那里收取许可使用费的方式来获取价值。此外，顶点公司也可以开发售后维修环节的 i 产权并将其许可给戴尔公司，得以从戴尔公司服务的庞大市场中获取一小部分利润。专利组合价值的大小与其所保护产品会获得商业利润的多少直接相关，所以顶点公司从一项合适的授权许可交易中所获得的潜在收入，是对其传统市场产品销售收入的重要补充，甚至可能会超过其自身产品销售的收入。

某些情况下，占据价值链上有价值的环节就是做好起草专利权利要求这项工作。实际上，绘制价值链应该是为了专利申请而制定权利要求策略时的一项必备工作。专利律师一旦理解了价值链，就能起草一份专利申请及权利要求，去占据有价值的环节。

贵公司最后一次从 i 产权角度为自己绘制价值链是什么时候？

尽管不同细分市场价值链的价值曲线有差异，但基本原理相同。想要进入自己市场领域中其他高价值细分市场的公司，可以通过战略性地持有和运用 i 产权来实现。想要识别这样的进入机会，公司就必须投入时间，投入资源来绘制价值链，理解价值链上价值的相对分布情况。在全球经济中，公司必须识别价值链上参与各环节的主要国家，以及与该环节相关的每个国家中的 i 产权机遇。一旦发现在不同国家的机遇，公司就可以针对这些国家准备战略，执行战略，以占据重要经济地区的价值链环节。

4.2.2　向下游延伸

如图 4.4 所示，从产品开发到生产、商业化的流向通常称为下游，而上游则包括原材料、组件生产等前向的活动。这些词汇对于描述处于同一价值链上不同企业之间的关系也是有用的。例如，我们虚构出来的顶点公司在价值链的组件环节和系统组装环节从事产品生产。因而，参与分销环节以及（或者）售后维修环节的公司就可以说是处于顶点公司下游的公司，并很可能成为顶点公司的客户。这些公司从顶点公司购买产品，并通过开发新的应用以及（或者）通过分销顶点公司的产品而实现价值增值（比如，沃尔玛公司的事例就充分表明，即使是在分销环节，也存在很多可以利用 i 产权来保护的有价值的智力成果）。通过实施研发战略，顶点公司会在下游领域形成 i 产权，通过妥善保护这些创新成果，顶点公司就能从中获取价值。

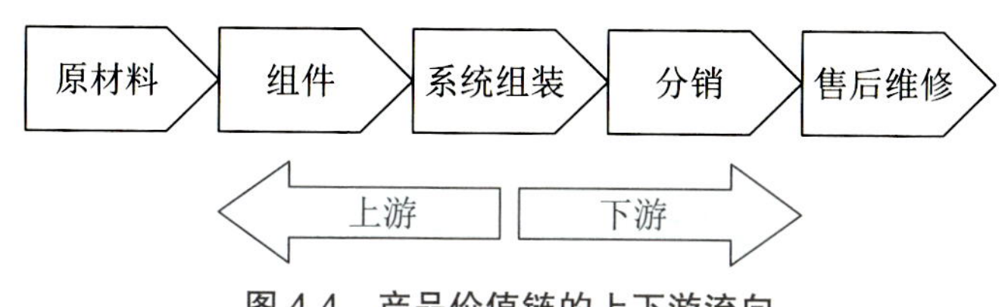

图 4.4　产品价值链的上下游流向

通过有针对性的专利检索及绘制客户的专利情况，顶点公司可以获得战略性的洞察力。这项工作可以揭示客户面临的最为重要的问题。通过了解客户面临的关键技术问题，顶点公司可能会获得一些能融入自身产品中的创新性解决方案，用于节约客户的时间与资源。如果顶点公司极富洞察力，它就可以利用客户的 i 产权来预测未来将出现的问题，甚至在这些问题还没出现时就着手开发解决方案。此外，当顶点公司与合作伙伴谈判时，受 i 产权保护的下游领域创新会给公司增添优势，使公司能够在价值链上获取更多价值。

4.2.3 防范客户的i产权

通过了解下游 i 产权的有关问题，顶点公司就可以防止客户就本公司产品的广泛用途申请专利而阻碍其他客户使用本公司产品。为此可以采用多种形式的保护措施，比如：在与商品购买有关的许可协议中加入保护性条款；通过防御性发表使其成为“当前已有技术”（见第 12 章），从而干扰客户获得阻碍性专利；甚至也可以采用“准开源”社区战略，在这一战略下的每一名客户都将同意把技术改进和技术应用贡献给集体的开源社区。

顶点公司也可以利用对客户专利所进行的研究而获得的信息，来开发一些专利和专利权利要求，以保护客户对其产品和技术的使用。这些专利可以在销售产品的同时授权许可给客户，又或者保留专利中的某些权利，使客户要利用这些产品和技术做某些特定事情时，就必须获得公司的授权许可。通过在技术平台出售时增加许可限制这一方式，公司也可以从价值链的下游环节获取收益。例如，杜邦（DuPont）公司的特氟龙（Teflon）产品就使用了这种方法。每售出一次特氟龙产品时都包括一份协议，要求购买者在未经杜邦公司授权许可的情况下，不得将特氟龙用于杜邦在一系列专利中所列出的用途。如果购买者希望以杜邦公司专利声明中提到的方式对特氟龙进行商业应用，它就必须向杜邦公司申请许可，当然，也要支付一笔特许权使用费。[①]

4.2.4 陶氏化学公司对价值链下游的保护

陶氏（Dow）化学公司是一家化学制品、塑料和农产品的生产商，它几乎处于价值链的最为上游的环节位置。该公司将原材料提供给一大批下游企

① 见“DuPont ™ Teflon® AF License Agreement，” www2.dupont.com/Teflon_Industrial/en_US/contact/teflonaf licenseapp.html.

业，包括应用领域内各种各样的组件制造商和系统制造商。陶氏化学非常清楚从 i 产权战略角度认识价值链的重要性。一个极好的例子就是有关陶氏化学如何利用 XLA 弹性纤维产品下游的 i 产权的。当陶氏化学的这款产品刚刚投入市场时，聚烯烃与弹性体业务部门的知识资本主管——布鲁斯·斯托里曾说道：

> 尽管陶氏化学是一家基础原材料供应商，但我们已经开始实施一种新的商业模式。在这一模式下，我们将从产品的下游环节获取更多价值。这一战略取得成功的最关键之处就在于拥有原材料、组件以及系统领域的知识资产以及拥有一个强大的商标战略。因此，我们逐步树立了推动创新性时尚纤维性能提升的形象。顶尖的时装设计师们已经准备好接受我们的产品了，因为我们的材料为设计和使用都提供了新的自由空间。

当被问及在客户的技术领域获取专利是否会导致与客户的关系疏远时，斯托里认为他们是致力于与客户建立更加紧密的关系：

为什么想在客户的领域获取专利有各种各样的原因。对我们来说，一个关键原因就是保护我们的客户不受竞争对手的威胁。我们开发新型聚合物的目标是为了能将它们销售给各种类型的客户。如果某一特定客户在特定的应用领域为材料的用途申请了广泛的专利，那就会使得其他竞争对手无法参与到市场中来。这对于行业发展和陶氏化学的发展都很糟糕，因为我们将只有一个很小的市场，生产这项产品对我们来说可能没什么经济意义。因此，我们正努力以某种方式申请专利或公开发表，为广泛的终端使用创造自由，进而保护所有客户。①

在 i 产权的价值链方面，陶氏化学提出了三个问题：

（1）我们应该参与价值链的哪个环节？

（2）哪些环节需要被保护？

① 转引自 Tom Hunt，“A Value Chain Approach to IP Management，”IAM（November 2003），14.

（3）应该运用哪些方法达到保护目的？

对于 i 产权保护战略来说，陶氏化学没有积极参与的价值链环节就显得尤为重要。陶氏化学为 i 产权新制定和执行的内部流程及其对自身在价值链上定位的清晰认识，都已经证明这种战略的价值，这同时也在公司内部为创新传递了积极影响。

4.2.5　向上游延伸

回到顶点公司的案例上来，那些处在原材料环节的公司可以说是顶点公司的上游企业，通常是顶点公司所使用材料的供应商。像顶点公司这样的企业，在产品开发过程中常常是与上游企业进行联合开发的。这些联合开发有不同的形式，从喝咖啡时所进行的非正式讨论，到双方签署协议正式开展项目，各种形式都可以。但不管采用哪种形式，这些共同努力都将非常有效，并可能产生潜在可申请专利的智力成果。

事实上，能够改进自己产品所使用原材料性能的这类创新，可能是顶点公司的产品实现市场差异化的关键因素。但不幸的是，尽管联合开发所得到的发明创造的所有权与专利权通常会在联合开发协议中有细致的规定，但在这些协议中，往往缺乏一个正式的流程，用于识别、记录和正确决定所有权以及如何对这些发明进行经济开发。公司如果不能识别和保护从这些合作中产生的智力成果，那就会造成 i 产权的流失，进而这些成果会被融入上游公司的产品中，并被销往可能与本公司有竞争关系的公司。

4.2.6　供应商挟持“人质”

顶点公司应该警惕的是那些想运用 i 产权战略向下游扩张，从而进入顶点公司领域的成熟供应商。顶点公司的供应商通过预测顶点公司需求，并用 i 产权来保护那些能满足这些需求的解决方案，就可以获得提高对顶点公司供货价格的优势。你知道“人质”这个词吗？如果顶点公司没有预料到这一问题并加以防范，精明的供应商就可能会为顶点公司产品所需的一项重要供应品申请专利。由于这项已被申请专利的供应品没有其他供应商，所以顶点公司实际上就成了一名“人质”。这种情况并不少见，但令人惊讶的是，购买者常常还是不知情的合作者，在没有签署任何有效保护协议的情况下，就在交易谈判中向供应商提供了导致该项专利得以申请的关键信息。

你能确保自己的供应商没有利用 i 产权手段将你劫持为“人质”吗？

价值链分析法能为上游环节的 i 产权提供什么样的战略选择建议呢？首先，顶点公司面临着来自供应商的风险，它应该积极签署合同以限制公司机密信息的使用，明确界定应如何处理有关顶点公司技术领域内 i 产权的所有权问题。顶点公司还应定期举行会议，讨论并掌握联合开发工作中产生的任何创新成果。通过在合作关系开始之前就清晰界定 i 产权的所有权，以及在合作过程中积极识别与记录 i 产权等方式，顶点公司就能防止敏感的 i 产权被出售给竞争对手，避免可能因 i 产权的所有权而引发的冲突。另外，顶点公司也可以将自己尽职保护的技术授权许可给竞争对手换取收益，这样做对供应商和购买者而言的另一个好处，就是双方形成了更紧密、更安全的长期持久的供应关系。

4.2.7　摩托罗拉公司和宝洁公司在价值链上游的工作

开发某项技术的公司却并不一定是最适合将该技术商品化的公司。[①] 例如，摩托罗拉公司就开发了一项新的显示屏技术，能使手机显示屏的成本更低，但效果却更亮。由于摩托罗拉公司并没有处于显示屏的销售领域，它也不能制造和销售足够多的显示屏以充分利用规模经济，所以它将该技术

① David Kline, “Sharing the Corporate Crown Jewels,” *MIT Sloan Management Review* (Spring 2003)，89–93.

的i产权授权许可给了自己的供应商。此举不仅确保摩托罗拉可以得到低成本的显示屏，而且很可能会从供应商向其他客户销售显示屏的销售额中获取收益。

宝洁公司也为自己的除臭剂产品设计了一款新包装，运用i产权对这一新包装采取了保护措施，并将该项i产权授权许可给了竞争对手。起初，宝洁公司并不愿意将这项能给自己带来竞争优势的创新进行对外授权许可，但经过进一步分析，宝洁公司认为这样做所带来的业务损失将是极小的，但生产成本的降低却会非常显著。通过将自己对该包装的需求量与竞争对手的需求量整合在一起的方式，宝洁公司降低了自己的包装采购成本。这家公司的杰夫·韦德曼说道：

> 供应商非常喜欢这款包装，以至于问我们他是否可以获得这项设计许可并将它卖给他的其他客户。因此，我们的竞争对手要向我们支付授权许可使用费。同时，我们将所有这些对包装模具的额外需求汇总在一起，会为我们节约很多供应成本，降低我们的资本需求。[①]

4.3 竞争性的价值链分析

如前所述，通过有针对性的专利检索以及在价值链上绘制竞争对手、客户和供应商的专利情况，公司将能获得对竞争对手活动的洞察力。事实上，在现在这个容易获得并常常可以免费获得数据库及其他信息的互联网时代，公司如果未能了解竞争对手的专利情况，就是一种战略上的不负责任。由于每项专利申请都会在最初申报的18个月后公开发表（有少数例外），专利

① David Kline,“Sharing the Corporate Crown Jewels,”*MIT Sloan Management Review*（Spring 2003），89–93.

文件就成为关键技术问题及其解决方案的可获得公开资料，也是有关竞争地位、竞争趋势以及准备和获取有效专利最佳实践的公开资料。尽管如此，也很少有公司对这些公开可得的供应商、客户和竞争对手的专利及专利申请情况进行调研。随着全球经济竞争的日益加剧，缩小信息情报收集方面的差距变得比以往更加容易，也更为重要。

我们可以采用各种各样的 i 产权保护方法去保护任何一个技术领域和发明类型。采用何种保护方式只会受到 i 产权战略家想象力的限制，当然，也要符合一些广泛的原则。各技术领域里的最佳实践总是在不断地进步，对于所有愿意花时间一看究竟的人而言，这些都是公开可得的。在一些国家和地区，比如美国和欧洲，公开发布的信息中甚至包含专利申请人与专利审查人之间的互动，这可以展示哪些保护方式有效，或者哪些无效，甚至也显示了采用何种抗辩方式在应对审查人拒绝接受申请时是有效的。任何一家想要保护有价值的产品或技术的公司，都应该首先深入了解这些现成可获得的信息。

4.4　掌握价值链

像陶氏化学公司、摩托罗拉公司和宝洁公司一样，成功的 i 产权公司都很注重根据自己的供应链去规划 i 产权组合。当他们这样做时，对 i 产权的运用也就达到了戴维斯和哈里森所称的富于远见的水平。i 产权成为公司识别商业发展趋势，杠杆调节市场，提高利润率的一种战略性工具。这种价值链分析法要求公司：

（1）为每一个产品领域都明确价值链。

（2）识别价值链上每一环节的价值。

（3）识别公司会在价值链的哪些环节上进行经营。

（4）研究公司如何能在自己并不参与的环节上通过 i 产权获益。

（5）决定利用 i 产权来保护哪些环节。

公司尤其应该考察价值链的上游和下游，去发现是否能有 i 产权促成的创收机会，并且要重视利用 i 产权去占领价值链上的高价值环节。此外，将地理信息放入价值链的分析中，也能在全球 i 产权战略中为何时何地以及如何保护和利用智力成果提供重要见解。同时，我们也要记住，竞争对手也会从价值链角度来审视我们。关注潜在竞争对手的战略并思考如何主动地遏制它们，以避免被供应商挟持为“人质”，或避免某个客户利用 i 产权来阻止其竞争对手使用贵公司的产品，进而制约了贵公司的市场空间。

第 5 章

全球导航：描绘竞争对手的i产权

2006年，因为侵犯了威瑞森公司（Verizon）的专利，法院判定网络电话服务商沃尼奇公司（Vonage）向威瑞森支付5 800万美元罚金以及特许权使用费。沃尼奇公司成功迅速崛起的历程可以从其官方网站上的编年纪事表中看到。[①] 出于本书的写作目的，我们的故事从公司创始人杰弗瑞 • 西特伦2001年被任命为首席执行官以及公司融得一笔1 200万美元的风险投资开始说起。2003年，沃尼奇公司融资1 500万美元。2004年，公司又筹得1.45亿美元，2005年再筹得2亿美元。截至2006年中，沃尼奇公司已经拥有了190万条用户线路，以及一张因侵犯专利权而收到的巨额账单。

当沃尼奇公司收到1 200万美元的首轮风险投资支票时，威瑞森公司后来用于起诉沃尼奇公司侵权的7项专利中，已有3项获得了授权，并都可以通过互联网在美国专利与商标局的网站上公开查到。而当沃尼奇公司收到下一轮1 500万美元投资时，7项专利全部都已获得授权并且能在互联网上查到。当沃尼奇公司再筹得1.45亿美元和2亿美元时，威瑞森公司取得专利授权已经有好几年时间了，这时间长得都足以使专利证书落上厚厚的一层灰尘了。2006年，在沃尼奇公司首次公开发行股票后不久，威瑞森公司决定挽起袖子，拂去专利上的“灰尘”，将其投入竞争性用途。

尽管我们并没有得到全部相关事实，也不希望武断地做出结论，但我们大致推定，在每一个重要投资节点上，投资者都会对沃尼奇公司的商业计划进行大量尽职调查以识别投资风险。而似乎在每一个阶段，警报都已存在，并且是可以从一些易于获取的数据库中发现的。对沃尼奇公司的专利格局进行这样彻底的调查，也只会花掉投进沃尼奇公司数以百万计美元中的一小部分而已。

---

① 沃尼奇公司官方网站，“Timeline，” www.vonage.com/corporate/about_timeline.php.

除很明显的盲目冒险并一头栽进专利侵权诉讼案之外，沃尼奇公司似乎也未能获得自己的专利，这也使它成为一个易受攻击的目标。我们推断，网络电话领域的其他主要参与者都拥有一些重要的专利组合，在与威瑞森公司发生纠纷时，可用这些专利促成双方和解，或者至少也是可以通过一份交叉许可协议的形式解决的。比如说，当 2006 年 IBM 公司起诉亚马逊公司时，亚马逊公司就能够同样提起诉讼进行反击，指控IBM也侵犯了自己的专利。[①]相似地，2005 年日本的三洋电机公司起诉中国台湾地区的联发科公司专利侵权时，[②]联发科技公司也提起反诉讼，声称三洋公司的电子产品侵犯了自己公司的专利。2007 年，该案以双方签署一份交叉许可协议的方式和解。

然而沃尼奇公司的网站显示，它只是在 2006 年从 Digital Packet Licensing 公司获得了网络电话的相关专利。[③]截至 2007 年 4 月 29 日，当我们检索美国专利与商标局的专利申请数据库时，也没能发现沃尼奇公司有任何尚在进行中的专利申请。[④]我们发现的第一个相关专利申请是沃尼奇公司的首席执行官杰弗瑞•西特伦及其他人在 2006 年 9 月提交的。同样，虽然我们并不知晓沃尼奇公司的决策过程以及它可能已经根据威瑞森公司的专利情况所采取的任何行动，但在我们看来，如果沃尼奇公司能提前对风险加以评估并有所思考，它就不仅会注意到威瑞森公司的专利，还可以采取相应措施规避侵权情况的发生，进而也能为各种可能出现的侵权诉讼提前做好准备。

专利律师尤其是那些服务于高科技领域的专利律师，经常会抱怨专利格局太过复杂，没有一种方法能使自己对专利格局的理解足够清晰以避免侵权

① Ben Charney，“Amazon Strikes Back at IBM with Lawsuit，” *Wall Street Journal Online*（December 15，2006）.

② MediaTek，“Sanyo Agree to End Patent Disputes，” *Wall Street Journal Online*（June 7，2007）.

③ Vonage，“Timeline.”

④ 要注意的是，对于申请中的专利来说有一个 18 个月的保密期，在此期间，该专利是不公开的。因此，如果 2007 年 4 月还无法在数据库中查到的专利，意味着直到 2005 年 10 月止，都没有进行过提交专利申请的工作，因此，沃尼奇公司在此日期之后提交的任何专利申请也是不公开的。

风险。尽管我们同意许多情况下的专利格局确实太复杂，无法完全避免侵权风险，但事情往往被过分夸大了。侵犯他人专利所带来的潜在损失可能是极为巨大的。在沃尼奇公司因专利侵权而受到惩罚的同一年，微软公司因侵犯了阿尔卡特—朗讯公司与 MP3 技术相关的专利，而受到了需要支付高达 15 亿美元赔偿金的重大打击。在专利侵权案件中，除金钱方面的损失外，法院下达的禁令可能导致企业遇到工厂关门、产品停止出货以及其他代价高昂的浩劫。再者，识别并降低侵权方面的风险只是我们称作“i 产权情报”的一个组成部分而已。i 产权情报的处理是全面而系统的，它从公开可得的 i 产权数据中挖掘有价值的技术和商业信息，进而形成对公司所处格局的理解。

5.1 i 产权情报

像任何格局一样，专利格局也必须直观描绘出来以被人们理解。格局描绘工作包括开发一个相关专利及专利申请（专利文件）的数据库，并以该数据库为基础，生成各种各样的文字和图形，用以厘清专利文件之间以及专利文件与其他可得到的技术和商业信息之间的关系。而所能描绘出的各种关系，只受到分析师个人想象力和洞察力的限制。这些关系可以涉及技术领域、产品类别、发明类型、发明人、所有人以及年表等。

我们将讨论重点放在对专利数据库中公开信息的描绘上。这些数据库包含了竞争对手活动的大量信息（当然还有别的信息）：各竞争对手在哪些技术领域活动；哪些问题是他们认为足够重要而愿意投入宝贵的研发资金加以解决的；他们采用哪种技术来解决这些问题；哪些保护性策略取得了成功，哪些策略失败了，等等。

通常情况下，通过考察一家公司在专利申请中对相关技术所描述的细节，就可以推测出该公司研发所处的阶段以及在特定领域中的投资水平。例如，制作出极为详细的设计图纸及规范需要投入昂贵的资源，若它们出现在专利申请中，就表明其所对应的发明创造是从一项先进的研发活动中诞生的。反之，一个简易的、高度概念性的描述与说明则可能意味着该发明创造源自研发活动的早期阶段，甚至源于发明人的业余时间。同样，若在专利申请中对一项严密且花费巨大的研究项目的研究结果进行了详尽阐述，就能证明一家公司在该研究领域中科研投入和财政投入的力度。若缺乏类似这样的研究成果，可能意味着该智力成果并非源于一个成熟的研究项目。当然，任何规则都有例外。解析专利格局需要有良好的判断力和分析洞察能力，并不是生搬硬套一般性的经验规则就行得通的。

描绘出竞争对手的专利文件在世界各国的分布情况，可以让我们获得重要洞见。由于构建全球组合花费不菲，通常，公司只会对被它们认为是最重要的发明创造才加以实施地理意义上最具扩张性的战略。而在特定国家提交专利的集中程度，也可能显示出公司外包、离岸外包或市场营销的目标市场：如果一家公司正计划在新加坡生产或销售相当数量的某一产品，那么相关的发明创造就必须在那里得到保护。由于通过互联网搜索专利数据库可以免费获得丰富的技术和商业信息，所以令我们感到奇怪的是，多数公司对竞争对手 i 产权情况的了解程度怎么会如此之低？

你绘制过贵公司所处的 i 产权空间吗？

优秀的 i 产权情报能为公司带来竞争优势。若一家公司对专利格局有所了解，它通常可以避免进入专利申请密集的区域，因为那里的侵权风险很高。如果确实无法避开拥挤的区域，那么有效的 i 产权情报能帮助公司找到一条穿过该区域的线路，小心地绕开特殊的问题专利以避免侵权。另一种可能是，通过一个具备新构思与创新性的前瞻性项目，为企业照亮一条避开侵权的全新道路。

了解主要竞争对手的专利文献，有助于公司洞察竞争对手专利组合的优劣势，并能为公司规避或防御对方优势、利用对方劣势提供备选方案。例如，一家对其竞争对手的技术轨道及专利战略有深刻理解的公司，通常能先于竞争对手进行发明创造，并为这些竞争对手需要的技术申请专利。比方说，当一家公司开发一项新技术时，它通常无法在真正开始制造流程开发之前就预见到规模化量产时遇到的问题。而一个知悉该领域规模化生产所面临挑战的富有洞察力的竞争对手，通常能预见到这些挑战、确定关键性解决方案并为其申请专利。通过这种方式，公司能塑造自己的专利组合并用作防御性武器。通过构建能潜在地阻碍竞争对手活动的专利组合，那么首先，公司能在被提起专利侵权诉讼时提高自己的胜算，因为此时有能用于反诉讼的专利，这就像我们讨论过的亚马逊公司和联发科技公司的案例。另一个潜在的，更有利可图的情况就是这会为公司与竞争对手建立合作关系创造机会。最后，公司可以运用 i 产权情报来评估技术许可方和被许可方的 i 产权组合，寻找潜在的兼并与收购对象。这些知识也能用于塑造公司自身的专利组合，以在预期的交易中起到杠杆作用。即使是耗费不高的临时性专利申请也能用来增加交易中一方或双方的价值。

由于世界上有效力的专利和处在申请中的专利数量庞大，公司往往不愿处理理解专利格局这样的繁杂问题。仅仅在美国，来自世界各地的创新者每年要提交超过 40 万项专利申请。在所有重要的经济体中，专利申请量一直在上升。要彻底理解一家公司的专利格局，我们不仅要注意到直接竞争对手的专利文件，还要注意到供应商、客户、供应商的竞争对手，以及相邻技术领域的公司的专利文件。

鉴于这项任务的工作量和复杂性，如果同时建立一个对竞争对手的专利文件进行编目和描述的数据库，那么竞争性 i 产权情报就会更加有效用。尽管对企业家而言这可能是解决复杂信息问题的一个明显方案，但建立有关竞争对手专利信息的数据库的想法却令诉讼律师感到不安。因为如若管理不善，这样一个数据库所提供的资料信息可能会被曲解，并在诉讼过程中造成问题。特别是当一家公司知晓某一专利并故意侵犯时，它在专利侵权诉讼中可能被判作出三倍赔偿。因此有些专利律师认为，比起冒着被判故意侵权的风险，不了解专利格局还要更好一些。凯文 • 里韦特和戴维 • 克兰在《阁楼上的伦布朗》一书中将这种情形称为“无知的误区”。[①]

解决故意侵权问题的方法并不是将头埋进沙子，而是要把这项工作做对。要研究专利格局以避免侵权风险，并且维护好一个知识库，目的是每当组织中有人想查看一项专利时你并不需要从头开始。但是，一定要将这项流程置于法律部门的控制与管理之下。尽管数据是公开可得的，但是就专利解析以及专利是否被侵权或是无效而得出的结论是高度保密的，应尽可能作为特殊秘密信息来维护（例如，在诉讼期间通过律师—客户保密特权来防止曝光）。最后，当发现问题专利时不要去隐藏它，而是要对这种情况做些什么！

我们已在绪论中谈到，i 产权的“完胜”意味着在自身领域具有行动自由。里奇•韦斯特是一名连续创业者，担任 A.L.L 公司的 CEO，这是一家位于北卡罗来纳州三角研究园区的尚处于发展早期的医疗器械公司。他强调说，当识别出有竞争性的专利文件后就可以采取“理解、边缘化、许可和拥有”等不同程度的行动。理解竞争性专利的定位需要花费大量的时间和精力。研究者必须清理大量不相关的资料，并深入到相关细节中以明确该专利的优点与不足。这个过程通常需要由团队来完成，先是提出有关专利潜在定位的猜想，然后进行检验，再根据科技、商业和法律方面的考虑来决定保留或放弃。边缘化行动包括理解这些专利并对产品设计做出改变以避开它们，构建一个充分的理由使这些专利无效，以及 / 或者开发一个专利组合来阻碍这种问题专利技术在重要商业领域的应用。最后，当公司无法边缘化一项专利或专利组合时，那么就应该考虑是否值得作出获取专利许可或拥有这项专利的抉择了。

5.2　评估专利格局

图 5.1 列示了一个专利格局的评估过程。该过程分为三个阶段。第一阶段，研究人员对一个或多个感兴趣的国家或地区的专利数据库进行检索，然后筛

① Kevin Rivette and David Kline，*Rembrandts in the Attic：Unlocking the Hidden Value of Patents*（Boston：Harvard Business Press，2000），104–105.

选检索结果，为与目标产品或服务所处领域总体上相关的专利文件建立一个数据库，并在数据库中识别出与所考虑产品或服务特定相关的专利文件。例如，假设该产品是一种用于汽车上的燃油喷射系统，那么总体相关的专利文件可能包括有关将燃油输送至内燃机的各种技术方法的专利。这种总体相关的专利文件为广泛考察技术和行业发展趋势提供了基础。特定相关的专利文件可能只包括与燃油喷射系统相关的专利文件，不涉及所有其他的将燃油输送至内燃机的技术方法。这些特定相关的专利文件为识别和处理侵权风险提供了基础。研究人员可以利用这个完整的数据库为总体相关和特定相关的专利文件绘制出图谱，以从两个极端的层面直观地对专利格局进行评估：一个是高层次的 SWOT 评估（优势、劣势、机会和威胁），另一个是对特定权利要求的细节性分析。

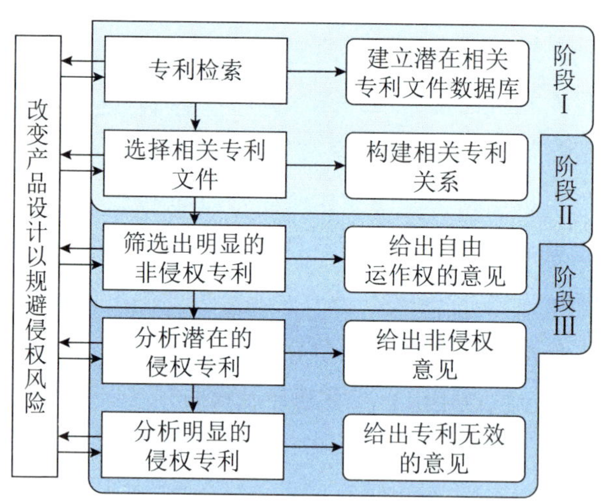

图 5.1　简化的专利格局管理过程

评估过程的第二和第三阶段涉及法律与技术方面的分析，这应该由在评估技术领域具有专业知识的熟练的专利律师来完成。在第二阶段，专利律师要将特定相关专利文件中的专利权利要求与目标产品或服务进行比对。基于比对结果，律师能够准备出一份有关自由运作权（FTO）的法律意见，对为什么不会侵犯相关专利的原因进行有效的、令人信服的阐释。

在第三阶段，当一些专利不能通过初步审查时，我们就需要进行更加详尽的分析。律师在该阶段不仅要进行第二阶段的专利权利要求与产品或服务的比对，而且还要对那些通过简单阅读，权利要求的限制范围依然无法得到清晰显示的专利进行更为广泛的研究。第三阶段可能还会包括一个判断该专利是否是无效专利的分析。判断无效专利需要检索专利文献及其他技术信息，如专业期刊及互联网检索等。第三阶段的结果会被记录在一份法律意见书上，该意见书将从技术和法律层面对该专利是非侵权专利还是无效专利进行分析。当然，只有在第一阶段的工作被高质量地完成后，第二、三阶段的工作才会有效。如果专利检索过程中遗漏了一些重要的专利文件，那么它们就仿佛地雷一样，随时可能被持有者引爆，给公司带来前所未有的损失，威瑞森公司一案正是前车之鉴。

当 i 产权研究人员按照格局管理流程开展各阶段工作时，他们在系统性识别风险的同时，也应该制定相应策略来降低风险。一般来说，该流程会随着各阶段工作的逐步推进而变得愈加复杂，也需要更多资源的集中投入。同样，随着产品开发工作的推进，业务决策的地位变得越来越重要，比如企业作出加大投资的决策时（例如，签署一份大的供货合同），而且改变这些业务决策也会越来越困难（例如，建立一个工厂）。为了避免不必要的产品开发成本，而需要获得 i 产权早期研究工作成果的这种需求，与控制专利格局管理流程自身成本的需求这二者之间，存在不可调和的矛盾。越早在流程中发现哪项专利是不可逾越的，就可以越早避免在该项专利上的资源浪费。

另外，在产品的早期开发过程中会有大量备选方案，而这些方案第二、三阶段的分析工作对公司来讲花费巨大以至于难以承担。在开发早期，备选设计方案中的伪专利数量之多使得第二、三阶段的侵权分析工作劳民伤财。此外，很多产品潜在的设计与构造都没有形成定论，更别提被生产出来，这使得很多侵权分析工作做得为时过早。然而，纵使在产品早期开发阶段，第一阶段相对高水准的分析工作对于公司了解专利格局并标出明显问题来说都大有裨益。随着企业将潜在产品设计范围缩小到一些可控的备选方案或最终提议的时候，第二、三阶段的 FTO 细化分析工作也变得更实用、更高效，围绕所需产品设计的分析工作所耗费的成本也由此在合适时机得到控制，符合产品开发工作的需要。

如图 5.1 所示，专利格局评估流程的每一个步骤都应该直接与产品开发流程配对。企业可以根据从FTO流程中获得的宝贵信息进一步塑造产品战略，确保自己受益于专利格局的分析工作，以避免侵权或类似微软数十亿美元的赔偿事件的发生。接下来，我们将对这些流程的每一阶段展开详细讨论。

5.3 第一阶段：绘制专利空间

如果你曾长时间与专利律师共事，你就应该见识过标准的专利数据整合流程：一张写满了申请号、专利号、标题、申请日期、颁发日期、国家、发明人等信息的表格。也许这张表格的形式会有所变化，但其内容在本质上都是相同的。想象一下你在研究这份长达 10 页或 20 页的写满了竞争性专利信息表格的场景，你能从中获得什么呢？又得花费多长时间分析足够多的数据才能预见未来的发展趋势呢？

虽然这些表格通常是有用处的，而且在诸如授权许可交易中的指定相关权利等某些特定目的下是很有必要的，但是，想要对一组包含了数百个专利的文件中大量的技术和商业之间的关联有一个高层次的认知的话，仅仅研究这些表格是远远不够的。此外，要与那些欠缺这方面知识的高管、投资者、潜在合作伙伴及其他人用这些表格就 i 产权方面的重要信息进行交流的话，是相当困难的一件事。

相比之下，绘制专利地图是一种将数据转变为可视化形式的分析法，它能够把数据之间的关系及发展趋势清晰地呈现出来。这种将公司的专利空间信息可视化的实践正朝着常态化发展。

举例来说，Aureka Themescape® 就以“地图方式呈现了‘一组专利文件’

中最常见概念的鸟瞰图。”[①]Themescape 地图可以显示文件的重点以及它们彼此之间的关系。当宝洁公司（P&G）合并吉列公司（Gillette）时，针对该合并所作的 Themescape 地图分析就直观地从视觉上展示了吉列公司的专利组合是如何巧妙填补宝洁公司专利组合的空白。具体来说，吉列公司的口腔护理专利组合（如作为欧乐 -B® 旗下的品牌）补充了宝洁公司支撑佳洁士®品牌的现有专利布局。更重要的是，吉列公司有关男士剃须刀 / 皮肤护理的业务和金霸王®及博朗®品牌业务所拥有的专利组合也有助于填补宝洁公司在这一领域的空白。M&V 律师事务所的专利律师埃里克 • 瓦格纳指出，“根据 Themescape® 可视化地图的分析显示，宝洁公司的专利组合是一个 U 形图，而吉列公司的专利恰好填补了空白区域，从专利组合的角度来讲，这次合并是宝洁公司的一大进步。”[②]

瓦格纳认为，这种分析法所带来的更为重要的结果就是将宝洁公司有关经营战略的竞争情报数据与现有数据相结合后所推断出来的信息。例如，当宝洁公司的很多产品都需要电池时，金霸王品牌带来的技术将很有帮助。瓦格纳进一步解释了企业如何能基于 Themescape 的视觉地图分析获得重要见解：

> 人们可以设想，现在宝洁公司的产品包里有金霸王电池，并且我也可以想象收购金霸王的人会愿意帮助宝洁公司再向前迈进一步。博朗®品牌旗下有生产咖啡机的业务，因此这项收购将会扩大福尔杰（Folger's）品牌的业务（例如：可能为特制的福尔杰咖啡配上专用的咖啡机？）。博朗也生产吹风机，这也会填补宝洁公司洗护领域的空白。而且，也许最重要的是，宝洁公司现在已经拥有了庞大的女性消费群体，而关于男性的产品却寥寥无几。基于以上分析，我认为宝洁公司下一步就该打入男性皮肤护理市场，当然，吉列公司的品牌和产品会让宝洁公司在市场份额与品牌知名度上有一个极大的飞跃。

① Thomson Scientific，“Products，” scientific.thomson.com/products/aureka/（访问于 2007 年 8 月 30 日）

② 埃里克 • 瓦格纳与作者于 2007 年 5 月在面谈及电子邮件交流中提到的内容。

瓦格纳强调，这项分析结果并不是唾手可得的，它需要大量后台工作为这些数据分析做支撑。当然，“如果做了充足的准备工作并掌握了足够的信息，这种方法将会提供一个关于两个不同专利组合之间关联（及潜在关联）的独特而透彻的分析。”

5.3.1 格局可视化

正如宝洁/吉列的案例一样，单独对专利数据或将其和现有数据（出版物、互联网、市场营销资料等）结合起来进行可视化分析，能够揭示一家企业或者一组企业隐藏在大量专利文件里的产品和技术方面的战略性洞见。人类大脑的视觉皮层是最大的单功能区域，可以迅速有效地处理复杂的视觉信息。新罕布什尔大学数据可视化研究实验室主任科林•韦尔认为可视化工作的目标是将数据转换成一个“可高效感知的视觉形式。”[①] 韦尔描述了一个关于数据可视化的四个阶段，我们根据专利格局改写如下：

1. 数据收集与存储
2. 将数据转换为可理解信息的预处理
3. 运用相关软件和算法建立一个可视化表达
4. 运用人类知觉和感觉系统对可视化表达进行解读

接下来，我们将介绍如何使用该流程从可视化角度对一家公司的专利空间进行解读。

5.3.2 数据收集与存储

对目标专利空间的了解始于搜集相关专利数据的专利检索。检索前，围绕一组目标专利文件设定检索参数与检索指引是十分关键的。从商业角度看，设置检索指引可以从同类的技术或产品空间中获得一组能够了解竞争对手活

① Colin Ware，*Information Visualization*：*Perception for Design*，2nd ed.（San Francisco：Morgan Kaufmann Publishers，2004），23.

动的专利文件。或者这项工作也可以对任何会成为我们特定产品发展路径上风险源的专利进行检索。

从技术角度看，检索指引可以集中在某一类特定的技术上，比如“所有的防霉建筑材料”。这对一家想了解其他企业是如何生产各种防霉产品的防霉涂料公司来说将很有帮助；或者也可以将检索范围缩小到“住宅用外墙防霉涂料”。在这种情况下，检索参数可能就会包含一些特定的涂料公司，因为它们拥有我们特别感兴趣的专利文件。对劲敌的专利文件进行大致的专利格局分析可以使我们识别出对手的新技术或新产品的发展方向。

一旦专利的目标空间被锁定，我们就可以制定一个检索策略。专利可视化表达的质量完全取决于前期检索工作的质量。一个有效的检索策略可以锁定所有相关的专利文件。然而，考虑到检索过程存在一些不可避免的误差性，因此专利检索往往会撒一张大网，将一定比例的无关文件与相关专利文件一起提供给我们，但这些无关文件会在随后过程里被剔除出去。使用多个搜索引擎以及多种检索策略（如关键词检索，公司检索，跟踪重要专利中引用过的专利文件）会给我们提供更加全面的检索结果。

检索专利的搜索引擎质量也参差不齐，如美国和欧洲的专利局网站就具备出色的检索功能，商业付费型的搜索引擎也可以用于检索，比如 Nerac.com、Micropatent.com、Derwent.com、LexisNexis.com 以及 Delphion.com 等。我们欣赏 Micropatent 检索服务的灵活性以及它将下载的专利数据转换成电子表格管理专利文件的能力。在这个快速发展的 i 产权领域中，及时掌握最新资讯非常重要，而付费服务的优点之一就在于它提供的实时监控技术，搜索系统会自动地把满足搜索条件的新专利文件通过邮件发送过来。此外，聘用职业检索人也是一个不错的选择。对于某些种类的创新来说，诸如复杂的有机分子领域等，聘用一位专业的、受过科学训练的检索人进行手动检索查询依然是必不可少的。

5.3.3 数据预处理

一旦检索出大量潜在的相关专利文件，接下来就要人工查阅这些文件以区分出一般相关文件和特定相关文件。我们通过快速高效地审阅文件的标题、摘要以及每项专利的权利要求来筛选出与公司的产品、工艺流程、服务各方面有所关联的专利。我们将具备潜在相关性的专利文件保留下来以作进一步分析，而只将明显不相关的文件排除在外。

除非世界各国专利局在数据有效性的认定方面达成一致，否则企业在进行数据库数据分析时必须处理大量的差异数据。比如，企业对任意一组专利文件都需要做大量工作来确认其当前受让人（所有者）。首先，原受让人的名称可能在拼写方式、间距大小以及标点符号应用上存在差异，例如“Glaxo Inc.”与“Glaxo，Inc.”。其次，专利往往会在得到专利权授权后又被转让出去，这样就导致这项专利的命名人并不是真正的所有者或受让人。例如，葛兰素威康公司（GlaxoWellcome）所拥有的全套专利文件中，就包含了许多最初被转让给许多其他公司的专利文件，而这些公司后来又被葛兰素威康公司及其前身收购或合并了。有效的专利数据预处理包括检索出这些专利文件的当前所有者，而这些所有者的信息可以在美国专利与商标局的官网进行查询。

5.3.4 可视化表达

一旦相关专利文件的主体得到确认，这些文件就能够被可视化地描绘出来，为我们提供战略性的信息。绘制工作包含一些使专利数据可视化的图表准备工作，而可视化的专利数据分为两种类型：一类是从专利数据库中得到的电子数据，另一类是通过文件数据分析人为添加的数据。电子数据可以是专利文件的提交日期、授予日期、文件标题、发明人以及用各种搜索条件形式存在的信息等；而人为添加的数据则包括技术类别、产品类别、创新应用等相关数据。

你有没有看过贵公司的专利或者竞争对手的专利以可视化的形式表达出来的样子？它们在美国是什么样的情况？在主要市场国家的情况呢？在新兴经济体国家的情况呢？

5.3.5　可视化表达解读

可视化流程的最后一步就是解读可视化数据，而不同类型的可视化表达会有不同的解读结果。例如，图 5.2 展示了生长激素抑制素领域的企业根据经营类别所绘制的一张专利分支地图。生长激素抑制素是一种在人体内发现的天然肽类激素，市场上以生长激素抑制素为基础的产品种类繁多，其中就包括诺华公司以善宁®（Sandostatin®）为商品名售出的改良版生长激素抑制素。下面我们就有关生长激素抑制素相关的专利文件进行检索，看看可以了解到哪些有关该领域的知识。

首先，让我们大致浏览一下这张分支图的总体情况，先关注各个大类别，不看局部细节。那么，通过宏观分析这张分支图我们可以看出，按参与者的数量多少而言，最活跃的部分在多肽类似物与多肽衍生物这一领域。而在小分子（由有机分子组成，非肽分子组成）领域这一分支部分也有重要专利参与其中。我们可以预见，一旦某种多肽被证明可能具有药物效用，通常接下来要做的事情就是明确其类似物及衍生物相对天然属性而言有哪些可以改进的地方。随着有关天然肽类及其类似物、衍生物知识的不断更新，企业往往也会对具有同种药物效用的有机小分子展开研究，因为通常这种小分子药物的制造成本更低，也比肽类药物更易于被人体吸收。在该分支图完成之际，默克（Merck）、诺华、诺和诺德（Novo Nordisk）、辉瑞（Pfizer）、武田（Takeda）以及 Societé de Conselis de Reserche 都致力于生长激素抑制素领域的小分子仿制工作。

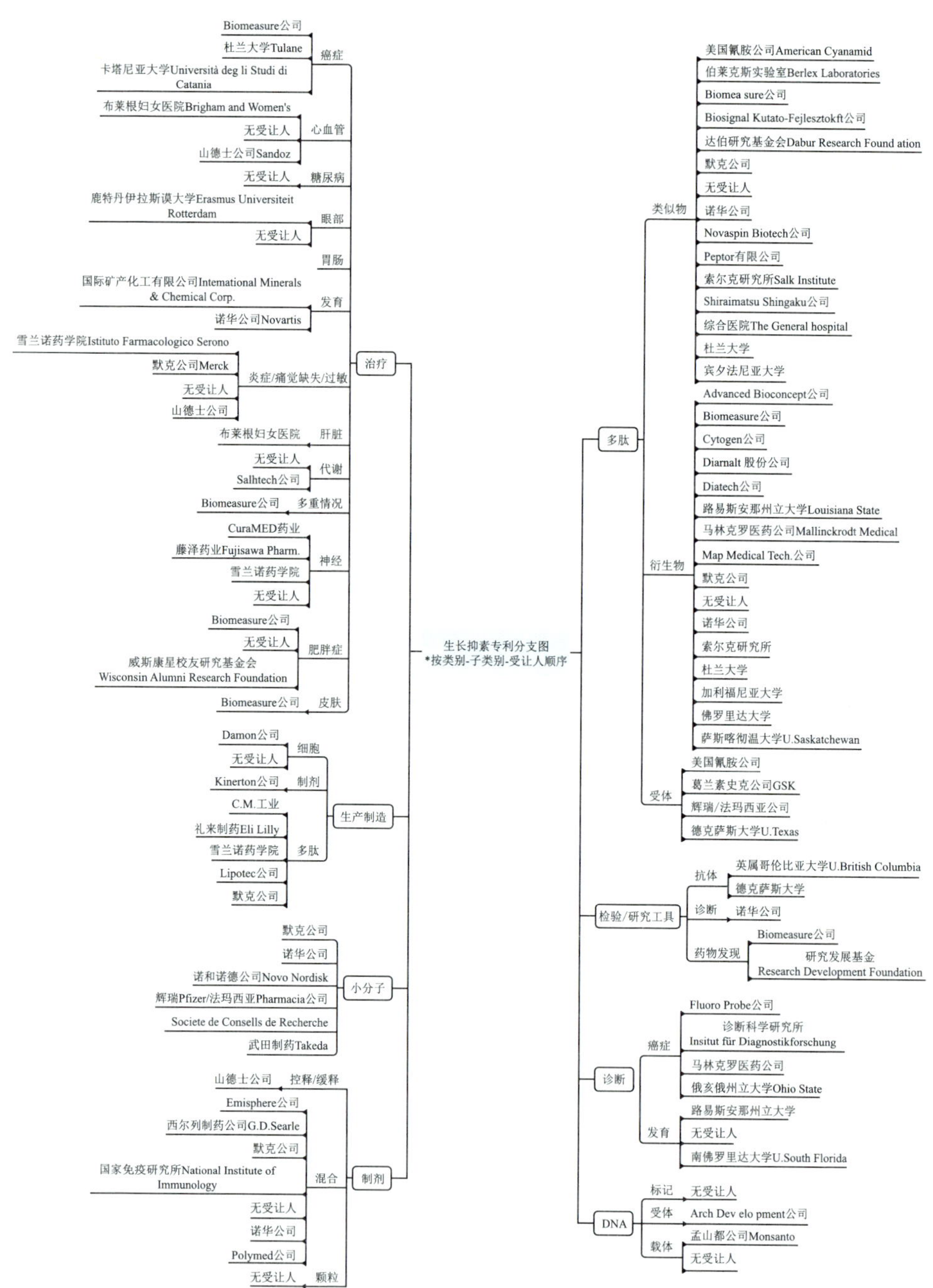

图 5.2　专利分支地图——生长激素抑制素领域里的参与者

剂型（例如，病人治疗所用的液体、片剂、胶囊等）通常是药品生产最终的优化步骤。因此，当制药研发公司在保护药品剂型方面拥有重要专利组合时，这表明该公司在研发道路上将比那些缺乏此类专利的公司走得更远。一家专注于剂型技术的公司可以就此申请专利，通过向其他药物研发商提供药品剂型以谋取价值链下游的有利地位。对于一个熟悉该行业且具备实战经验的人来讲，快速浏览这张分支图就能发现多种可以利用的专利战术。

本案例中，这些从事生长激素抑制素领域研究的企业必须关注自己侵犯他人专利权的可能性，因为毕竟在这一领域中包含了大量相关的专利及企业。尤其值得注意的一个领域就是广泛的基础性专利，这些专利保护的是人们日常研究中都会用到的技术，几乎每个在该领域工作的人都可能潜在地侵犯到这些专利。从生长激素抑制素的专利分支图上我们可以看到，这样的基础性专利指的就是几乎任何开发生长激素抑制素相关产品的公司都需要用到的受体及测定领域。一家公司可能不会主动地在这些领域中寻找相关专利，但这张专利分支图发现并指出了可能存在的风险因素。

各种专利地图都可以用分支图的方法描绘出来，专利地图是很容易绘制出来的。例如，可以使用 Excel® 的数据透视表或像 MindManager® 软件这类思维导图工具绘制专利地图。虽然只是用黑白两种颜色展现出来，但颜色深浅的变化代表不同的信息维度。例如，个人专利可以通过颜色编码来显示他们的有效年限，这样就可以将具有较长有效年限的近期专利与较短有效年限的陈旧专利区别开来。而各所大学拥有的专利文件可以标记为潜在的专利许可授权候选者，有问题的部分以及在世界范围内被广泛申请过的专利也可以被明显地标注出来。此外，专利地图上的可视化信息也可以通过空间关系、图标、形状、字体等其他方式来表达。

图 5.3 是一张专利申请数量分布简图，显示了几家重要企业各年度的专利申请活跃程度。像这样的专利申请数量分布图能够对各企业在某个领域一个时间段内的活跃程度提供多种战略分析。比如，图表显示，A 企业多年来一直致力于在该领域提交专利申请；B 企业与 D 企业活跃于 20 世纪 90 年代，但此后基本销声匿迹了；而 C 企业自 2001 年开始活跃于这一领域。出于出版目的，

该图已被简化过了，因此所分析的文件数量是很有限的，然而，在很多情况下，这样的图表可能包括数百份专利文件、众多企业以及非营利组织。当一个团队共同合作对这些图表进行分析时，所得出的结果应该是相当惊人的。

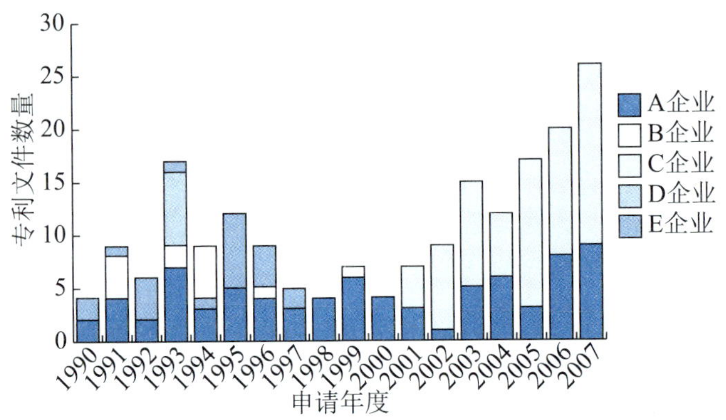

图 5.3　显示重要企业各年度的专利申请数量分布图

图 5.4 与图 5.3 类似，但反映的是各年度的技术重点关注领域。类似这样的图表可以帮助企业看到随着时间变化，技术重心所发生的变化。在该例子中，A 技术是 20 世纪 90 年代晚期的主要课题，但随后对它的兴趣似乎慢慢减少了；B 技术是 1998 年至 2007 年间受到人们持续关注的课题；而 C 技术作为一项重要的新技术，近年来有大量投资用于它的相关专利保护。试想一下，假如有一张图表反映的是贵公司所处专利领域里过去 20 年的技术发展趋势，你觉得会有什么发现呢？

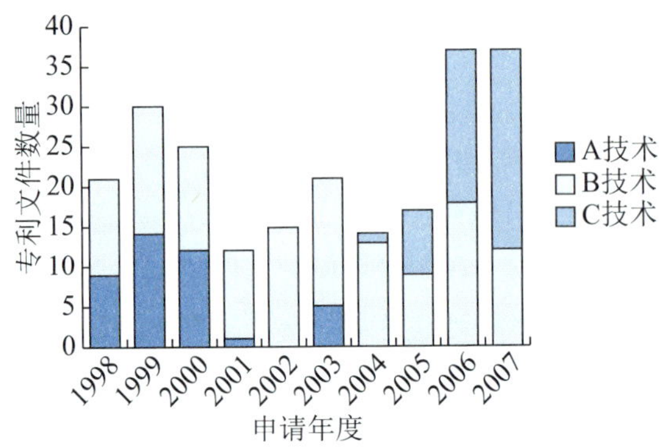

图 5.4　显示各年度技术重点关注领域的专利申请数量分布图

图 5.5 反映的是各企业重要发明团队之间的成果比较。通过分析，可以发现哪一家企业的发明团队在更快地扩张自己的技术空间以及 / 或者更快地占领 i 产权阵地。该图表明，A 企业在该技术领域中只有一个重要发明团队，而相比之下，C 企业有两个，B 企业有三个。如果你是 A 企业，那就要想想看自己要如何与 B 企业、C 企业竞争了，因为它们两家似乎已经在同一技术领域中比你拥有更多发明创新的力量。而且，如果 A 企业的 1 号团队是围绕着单独一名发明家开展工作的，那么 A 企业的发明创新潜力是有一定风险的。因为如果这名重要发明家跳槽到另外一家企业，这对 A 企业来讲将带来巨大损失。此外，1 号团队的平均生产效率也比图上显示的其他团队要低。因此，A 企业需要反思一下如何才能提高 1 号团队的生产效率，并且考虑是否需要从其他团队聘用一些重要发明家来加入团队。另一方面，B 企业和 C 企业也要清楚认识到哪些重要的发明家对自己是必不可少的，并需要采取相应措施防止人才流失。

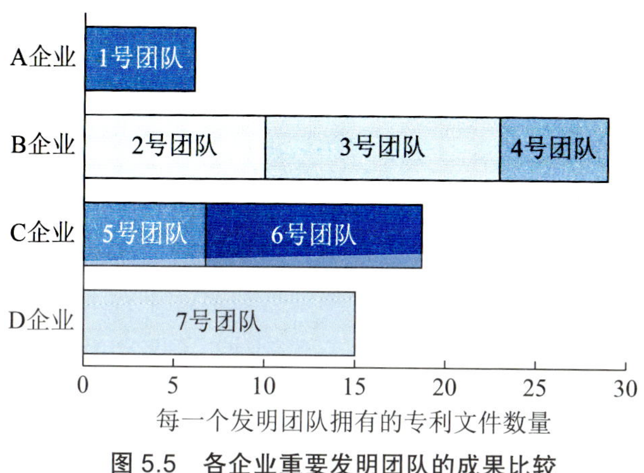

图 5.5　各企业重要发明团队的成果比较

你知道与竞争对手的发明家相比，贵公司的发明家表现如何吗？

企业还可以利用专利地图来确定那些被李·弗莱明和马特·马克思称为“守门人”的发明家。[①]两人通过对200多万名美国专利发明家进行的研究，确认了一批“通过促进并利用重要知识的外溢效应跨越了企业间的组织界限并加快了发明创新进程”的重要发明家。公司可以通过研究他们专利格局中的发明团体来确定谁是自己公司的“守门人”，谁是行业的“守门人”。正如弗莱明和马克思所指出的，对于一个组织来说，这些个人可能是非常有价值的，但他们也给企业管理带来了挑战。而且，像行业精英这类人是很难被留下来的。但是，一旦这些“守门人”被识别出来，这些问题是可以解决的。你能确定谁是自己公司的“守门人”吗？谁又是自己所在行业的“守门人”呢？其他国家的情况呢？发明家和创新者的全球的流动性以及他们与其同行之间的社会关系为处于价值创造前沿的人们搭建起了一个有巨大扩张性的动态关系系统，但与此同时，也给企业带来了额外的i产权风险。

还有很多种可视化表达方式可以帮助公司更好地理解其所采用的i产权方面的知识，上述所讲的只是冰山一角，还有更多的可行方法。本书合著者汤姆·亨特喜欢依据本书第8章所展示的框架构建思路，在检索之前先创建一个可视化框架来划定检索的范围，然后将输出的结果遵循商业或技术的原则组织起来。根据这种方法构建起来的框架与公司对业务展望的理解相符。因此，当检索结果与该框架背离时，这些数据将对公司业务具有直接导向作用。本书的另一位合著者比尔·巴雷特则喜欢专注于有关企业战略主题的相关检索，然后通过数据自身之间迭代互动构建一个反映数据的框架。这种方式可以使公司识别出由于在初始检索时对输出结果严格限定而不能识别的一些重要问题和事项。而本书的另一名合著者克里斯托弗·普里斯则喜欢任何对其i产权团队有帮助的表达方式，而对它们的产出方式并不介意。

可视化的数据展现有助于我们进行战略性考察，而这一优势是传统的专利表格或一堆专利文件所无法媲美的。同时，当专利律师只致力于研究专利

① Lee Fleming and Matt Marx，“Managing Innovation in Small Worlds，” *MIT Sloan Management Review*（Fall 2006），8–9.

自由运作权细节方面的问题时，这种方式也为我们梳理出很多被忽视了的独到见解。但我们时刻要记得，数据的可视化表达是无穷无尽的，因为它并没有给出确定的答案，只是提出问题并给出了建议性方法，最终还是需要聪明的人们利用自己良好的判断能力深入挖掘以找到正确解答。

5.4　第二阶段：自由运作权

假定你已经绘制出了特定的技术或产品领域的专利数据图，也对这一领域中的参与者有了更多的了解，知道谁在做什么事情，谁是热门的新加入者，谁将要从这一领域退出，以及其他参与者使用哪些技术来解决你正在试图解决的问题，那么，你已经获得了很多基于现有信息的战略性意见，也相应地调整了自己的策略，并且识别了与你未来规划高度相关的各组专利文件。接下来，你必须进入下一个更为细化的阶段，对那些高度相关的专利进行分析，以判断你是否会侵权。

5.4.1　FTO是个难题

自由运作权（FTO）是关于如何避免侵权这一问题的。侵犯他人专利权会带来自身法律费用增加、产生经济损失，甚至被法院裁定产品终止销售或制造工厂停止运营等严重后果。这些后果可能是灾难性的，就如同我们在前文中提到过的微软赔偿朗讯一案那样。对于一家大型公司来说，单单花在诉讼案件上的法律费用就已经是一笔巨额开支了，而这些费用对于一家小公司来说，甚至能使它们破产。

出于多种原因，FTO 的管理工作是一项棘手的工作。首先，产品或工艺流程的任何一个方面都可能出现侵权行为。例如，在一些像药品生产一样简单的事件中，其有效成分、有效成分的各种结晶形式、配方的任何成分、配方某一成分的特定比例、涂层材料、胶囊材质、治疗方法，甚至是药品的外包装都有可能侵权。其次，随着每年越来越多的专利权被授予，情况也变得愈加复杂起来。据美国专利局网站的数据显示，自 2000 年以来，该局大约平均每年授予 164 000 项专利。[①] 同样，自 2000 年以来，美国专利的授予量平均每年约增加 7 000 项，在 2006 年，就有 196 404 项发明被授予专利。事实表明，世界各地的企业都需要进行 FTO 的管理工作，因此 FTO 分析师显然是一份炙手可热的工作。

为什么不创建一个公司内部的 i 产权控制面板呢？通过这一操作面板，贵公司的所有重要决策制定者都可以在最为合理的细节水平上找到自己与竞争对手的知识产权信息。

5.4.2 筛选出明显非侵权的专利

如图 5.1 所示，专利格局评估流程的第二阶段包括筛选出明显的非侵权专利这一工作，这项工作要从检索和筛选过程中所得到的特定相关专利着手。经验丰富的专利律师必会根据相关法律规定对专利的权利要求以及其描述性内容进行详尽分析。他们的工作就是要评估这些计划产品或工艺流程是否会侵权。他们将这些专利分为两组：一组是明显不会被侵权的专利，另一组则是处于灰色地带的专利，也就是说，很难断定这些专利是否会被侵犯。对第一组专利，专利律师可以出具一个正式的 FTO 意见，该意见将比照公司的计划产品或工艺流程，从明显的非侵权专利中列明相关权利要求，并对其为什么不会被侵权进行阐释；而处于灰色地带的专利将被带到第三阶段进行更为深入的分析。

---

① U.S. Patent & Trademark Office，“Patent Statistics Chart Calendar Years 1963–2006，” www.uspto.gov/web/offices/ac/ido/oeip/taf/us_stat.htm.

5.5　第三阶段：最艰难的部分

一种最好的情况就是所有的专利问题都在第二阶段解决了，没有任何在灰色地带的专利需要进一步分析。对于那些需要进行第三阶段分析的专利文件而言，专利律师通常需要在数千页法律及技术文件里进行详细的信息挖掘来找出是否具有下一步的可行性方案。因而这项工作的第一步就是要在进一步分析的基础上来确定是否有未被侵权的专利；然后，如果发现还有被侵权的专利，专利律师就要进行研究，来确定这些专利是否有效，并且是可实施的。

5.5.1　分析潜在被侵权的专利

在这一步骤中，随着专利律师进行正式的侵权分析，该分析过程的细节化分析工作变得让人难以忍受。因为律师必须要依据专利说明书中对该创新的描述、该项专利的文件历史记录以及相关法律规定对专利权利要求的含义进行细致分析。专利文件的历史记录指的是专利局和申请人之间针对该项创新在专利申请中所提的权利要求是否可申请专利一事所进行的反复讨论这一过程的详细记录。由于文件的历史记录通常长达数百页，甚至数千页，所以这个过程是极为耗时而且代价昂贵的。如果该侵权分析结论是该产品没有侵权，那么，一个合理的输出结果就是透彻地从法律及技术方面对这一结论的合理性进行阐释，并给出非侵权意见。一份理由充分的非侵权意见书已发展成为像美国专利法要求的标准流程那样以证明侵权人有充分理由相信，自己不会侵犯讨论中的相关专利。如果该公司后来被发现侵权，这些充分的理由可以保护公司避免受到故意侵权的指控，也会使法庭放弃对其进行惩罚性赔偿的判决。

5.5.2 分析明显被侵权的专利

完成这个专利格局评估流程第三阶段的最后一步时，我们就应该没有专利需要分析了，而律师会出具相关法律意见书，明确阐述该产品战略将不会侵犯任何专利。有必要的话，公司会修订自己的战略以避免侵权，或者通过购买或取得授权许可等方式获得必要的专利权。然而，如果仍然有专利被该公司的产品或工艺流程侵犯，而且获得该项专利或者取得授权许可也行不通的时候，我们的唯一选择就是改变产品设计或者干脆抛弃这个产品以避免侵权或故意侵权行为的发生，从而避开麻烦的专利诉讼，或避免成为无效专利事件的发生。如果这家公司在这一过程中已经等待了太长时间，并且已经扩大了自己的生产流程，那么，为改变产品设计所付出的代价将高得令人难以置信。但是，明知故犯的侵犯专利权并不可取，除非这家公司有好几百万闲置资金。因为在专利诉讼中，故意侵权行为会导致企业支付三倍赔偿金。

然而，证明专利的无效性不仅困难，而且有风险。因为法院通常假设专利局是在充分完成自身工作的前提下才授予某项专利权的，所以，只有具有与之相反的清楚且具说服力的事实证据时，才可以推翻这一假设。这一标准给想要质疑某项专利有效性的人们带来了潜在阻碍。但事实上，专利局也会犯错，并且可能还不少。因此在某些情况下提出专利无效的质疑也是适当的，尤其是当那些已经获得专利的权利要求范围过宽时，我们可以在该项专利广泛的权利要求范围内，找到在其之前公开发表过的文件中有与其描述相符的产品或工艺。

分析专利的有效性以及出具专利无效意见书的工作需要一位有独立思考能力、精通技术并且富于创造力的专利律师来进行，他要能够对专利申请提交日期之前所有公开可得的信息展开一场全面彻底的检索，这些必须查阅的信息包括相关专利及科技文献等。这一分析工作也需要对专利文件的历史记录进行详尽的查阅，也可能还需要进行大量的法律研究以阐明与法律相关的各个方面。对于要出具相关法律意见的律师事务所及其客户来说，一份理由不充分或者不准确的意见书会造成相当大的损失。因此，出具意见书的律师事务所面临的分析工作及棘手问题非常多，费用开支也相当高。

最后，尽管我们参考了美国这种需要大量分析与书面文件准备工作以绘制专利格局的情况，借以介绍第三阶段各步骤的工作，但是我们也要注意，分析工作还应包括对其他重要国家的专利格局进行分析，尤其是那些企业准备开展生产制造工作或分销业务的国家，以及 / 或者想推销大量产品的国家。

5.6　掌握专利格局

专利格局分析工作并不局限于识别及处理最糟糕的“地雷”事件，它还包括很多其他工作。世界专利数据库提供了大量有关战略与技术方面的详细资料，而且任何愿意花费时间去查阅的人都可以去查询。要想系统性地掌握专利格局，可以从规划和检索开始，创建一个能储存并及时更新竞争对手的专利组合信息的动态数据库。该数据库也可用于创建专利格局的可视化表达方式，为我们揭示那些将会被淹没在成百上千条数据中的战略事实。如果在一定程度上掌握了一家公司在其投资领域中的各种问题、技术以及产品方面的信息，那么我们就可以预测这家公司将要采用的策略。可视化的表达方式也可以帮助高级管理人员快速地对公司的专利情况有更高层次的认识，了解这些专利与公司的专利组合、实践工作之间的背离程度，以及它们与竞争对手、供应商、客户及授权许可潜在买家会采用的策略之间的背离程度。

除对专利格局有一个深刻的理解之外，公司也必须进行侵权风险分析，并根据需要及时调整产品设计以避免侵犯到那些对自己虎视眈眈且资金充裕的竞争对手的专利权。在一些情况下，公司可以购买所需专利权或者采用引入授权的方式获得许可。因此，在产品开发流程中越早识别出问题专利，制定对策就越容易，成本也越低。况且没有任何一位管理者希望看到他 / 她的公司卷入代价高昂的专利诉讼案，更不用提可能还会面临巨额赔偿或看到自己那么值钱的工厂却因法院一纸判令就要关门这样的事情了。对于小公司来说，单是诉讼费用就可以埋葬它们了，何况就连比尔·盖茨也会对 15 亿美元赔偿金的判决结果倍感痛苦。尽管彻底避免侵权事件的发生是不可能的，但公司可以采用有效的系统性处理流程来分析风险，采取行动以有效降低与管理风险。

第 6 章

全球保护：选择参与的领域

在本章及第 7 章中，我们将重点讨论 i 产权战略的一个特别具有挑战性的领域，即全球专利战略。如今，公司拥有无数机遇来实现自己的经营战略，这些战略由于世界各国的专利保护而得以实现并更加高效。比如，这样的商业机遇可能包括在一个新的创新热点领域里进行创新研发工作，在一个低成本制造中心进行生产制造工作，保护海外目标市场，或者将那些能够服务于远距离市场的受保护技术对外授权转让。但是这些机遇也往往出现在那些专利保护可靠性尚未成熟的国家里，这就使得专利保护的风险与收益评估工作变得有些复杂。

如果可能的话，想要知道一项专利是否会被授权、如果被授权了其范围又有多大、需要多长时间才能获得专利授权、能否行使已经获得批准的专利权以及该专利能否经得起诉讼中的专利审查程序等一系列问题还有一定的难度。由于专利保护的成本费用不仅很高，而且也难以预测，所以这也必须被纳入考虑的范围内。获取及行使专利权的成本费用因国度的不同而大有差异，而且工作进度与具体成本的高低也取决于一些无法轻易确定的因素，比如在某一特定国家里被指派来审查此项专利申请的审查员的自身素质。

无论喜欢与否，那些进入国际专利竞争领域的公司必须学会应对这个跨国界的、混乱的集合系统，因为每一个体系都有与国际通用标准存在特殊偏差的地方，而且每一个体系也都由其内部众多的个体决策制定者组成，这些决策者各自不同的判断标准会对专利工作进度、成本费用以及流程结果造成一定的影响。那么，在这种困难的背景下，一家公司该如何制定一个经济并且定位于全球的专利申请战略呢？这里，我们将通过审视公司在全球专利战略申请方面所面临的关键性挑战，探索全球专利战略发展中遇到的相关问题，概括一个全球专利战略的决策制定范式，引入一些有关国际专利保护的投资评估理念来解答这一问题。在第 7 章中，我们将把上述这些理念放入一个我们称为全球专利战略矩阵的工具中来进行分析。

6.1　全球专利战略所面临的挑战

贵公司是如何制定有关专利方面的决策呢？是谁负责决定在 5 个国家还是 50 个国家里对一项创新进行保护？要花 5 万美元还是 50 万美元？或者在既定投资水平上要对多少创新成果进行保护呢？大多数管理者是不会将 50 万美元花在一个未经充分考虑与计划的研究项目或者设备上的，然而，他们却很容易在没有经过合理评估该战略是否是资金利用最大化的情况下就将 50 万美元花在专利战略上。

6.1.1　自己战壕里的工作

下面要讲的是我们怎样失去了对成本的控制。首先专利律师会在数月时间里给你发送一系列信件及电子邮件，通知你在国外提交专利申请的截止日期。超过这个截止日期会给公司 i 产权权利方面造成重大损失。但是这些信件或许与其他所有来自专利律师的信件一样堆积在你办公室的某个角落里，或者是因为你不想存档任何东西而与你电子收件箱里的其他数千封邮件一起遗失了。在截止日期到来的前两个星期，经过一连串电话与石沉大海的电子邮件通知后，你忠实的但现在已经有些抓狂的专利律师会赶到你的办公室，他或她会向你恳求地说：“如果你还不做出决定的话，就将失去所有的海外专利权了！”为了避免更多尴尬，你会给他提供一份要提交申请的国家清单。

接下来，你值得信赖的专利律师又会冲回他或她的办公室，让助理通过传真机以及 / 或者电子邮件系统给世界各地的国外代理人发送大量传真和电子邮件（邮件的附件大到几乎能装满任何邮件系统所能承载的最大负荷），要求他们在最后关头赶紧提交专利申请以保证这些沟通信件能确确实实被收到，并在你失去各个国家的专利权利之前就能够生效。此外，在一些国家里，由于译员们通宵达旦地赶在截止日期前准确无误地对专利申请进行翻译，这会给你们公司累积高额的翻译费用。

你可能还没有意识到这一点，但是你的专利律师已经代表你在你所选定的国家里聘用了一些专利代理人。这些代理人都在勤奋地为你工作着，它们与自己国家的专利局和你的律师进行沟通，为你提交专利申请并且按小时向你收取费用。不仅如此，你的律师也正忙于接收所有的讯息，为你起草一些解释这些消息的函件，回复国外代理人的信件，而且当然，这些工作也都按小时向你收取费用的。那么，你需要支付的费用包括律师费、国外代理费、翻译费、审查费、专利维持费等，并且这些账单在未来数年里都会接踵而至。

对于创新企业来说，事实上获得适当的专利保护几乎是 i 产权战略的一个重要组成部分，大量的专利成本费是不可避免的，但企业可以采取一些措施来确保投资于创新保护的资金主要是投向最有价值的国家，而且在这些国家里实施专利保护措施能产生最大收益。这场复杂的专利博弈游戏的关键是在这个全球专利竞技场上制定一个战略，能够将恰当的“筹码”安放在合适的国家。

6.1.2 成本耗资惊人

2003 年 7 月，美国审计总署（GAO）在一份报告中对小型企业在制定海外专利决策时应该考虑的一些关键性因素进行了评估，专家小组总结得出，“获取、维持以及行使海外专利权的成本问题是小型企业遇到的最大障碍。”①当小型企业为自己的诸多创新成果在世界各地申请保护时，那些拥有更符合

① General Accounting Office，“International Trade：Experts’ Advice for Small Businesses Seeking Foreign Patents，”GAO-03-910，June 26，2003； 也可参见 General Accounting Office，“International Trade：Federal Action Needed to Help Small Businesses Address Foreign Patent Challenges，”GAO-02-789，July 17，2002.

实际的国际专利战略的小型企业可以更快地在这条耗资数百万美元的道路上找到自己的方向。但即使是对于大型企业来说，这项成本也是极为惊人的。例如，如果使用全球知识产权成本费用估算软件（Global IP Estimator®）对此进行估算[①]，我们估计在世界上每个国家里，为单独一项专利所获取及维持专利保护“从摇篮到坟墓”的全部成本高达 250 万美元。如果考虑到那些最具创新性的产品及服务是通过整组专利的方式进行保护的，那么很明显，一个完整的全球专利申请战略对大多数公司来讲都耗资巨大，即使是大公司，这项成本也是令人望而生畏的。

当然，成本问题是做出任何经济决策时都要考虑的一个基本因素，但让人感到惊讶的是，很多企业却也恰恰都是在通盘考虑海外专利决策的成本问题上栽了跟头。没有对该成本进行准确评估会导致两种截然不同却很严重的错误：（1）成本低估，使企业采用了一个代价高昂又难以维持的专利战略；（2）成本高估，使企业放弃了很有价值的保护措施。但无论是犯了哪一种错误，都会给企业带来巨大的负面影响。

第一种错误会导致那些本可以更好地投资于其他地方的资源被浪费掉了，比方说可以投资于其他更有价值的知识产权上、投资在研发工作上，或用于采购一些重要的设备。专利申请与许多其他投资方式不同，例如它不像房地产或设备领域这样，投资可以很容易地出售以挽回一些错误决定导致的成本损失。但是对于专利申请来说，一旦它们无法得到有力支撑而被放弃时，其内在价值就立刻降低为零，也就是说该专利申请将不再具有任何价值。

第二种错误，高估了成本导致放弃有价值的保护措施使公司丧失了很多机遇。例如，一项针对亚洲地区的许可协议交易永远不会成为现实，因为在亚洲从来就没有对该产品进行 i 产权保护的先例。也就是说，由于该产品在亚洲国家可以不需要任何授权就被轻易地仿制并出售，所以亚洲地区根本就不需要这项文易。

① Global IP Estimator ™，由 Global IP Net（Kihei，Hawaii）负责设计研发，所使用的数据得到 Global IP Net 的授权许可。

6.1.3 意外的成本波动

对于粗心的企业来说，它们不仅要承担高额的专利费用开支，而且在某一特定的年度里，这项费用开支之高甚至可以“穿破屋顶”。图 6.1 显示的是在 20 年时间里，在选定的一组国家里维持单独一项专利申请每年所要耗费成本的大致情况，这些成本费用反映了美国《专利合作条约》（PCT）与欧洲专利局（EPO）进行审查程序时临时所采取的适度战略，他们在美国、日本、加拿大、澳大利亚、法国、德国、意大利、荷兰、波兰、西班牙以及英国（对这些途径的具体描述可见图 6.5）[①] 等国获取专利时也采用此战略。图 6.2 则显示的是一个为期 20 年的成本情况。假设该公司从第 1 年开始每年提交两项临时专利申请，并且每项专利申请都是在同一组国家里提交的。

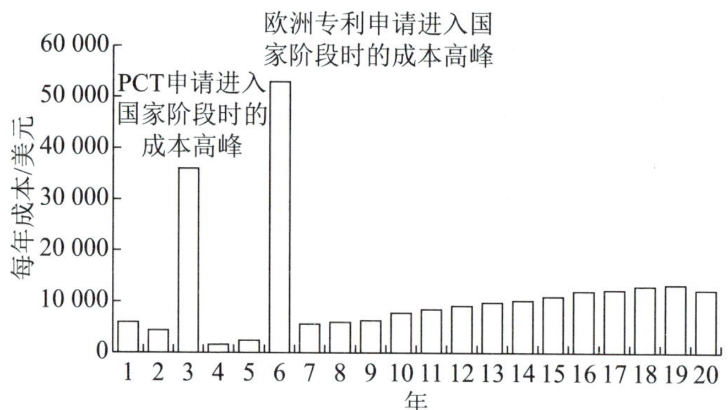

图 6.1 在标准选定的一组国家里提交一项专利申请所需花费的“从摇篮到坟墓”全部成本

① 《专利合作条约》（PCT）受联合国的专门机构——世界知识产权组织的管辖，该条约缔结于 1970 年，并于 1979 年、1984 年和 2001 年进行了相关修订。该专利合作条约通过提交一份“国际”专利申请，通常被称为 PCT 专利申请的方式，就可以同时在大量成员国中的每一个国家里进行专利提交的工作，这一条约促进和推动了对创新成果的专利保护工作。PCT 程序分为两个阶段，国际阶段和国家阶段。在国际阶段，PCT 专利申请是由审查机关从国际层面予以审查；在国家阶段，专利申请将在基于国际审查结果的基础上，从国家层面上进行进一步的审查。而通过 PCT 程序的专利授权都只意味着在国家一级上得到了批准，并不存在国际专利这个概念。欧洲专利局（EPO）是出于对欧洲公民利益的考虑，为了支持创新、提高竞争力以及促进经济增长而成立的组织。该专利局为 37 个欧洲国家的专利申请提供统一的审查工作，它是根据欧洲专利公约于 1973 年成立的组织，该公约于 1977 年开始生效。如需有关 EPO 的更多信息，请至其官方网站查询：www.epo.org/about-us.html。

如图 6.1 所示，成本分布图中出现了两个峰值高点，这对于那些粗心的企业来讲是一个巨大的“惊喜”。第一个成本高点出现在第 3 年，也就是企业在进行国际 PCT 申请的时候（为了建成一个国家专利组合，单项国际专利必须同时在多个国家或地区的专利局提交申请）。这意味着根据我们的取样策略，一家美国企业的 PCT 国际申请将被提交至日本、加拿大、澳大利亚等国的国家专利局以及欧洲地区的专利局，即欧洲专利局。对于一个包含诸多国家在内的全球专利申请战略或者一个包含相同一组国家，但运用多个同族专利保护多个智力成果的全球专利申请战略来说，都将导致公司成本大幅飙升。

由于在欧洲专利局的专利申请进展到国家阶段所导致的第二个成本高峰出现在第 6 年，此时，获得授权批准的专利申请已在每一个选定的欧洲国家里登记在册。大部分成本都花费在了出于需要而被翻译成各种选定国家语言的专利申请上。与 PCT 申请中的国家审查阶段一样，我们取样的欧洲国家审查阶段包含有限的一组欧洲国家：法国、德国、意大利、荷兰、波兰、西班牙和英国。选取更大范围的一组欧洲国家提交申请或者在欧洲提交多个专利申请都会带来一个更大的成本飙升。虽然第一个成本高峰是可以预测得到的，但在向欧洲专利局提交专利申请与欧洲专利局开展国家审查阶段之间的这段时间的长短却是不可预测的，所以出现在第 6 年的成本高峰也可能会出现在第 4、5、6、7 年当中。需要注意的是，就在我们写作本书的过程中，欧盟委员会正在考虑减少或去除翻译成本负担，这也将有助于降低欧洲专利申请国家审查阶段的企业成本。

假设该公司是一家新兴公司，如图 6.2 所示，前两年每年的费用浮动在 10 000 至 25 000 美元之间；然后在第 3 年，该企业的费用突然升至 70 000 到 90 000 美元之间；到了第 6 年左右的时间，该项费用几乎蹿升到 20 万美元。这一数字还只是基于上述申请战略每年仅仅提交 2 项专利申请要花掉的费用。而对于很多新兴公司来说，它们每年需要提交的专利申请可能远不止 2 项，并且它们需要在更多国家采取创新保护措施，远不止我们所列出的这些国家。上述费用还不包括为了全面保护一项技术而进行后续申请所需要的费用（美国专利与商标局目前正试图推行一些新规则，将使后续申请的费用变得更高）。如果不能有效控制成本，那么在短短数年时间里，花在这上面的费用就能超过一家小型企业的所有预算。即使那些每年要提交数十项甚至数百项新专利申请的大型企业也难以逃离巨额专利成本之殇。

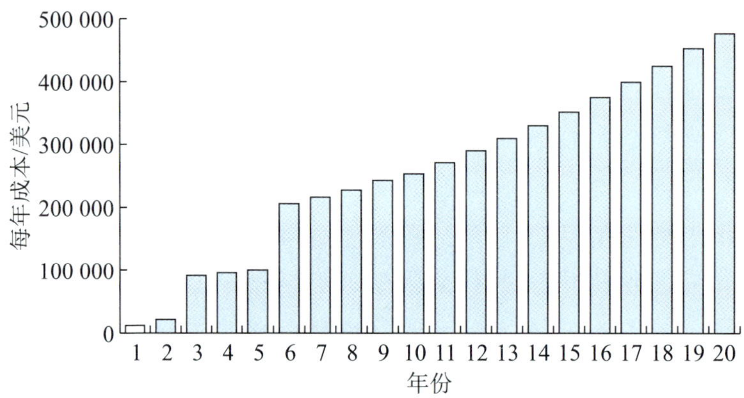

图 6.2　每年提交 2 项临时专利申请，随后再在标准选定的一组国家里提交专利申请的从“摇篮到坟墓”全部累计成本

6.1.4　成本收益分析

显然，鉴于在多个国家保护创新的高额成本，制定一项专利申请战略事关重大。如果未能在主要国家里申请专利保护，可能会导致企业丧失重要机遇，因为在这些没有专利保护的国家里，创新智力成果可以随意地被其他企业模仿复制。然而，没有企业能负担得起在每一个国家里都为自己的创新发明申请专利保护。因而是否在某个特定国家里提交专利申请取决于此项专利申请是否会在该国家产生收益（如果有的话，可以将其与没有任何投入情况下的收入相比较），并且该收益是否超过了保护专利投资的成本。甚至是前文提到过的那份 GAO 报告也将成本问题表述为它取决于“海外专利保护给这家公司带来的收益是否足以证明花在这上面的成本是值得的，诸如增加销量或者提升企业价值。”①

当然，这一表述是否有效要取决于成本这个词本身的含义。如果成本指的是为了获得专利保护而进行的资源投入，那么我们同意将一些专利保护价值确实无法弥补公司投入的国家排除。比方说，如果在特定国家行使专利权没有可能的话，那么为了在这个国家获得专利权而进行的投资是没有价值的；或者如果一件产品在一个国家中没有市场，并且这个国家也不具备该产品或服务的相关的制造能力或市场，那么这项投资也是毫无意义的。

但是，对于大多数创新成果发明来说，即使将这些专利保护投资回报明显无法弥补为了获得专利所投入资源的国家从名单上划掉，也无法使在其余国家里提交专利申请的成本降低到足以满足预算约束的程度。事实上，在许多国家，如果成本仅仅局限在获得专利过程中所投入的资源中，那么拥有一项专利的潜在收益通常几乎是可以与成本持平的。支付 10 000 美元获取一项捷克专利而从中获益 100 万美元听起来是一桩不错的交易，但是，如果这个选择将迫使该公司放弃花费同样 10 000 美元去获得在美国或欧洲的新一代创新发明专利呢？又或者，将这 10 000 美元更好地投资于一项概念验证的批判性研究项目上，结果又会怎么样呢？

一位来自得克萨斯州的首席执行官谈到她所采用的一种直接的方法："首先，决定你需要什么样的专利；接下来，为获得这些专利筹集足够的资金。”实事求是地讲，通过这种方法获得资金实属罕见，而且，如果你没有足够的资金，将会面临很多艰难的抉择。在某些情况下，这项只需花 10 000 美元就能赚 100 万美元的专利可能并不值这个机会成本，因为大多数公司在保护智力成果上所投入的资源有限。毕竟，它们必须将绝大多数资源投入如何将智力成果转化为产品、产品制造以及市场投放等领域中去。一家致力于开发一项包含全球专利组合的 i 产权组合的公司必须决定在哪些国家所能获得的潜在收益能与在专利保护领域里的资源投入相符。为了满足预算约束条

① General Accounting Office，“International Trade：Experts’ Advice for Small Businesses Seeking Foreign Patents，”GAO-03-910，June 26，2003； 也可参见 General Accounting Office，“International Trade：Federal Action Needed to Help Small Businesses Address Foreign Patent Challenges，”GAO-02-789，July 17，2002，2.

件，企业通常还必须从这些国家中圈定一个可能会在最大限度上获得资源投资回报的国家的子集。

机会成本是进行成本收益分析时要考虑的最重要的一种成本，企业必须通过这一分析来决定将多少资金投入智力成果的全球专利保护工作中去。考虑机会成本的最佳方式就是在公司技术和经营战略的基础上来决定一家公司有限资源的哪一部分可以用于智力成果保护工作。然后将预算在这些智力成果之间进行分配，将较大比例的 i 产权预算及企业资源分给更有保护价值的智力成果，而将较小的部分留给其他成果的保护工作。因此，公司是在结合其他投资预算制定的整体环境下来考虑机会成本的，诸如在研发领域的预算制定。虽然这种方式并没有细化一家公司该在 i 产权领域投入多少预算，但也的确没有战略决策制定的经验法则。相对于其他投资而言，i 产权的价值因公司不同而各有差异，这取决于它正在研发的技术种类以及它选择为客户创造价值的战略类型。

一旦预算得到确定，通过评估所有相关的 i 产权就可以做出明智的决策。将这个过程与美国国家卫生研究院的科研补助金制度进行类比来阐释。首先，所有的补助金申请人都要通过一个正式的同行评审流程，申请有可能被接受，也有可能被拒绝；被接受的申请人将会得到一个评审分数，并以此进行排名；申请人按照该顺序依次递减得到资助，直到该预算达到预算底线，而位于该底线之下的申请人将无法得到资助。但在该流程之中也存在一些例外（比如，首次申请人或者有其他特殊情况的申请人）。与此相类似，制定一个全球专利申请战略的流程不但要具有系统性，也要有一定的灵活性。

6.1.5 专利价值何在？

到目前为止，我们已经讨论了成本收益分析中关于成本的部分，接下来，我们转移到收益部分。一项专利的价值在于公司能够从专利中获得的收入与从其他方面获得的收入的差别。或者，正如通用专利公司（General Patent Corporation）知识产权管理企业的首席执行官亚历山大·波尔托拉克所说，

"专利的价值来自'专利'垄断给企业带来的现金流量的增量部分"[①]。当然，企业在作出相关决定时也会遇到许多问题。一方面，对于任何一项专利来说，其有效性都存在一定的不确定性。即使是在拥有成熟并具有可操作性专利制度的发达国家里，一项专利也可能在诉讼期间被宣告无效；竞争对手会基于该项专利可能经不起专利有效诉讼考验这一评估而选择启动相应的竞争性活动。此外，考虑到一项专利 20 年的有效期，以及全球创新与经济发展步伐不断加快，哪怕是采用经典的折现法进行分析，我们也很难预测到一项投资是否会在拥有完善专利体系的发达国家里达到预期收益；而对于那些 20 年前想都没想过的国家（如印度、中国）来说，地理区域层面的分析预测就显得更为艰难了。

幸运的是，当涉及具体的专利申请战略时，这种详细评估工作并不是必要的。相反，在给定专利保护工作预算的前提下，企业应该通过考虑一些潜在价值的替代性指标及其他相关因素将那些能申请专利保护的国家进行排名。这样的替代性指标可以是根据购买力平价调整后的国内生产总值（PPP-GDP）。PPP-GDP 主要是将各国的 GDP 按一定规模的购买力所进行的比较，表明一国的经济产出可以有多大的购买力。在其他因素（例如，知识产权法以及强制执行措施的力度等）相同的情况下，一个拥有更大 PPP-GDP 的经济体相较于拥有较低 PPP-GDP 的经济体而言，很可能会给专利持有人带来更多价值。但是，特定的市场数据或产品预计销售量可能会是更好的衡量指标，本章稍后会进行进一步探讨。

图 6.3 解释了在一些国家里获得及维持专利保护的成本与该国 PPP-GDP 之间的关系。相对于图中所示的其他国家，在美国进行专利保护显然是一笔不错的交易，因为在美国获得专利保护的成本较低而美国的 PPP-GDP 数值却较高；而相较于以色列、澳大利亚和加拿大来说，在捷克共和国进行专利保护就算不上是一笔那么好的交易，因为这二个国家的专利保护成本低而其

① Alexander Poltorak，"On Patent Trolls and Other Myths，" in *Making Innovation Pay: People Who Turn IP into Shareholder Value*，ed. Bruce Berman（Hoboken，NJ：John Wiley & Sons，Inc.，2006），60.

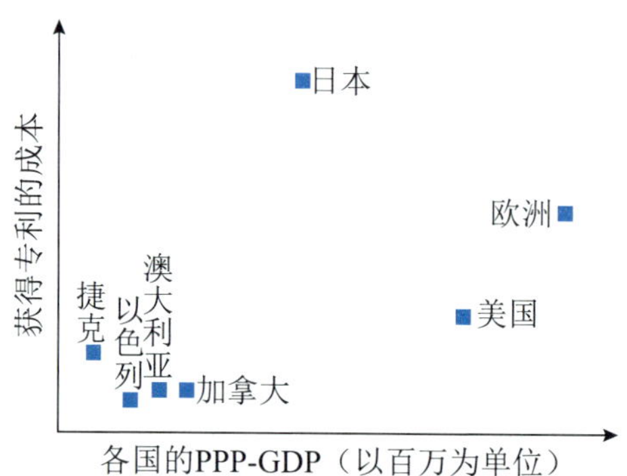

图 6.3　一组代表性国家的专利成本与其根据购买力平价调整后的国内生产总值之间的比较

PPP-GDP 的数值却很高。因此，当制定一项全球专利申请战略时，绘制一个类似的图表会是很有帮助的，它可以将获得和维持专利保护的成本与公司产品在目标国家的市场价值（或者能同比反映产品市场价值的替代指标）进行比较。

6.2　制定全球战略

制定一项全球专利申请战略需要考虑许多复杂问题。但如果每当出现一个被认为是专利保护的智力成果时，都要将这些问题重新透彻分析一遍的话，那么对于一家企业来说这几乎是不可能的。但这恰恰也正是大多数企业所采用的办法。事实上，他们不仅试图在每一次必须做出一项国际专利决策时都进行这种分析，而且也常常将这一工作压缩成到截止期限前的 15 至 20 分钟。结果可想而知，无非在这几年时间当中，企业开发了一个国际专利组合并对那些不值得投资的国家进行专利投资，而在一些能给企业提供大量投资价值的专利保护却被忽略了。为了避免这类失误，在专利律师缠着你恳求一份国家申请清单之前建立一个全球专利申请战略流程是很有价值的，该流程应将大量的复杂因素考虑在内，并提供一个适应公司理念的简化评估流程。

专利申请过程包含各种截止日期，部分重要的截止日期包括：

- 决定是否提交 PCT 国际申请
- 决定是否在非 PCT 成员国家里提交专利申请
- 根据 PCT 申请提交国家专利申请
- 根据 EPO 申请在欧洲国家申请注册

一旦错过提交相应文件的最后期限，公司相关的专利权将永久性地丧失、不复存在、归零、一去不复返了。因此，实施一项有效的专利战略过程中最困难的方面就在于如何掌握决策的时机。因此，相较于在截止期限到来之前经过深思熟虑的决定，在最后一刻承受巨大压力所作出的决定有些差强人意。

专利公司通常使用记事系统来跟踪提交申请的截止期限。如果你的专利律师像绝大多数律师一样，那么他或她一般会坐在办公室里，拿着一份写满最后期限的完整清单，挑出重要的截止日期，并寄出一连串数不清的无关信件，通知你最后期限就要到了，当然，每一封信都会收取您的费用。如果你也如同其他大多数客户一样的话，那么这些信件会在你办公室的某个角落里专门用来堆放专利律师信件的纸堆上飞舞。就本质上而言，这就像是你雇用专利律师来弄乱你的办公室。从理论上讲，如果你因错失最后期限而丧失重要的专利权利，这种做法将保护专利律师免于承担法律责任。但实际上，这一过程是将有关截止日期的一组有用的、经过编辑的信息变成了一组没什么用处的、零散的信息，想要使这些信息真正发挥作用，你就必须将它们重新编辑为一份新的清单列表。

那么，为什么不跳过这一效率低下的过程，直接向你的专利律师要一份下一年度的全球专利战略决策清单呢？有了这份清单，你就可以安排合适的决策者出席每月的例会来解决成本问题及其他问题，并确保这些重要的、投资巨大的决策在截止日期之前就被确定下来以充分发挥这些专利战略的优势。专利律师可能会拒绝你的要求，但记住，你才是埋单的人。并且，在最后，我们要问的是，难道你的专利律师没有在这个能使你更容易赶上截止日期并避免丧失专利权利的工作交流方式中受到了更多保护吗？

许多公司都是在发现不断涌入的账单时，才意识到它们对全球专利申请战略的迫切需求。随着团队收集相关信息并组织合适的决策制定者来反映能力、机遇以及价值各方面的要求，建立这一战略需要一个初步的时间规划，并考虑在各个国家中对这些智力成果进行专利保护的价值所在，再制定一个与专利申请流程时间安排同步的计划书。然而，随着企业决策流程化，减少了临时决策，降低了专利成本，并建立了一个能将专利“筹码”妥善置于全球专利竞技场之上的战略导向的专利组合，初期的时间投资可以给企业带来巨大的红利。

6.2.1 评估竞争对手的战略

在各个行业甚至同一行业的不同产品之间，专利的地理分布也大不相同。要想知道某一特定行业的专利在各个国家里的价值，可采用的方式之一就是在涵盖所有成功对手的同类产品范围内对关键专利进行一次全球范围的专利检索，图 6.4 大致展示了一组来自竞争对手企业的专利申请战略，阴影颜色越深，表示该企业在相应国家里提交的专利申请数量就越多。类似的图表也可以从地理位置层面显示相关企业在不同技术领域中专利集中程度。这类分析为企业制定全球专利申请战略提供了一个决策基准，当然，严谨的 i 产权公司还会在基准线之上进行思考，比如考虑它们的竞争对手是否正在同类专利上孤注一掷，或者自己的竞争对手是否错失了某些机遇。

除对特定行业或特定产品进行的分析外，可专利性、专利强度以及市场规模等其他因素也都因国家而异。诸如美国、日本以及一些西欧国家，一直就拥有强大的专利保护制度以及巨大的市场；而诸如印度、中国等国家，虽拥有巨大的市场，但专利保护力度相对较弱；当然，还有一些其他国家，它们不仅拥有的市场较小，而且保护力度也较弱。但是，这一格局在专利审理未决期间或者在授权专利 20 年的有效期之内预期会发生改变，这就使情况变得更为复杂。尽管这些都是难以解决的问题，但花些时间来制定一项全球专利申请战略是非常值得的，因为这可能会使企业避免犯一些代价高昂的错误。

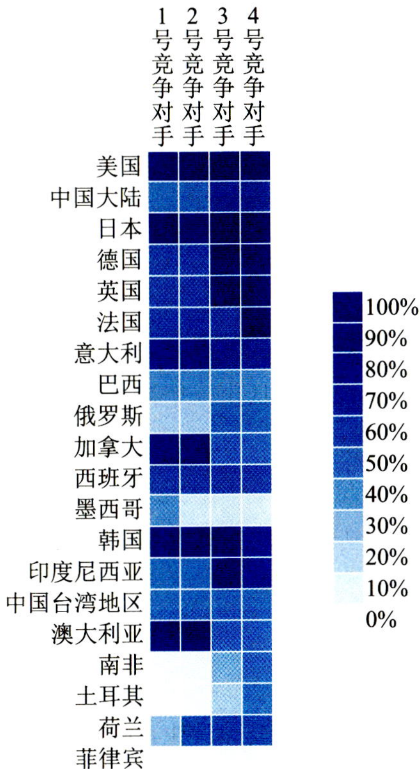

图 6.4　竞争对手的全球申请战略一览

6.2.2　评估现有专利组合

对于已经拥有一组专利及专利申请组合的公司来讲，实施全球专利申请战略的第一步就是将这一战略应用到专利组合中去。那么，企业拥有哪些专利可以作为筹码呢？把这些筹码置于全球竞技场上的哪个位置上呢？还记得那些你聘用的外国专利代理人吗？这项全球专利申请战略能反映出削减或消除特定国家里的专利费用这一需求吗？这样公司就可以把资源能集中投入那些能给企业带来更多回报的国家或者投入其他非专利领域，诸如研发领域、人才聘用领域，或者重要的实物资产领域。企业能够通过对外授权许可或者售卖部分现有专利组合以迅速获取收入吗？通过放弃对那些不值当的现有专利申请的投资，企业可以释放更多资金用于保护其他智力成果，投资到 i 产权以外的领域，以及支撑那些需要风险投资的存活到公司下一轮融资。

6.3 决策范式

考虑到这些因素，我们现在概括出一个简易合理、循序渐进的方式来制定海外专利申请战略：

1. 确定智力成果的相对价值。

2. 基于比较，制定全球专利战略矩阵（见第 7 章）：

a. 每个国家的所需成本

b. 每个国家的市场潜力

c. 每个国家的执行风险

3. 依据受保护产品的现有特点及预计生命周期，运用全球专利战略矩阵选出一组国家，显示资源投资部署所能带来的最高价值。

4. 对选出的国家进行评估，确定是否需要其他的战略性考虑——在是否需要在名单上削减或添加一些特定国家方面提出建议（例如，在第 3 步中未被纳入考虑的市场增长这一可能性）。

我们将在本章的剩余部分探讨第 1 步，在第 7 章中探讨第 2 步到第 4 步。

6.3.1 确定相对价值

我们的决策范式始于为那些正被考虑是否需要申请专利保护的智力成果确立一个相对价值。确定相对价值需要根据评价参数一致、书面成文的评估方法来审查每一项智力成果。本书第 11 章将对智力成果的评分体系展开相关讨论。此外，评价参数也应依据企业的经营战略而定。在评估中，每项智力成果都将根据设定参数获得相应分数，由此，企业的智力成果将按照评估后的总分数进行分类，这样，每项智力成果都会在企业经营战略的重要性等级中获得一个相对位置。

通过成文的智力成果评价方法可以使公司定期检测并不断完善这一评价方法的一些假设条件，该评价方法应该随着企业战略需要的发展而发展。比方说，如果这家公司把售后维修工作变成企业产生利润的重要环节，那么与售后维修服务相关的智力成果就可能变得更有价值，也应该获得更多投资。

你能将自己专利组合中的所有专利按重要程度依次排序吗？

此外，相对于那些个别决策者可能会采用不同评价标准的临时方法而言，一个书面成文且常规性应用的评价方法可以得到具备内在一致性的有效评估值。通过定期评估智力成果，公司可以决定某些因素的改变是否需要对评价方法进行修订，并对智力成果保护战略作出改变。例如，企业可能发现去年评估的一项智力成果从技术层面上难以实现，那么在今年的再次评估中就应该降低这项成果在公司排序清单上的名次，也许名次低到可能会导致所有与之相关的 i 产权费用都被停止。但通过这次评估，去年被认为是实现不佳的成果就可能找到了一种成本低廉而又简易可行的实现方法，那么此次的再评估工作就可能在新近实现的智力成果保护方面增加投入。

6.3.2　根据价值进行投资调整

无论是对于一家刚起步的、正积极地对自己的专利组合未来发展进行规划的企业，还是一家正对一项新的专利组合战略重新进行评估的企业来讲，将智力成果进行排序都是非常有用的。如图 6.5 所示，经过排序的智力成果能够按分数分组并对其进行不同水平的投资定位。该图是一个简单的全球专利申请战略示例，该战略将申请保护的智力成果分成了三类：低价值、中等价值以及高价值。比方说，这家企业将 100 项智力成果进行排序，并决定得分最高的 35 项智力成果可以获得专利保护投资。其中 10 项为高价值成果，20 项为中等价值成果，最后 5 项为低价值成果，这些低价值成果具备一定潜力将自己的排名前移，而这取决于与这些智力成果有关的其他工作结果。

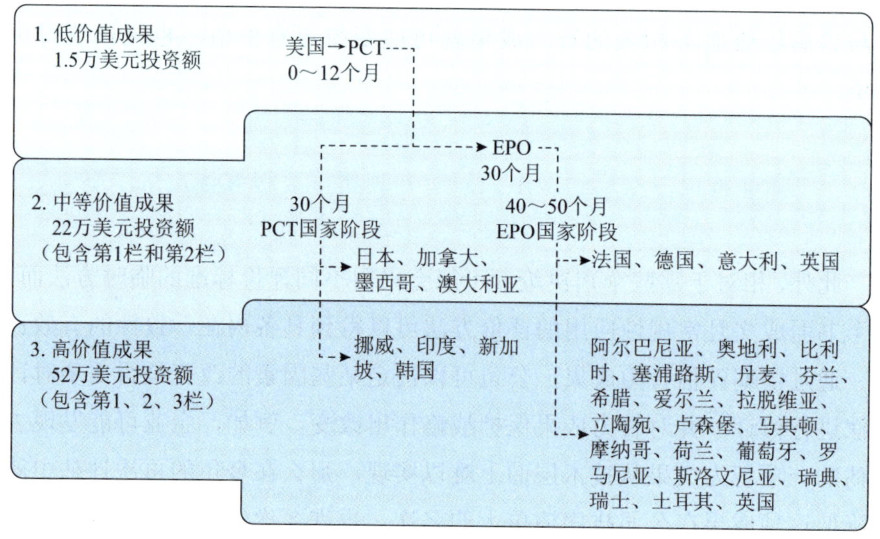

图 6.5　全球专利战略示例

图中标示的美元金额指的是为实施所选战略所需花费的“从摇篮到坟墓”的全部潜在成本。将这些数字摆到决策制定者的面前是很重要的，这样，他们在确定某项智力成果的投资保护水平时才能理解自己要负什么样的责任；然而，在某些情况下，少于“从摇篮到坟墓”的成本就已经足够了。例如，一家计划在三年之内卖掉专利组合的新兴企业花费最大的成本就是维持三年该专利组合所需的成本花费。

图中列出的国家是全球专利申请战略的一个示例，在该战略中，用于保护智力成果的专利申请会依据其价值在所列国家中提交相关文件。高价值的智力成果将会在第 1、2、3 栏列出的国家中提交申请，中等价值的智力成果在第 1、2 栏列出的国家中提交申请，而低价值的智力成果则只在第 1 栏列出的国家中提交申请。

对于那些低价值的智力成果，公司需要提交一份临时专利申请及一份 PCT 专利申请，但以上两者实际并不会产生任何专利授权。如果要想从这两种申请中获得专利授权，企业必须在先前申请的基础上提交正式的国家专利申请文件。在临时申请和 PCT 申请过程中的投资可以使公司在全球各国申请专利保护上留有选择的余地。因此，除非一项低价值成果通过重新评估上移到中等价值或者高价值区间，否则，它将不会获得除最初专利投资之外的其他任何投资。

6.3.3　时间进度与再次评估

正如我们将在第 12 章进一步所讨论的那样，世界上大多数国家的专利制度都采用申请在先原则，意思是如果有两家公司就同一项发明提交专利申请，那么先提交专利申请的公司享有优先权。出于急于向专利局提交专利申请的需要，很多智力成果往往在充分评估其商业价值之前就要提交专利申请。例如，受专利保护的某产品在提交专利申请时往往还处于其早期概念阶段。即使公司也许知道如何将一项智力成果转化为现实，但也可能由于实现起来过于昂贵而不具备商业可行性；而且，公司需要数月乃至数年的时间来了解是否有可能将成本控制在一定范围内，使产品定价于一个市场能接受的水平。幸运的是，世界各地的专利制度都有其时间进度安排，因此，用于各国专利保护的资金将被分散在数年时间之中分期进行投资。虽然这种灵活性确实可以减轻企业压力，但却也并不会让这个过程变得多么轻松容易。

以图 6.5 所示的申请战略为例进行说明。国际专利保护申请可以从成本廉价的国家申请开始进行，此处以美国为代表，以 0 个月（“优先权日”）为起点在美国提交一项临时专利申请，该临时专利申请可以确立一个提交日期并给申请人一年的时间来进一步开发和测试这一受保护成果。如果与此成果有关的研究推进迅速，那么在这一年时间里继续提交多项临时专利申请是非常有用的，新增的每一项申请都可以为该成果的新增细节提供保护。

从优先权日起的12个月内，申请人可以根据第0个月时提交的临时专利申请（或者在第0、4、8个月或其他时间提交的多项临时申请），按照《专利合作条约》提交一份国际专利申请，这将确保该成果从优先权日起的30个月内在世界上的大多数国家里受到保护。

在第30个月时，这份国际专利申请必须进入PCT“国家阶段”，否则所有权利都将丧失。根据图中所示的专利战略，进入PCT“国家阶段”意味着从属于中等价值的成果必须在日本、加拿大、墨西哥、澳大利亚以及欧洲专利局（EPO）提交申请，而从属于高价值的成果则必须在挪威、印度、新加坡和韩国提交申请。

欧洲专利申请将在欧洲国家里一直保持有效，直至进入欧洲“国家阶段”，这通常发生在自优先权日起的第40～50个月。根据所示战略，这意味着该申请要进入法国、德国、意大利和英国，而且对于高价值成果而言，还要进入第3栏中所示的所有欧洲国家。

如果延迟费用支付是公司的一项重要目标，那么各国也都有其他额外机制对此回应。比如在一些国家里，这一成本高昂的审查流程会在申请人提出审查要求时才开始启动。

根据前文所述的时间进度要求，在这一过程中的数个时间节点上对受保护成果再次开展的评估工作显得非常有意义，例如，成果可以在下列截止日期之前进行再次评估：

- 对于进入PCT流程而言，第12个月的最后截止日期
- 对于进入PCT“国家阶段”而言，第30个月的最后截止日期
- 对于进入欧洲“国家阶段”而言，第40～50个月的最后截止日期

在每次重新评估工作中，我们的目标都是为公司提供有关该成果的最佳评估结果，以避免过度投资或投资不足这两种失误的出现。重新评估的结果可能会使公司放弃相关专利申请，停止进一步费用投入，或者导致既定申请战术上的改变以及所需投资方面的调整。

6.4　全球组合价值的最大化

在全球经济中，基于自身实力对新颖成果进行构思及实施的公司可以通过采用有效的全球专利申请战略的方式保护并维持这些成果赋予公司的竞争优势，如果一家企业没有充分考虑国际专利保护领域里的工作，那么它将面临错失市场保护机遇的风险，以及 / 或者错失获取对外授权转让收入的风险。但是，在全球范围进行专利申请的开支巨大，没有做好准备的公司在面对不断涌入的发票单据时会发现这种“惊喜”并不那么令人愉快。那些意图使其专利组合价值最大化的公司必须关注自己每一项保护成果的价值，并确保对每项成果的投资金额都与其价值成正比。它也必须开展针对每一个国家的专利保护价值评估以确保这项投资能使其全球组合价值最大化。在做出实际决策之前，企业就应该制定出一个构思周密、书面成文、契合企业发展需要的全球专利申请战略。并且，该战略必须要定期进行修订以确保它能持续支撑企业不断变化的业务需求。因此，愿意花时间来制定这样一个战略的公司能够在避免代价高昂的错误以及意外费用开支的同时最大程度地获得专利组合的投资回报。

第 7 章

全球矩阵：i产权投资回报最大化

全球专利战略矩阵是帮助公司最大限度地获取其全球专利组合投资效益的简单工具。该矩阵是基于这样一个假设，我们在第 6 章中已详细讨论，即专利投资所面临的主要问题并不是讨论花在该专利上的投资是否值得——因为这一问题经常被单独讨论；相反，面临的主要问题应该是当一家公司需要平衡其在人才领域、研发领域、设备领域等其他领域中的投资与其在 i 产权领域中所进行的投资时，如何通过投入有限预算最大限度地获取投资回报。为了找出一组代表最佳投资地点的国家，我们要对每一个国家都从以下三个方面来考虑是否值得对其进行投资：

1. 专利成本。获得一项专利所需花费的成本
2. 受保护的市场。受保护的市场所具备的潜在价值
3. 执法可能性。能有效行使专利权的可能性

7.1　开发全球专利战略矩阵

如图 7.1 所示，我们可以用这三个因素创建一个全球专利战略矩阵。在该矩阵中，y 轴是按照市场保护价值将各个国家进行区分，表示每一美元的专利成本所能保护的市场。从每一美元的投资中预期获得的购买力大小随着市场保护价值的上升而上升。x 轴是按照有效执法可能性的大小将各个国家进行区分，有效执法的可能性从右至左依次递增。因此，矩阵左上角单元格所包含的国家拥有最高的市场保护价值和最大的有效执法可能性（即：进行专利保护投资的最佳及最可靠的地点），矩阵右下角单元格

所包含的国家拥有最低的市场保护价值和最小的有效执法可能性（即：最差也最不可靠的投资地点）。

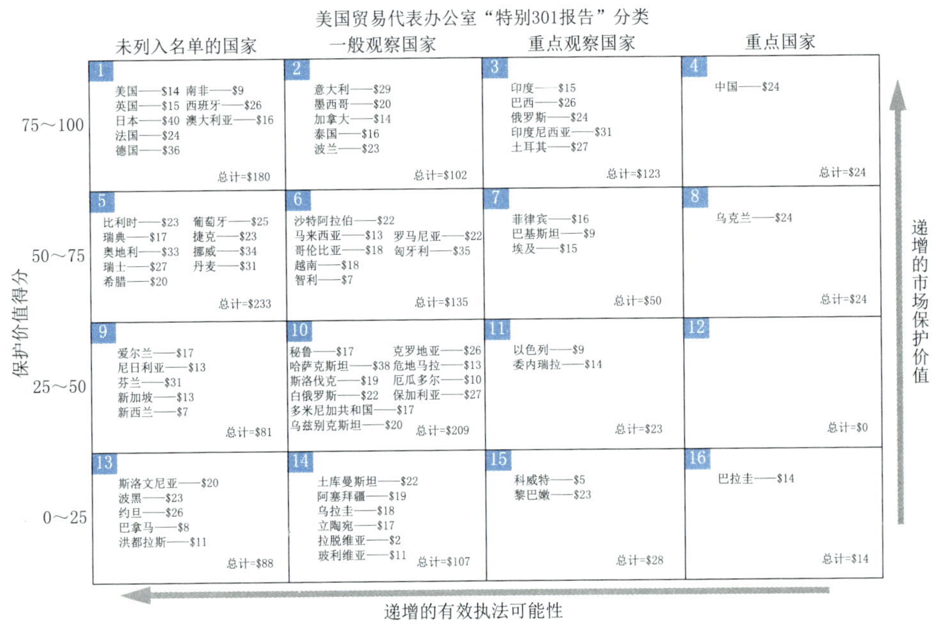

图 7.1 全球专利战略矩阵（单位：千美元）

正如我们进一步所讨论的那样，全球专利战略矩阵是一个非常灵活的工具，它可以根据任何企业的战略进行调整。接下来，我们将介绍如何构建一个战略矩阵。

7.1.1 专利成本评估

在筹划全球专利战略矩阵过程中，考虑的首要因素就是专利成本因素。我们在专利战略规划中遇到的最棘手的问题之一就是专利成本的预算问题，专利预算具有高度的不可预测性，部分是由于创新进展的不可预测性。专利申请一般会在多个国家进行提交，每一国都有自己的定价体系、审查程序以及时间安排。一些成本，诸如由各国专利局收取的专利维持费等，在各国的收费体系中已被常规固定化，因此可以较为容易地进行估算；同时，对其他成本的变化也可以进行预测，例如，各国的申请费和授权费往往是根据其专利申请的页数、权利要求的项数以及 / 或者图纸的数量而有所变化。当然，还有一些其他成本的变化从时间角度和成本开支角度都是不可预测的（或至少是相对不可预测的）。

成本变化不可预测的事例之一，就是专利审查员在案件审理过程中给申请人发出必须作出答复的官方通知书时所发生的相关成本。这类官方通知通常在各国的专利申请审理过程中发生一到三次。答复的成本也根据审查员提出问题的数量及复杂程度而有所不同。官方通知的时间及准备答复的时间从数月到数年不等，这主要与每个专利局的整体工作积压量、某个特定技术申请审查小组的工作积压量、被分派过来审查该案件的某个审查员的个人特质有关，此外，在某些国家中，这也与提出审查请求的时间有关。准备答复的成本与时间长短取决于很多因素，比如待处理案件的数量、收费水平，处理该案件的国外代理人及申请人在本地的律师的工作效率，以及协助作出答复工作的管理人员、科学家及员工的响应能力。

尽管存在各种偶然情况，但合理的预测与规划专利预算既是可能的，也是必须的。总部设于檀香山的 Global IP Net 公司已经有效地解决了这一难题。全球 IP 网公司从专利代理人和各国专利局手中取得最新的成本预测数据库并将这些信息编为一个名为“Global IP Estimator”的软件程序，通过此程序即可对世界各地的专利成本费用进行一个相对准确的预测。本书就是采用这款软件来进行相关预测的。

当我们将专利成本作为全球专利战略矩阵的一个分析要素时，这一成本可以从只包括最初的申请费用到包括一组周期时间内的总成本，甚至包括“从摇篮到坟墓”的整个 20 年专利有效期间的总成本。在第 6 章中曾经提到过的 GAO 报告也强调在预测公司的国外专利申请成本时，需要考虑该申请“从摇篮到坟墓”的总成本，这是一项非常好的建议——尤其对于那些计划在整个相关专利期限内都维持该专利的成熟企业而言。鉴于相关专利期限根据产品的生命周期长短而各有不同，因此，比如对于新型药物等产品而言，它们具有较长开发周期或产品生命周期，其相关成本可能就需要包括整个 20 年的"从摇篮到坟墓"的全部成本。图 7.1 中的矩阵就显示了这类专利成本。

但在一些情况下，构建一个少于"从摇篮到坟墓"全部成本的矩阵也可能是非常有意义的。因为对于一些较短生命周期的产品而言，它"从摇篮到坟墓"的全部成本可能只包括在产品生命周期之内要维持专利有效性的必需成本，此后公司可能就会放弃该专利。同样，对于一家将战略定位于建立起一个有价值的专利组合并在三五年之内卖掉该公司的创业企业来讲，它就可能希望只计算"从摇篮到坟墓"全部成本中能够维持到卖出该公司的时候的部分必需成本即可。此外，在一个较短的时间长度上进行操作也可能给公司带来帮助，比如说，构建一个一到三年的矩阵对专利投资的初始阶段进行评估。三年之后，公司可以重新再建一个矩阵，对三到六年的成本从一个新起点上进行新一轮评估。在这个第二轮评估中，随着预算时间进度表的推进，可以通过该矩阵来评估将哪些国家从名单上删掉。这种分阶段的操作方法能否成功，主要取决于高效的 i 产权团队对公司的 i 产权组合进行正规的、有条不紊的、循环的审查。

7.1.2 评估受保护的市场

在制订全球专利战略矩阵时，第二个要考虑的是"受保护的市场"这一因素，该因素被用来计算保护价值分数。考虑到通过专利申请对相关市场价值进行保护，市场保护因素给每一个国家都提供一个相对的衡量标准。各国的价值并不需要非常精确，它们只需要能在彼此之间排出一个准确的顺序就可以。比如说，在矩阵示例中，基于 PPP-GDP 与各国的产品销售量大致是成正比的这一假设，我们使用 PPP-GDP 来替代实际市场数据。尽管在许多情况下，这种假设可能并不是真实的，但用在这里来解释矩阵方法却是很有用的。我们将"从摇篮到坟墓"的全部成本作为我们的专利成本，除以代表市场保护价值的 PPP-GDP，这样就可以得到一个市场保护价值分数，它大致上对应的是投资于各国专利保护领域中的每一美元所能带来的价值。根据在一国专利保护的划算程度，市场保护价值将各国进行了分类，越是划算，这个国家在矩阵上的位置就越会向上方移动。

所示矩阵并没有将特定国家的行业和市场因素考虑在内，这些因素能极大地影响一国市场评估的状况。在实际应用中，相对估值的准确性和市场保护价值得分的可靠性很大程度上取决于市场保护价值数据的相对准确性。例如，一家申请家用电锯专利的企业可以通过 PPP-GDP 数据对各国进行比较以更好地评估市场情况。如果想要评估得更精确一些，那么可以对每一个国家的家用电动工具消费量进行比较；如果觉得还不够精确，也可以对每一个国家的家用电锯消费量进行比较；而如果要得到一个最为精确的评估结果，就需要在每一个目标国家里对有专利保护和没有专利保护两种情况下的预期产品收益之间的差别进行准确的预测。

投资于专利保护的每一美元的购买力在各国之间差异巨大。例如，我们想要在欧洲依据欧洲专利申请的程序使一项专利获得欧洲专利局的批准，需要在截止日期到来之前向每一个欧洲国家提交相关文件，并要对相关文件进行适当翻译以确保该专利在每一个欧洲国家里都获得专利保护。一项专利在欧洲国家获得批准的成本除以 PPP-GDP 的值就等于市场保护价值的分数，按此分数进行分类，就显示出在保护各国 PPP-GDP 上的一种巨大的成本差异。

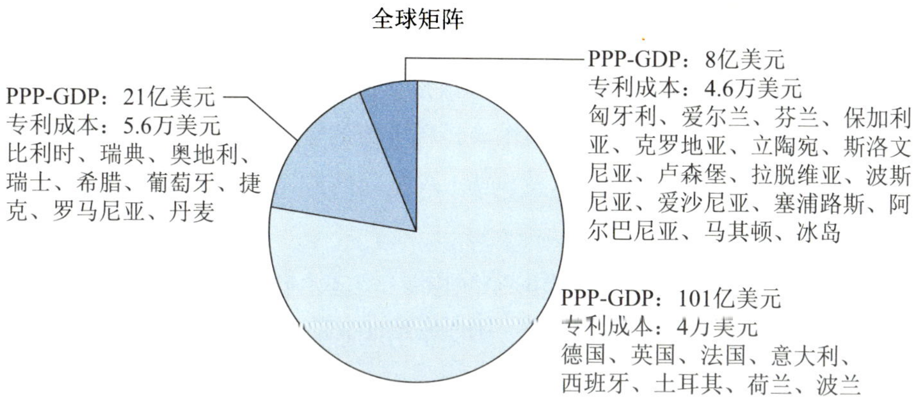

图 7.2　按购买力平价调整后的欧洲国家 GDP 与专利获取成本

例如，通过使用 Global IP Estimator 这一软件进行分析，我们估计在所有可能的欧洲国家批准一份长达 75 页的英文专利申请所需成本大约为 15.4 万美元。我们将从具有最高市场保护价值的一组国家里开始投资，然后转向市场保护价值最低的一组国家，我们发现，第一组欧洲国家有高达 101 亿美元的 PPP-GDP，需要 4 万美元的专利保护成本（见图 7.2），第二组国家有 21 亿美元的 PPP-GDP，需要 5.6 万美元的专利保护成本，最后一组国家有 8 亿美元的 PPP-GDP，需要 4.6 万美元的专利保护成本。大致来讲，前 1/3 的投资可以为欧洲 2/3 的 GDP 提供专利保护，而最后 1/3 的投资只能为欧洲 6% 的 GDP 提供专利保护。

7.1.3 评估实施的可行性

全球专利战略矩阵的 y 轴是基于一项专利在该国能够得到实施的可能性对各个国家进行了一定区分。我们还要强调的是，尽管为这种实施可能性制定衡量标准有些难度，但是我们可以利用“特别 301 报告”来获得一些帮助。[①] 该报告是通过对美国贸易代表办公室广泛收集的信息及各行业报告信息进行一定分析后，由美国贸易代表办公室发布的年度报告书。它对 90 个国家里的 i 产权保护的充分性与有效性进行了相对细致的审查，并基于各国 i 产权保护的完善程度、实施力度以及是否对依赖于该保护的个人提供公平的市场准入机会将这些国家进行分类。尽管该报告的目的是迫使其他国家履行 i 产权的相关国际义务，但它也能够作为一种有用的资源，帮助我们识别潜在的知识产权问题（如成本问题以及风险 / 收益问题），并为公司推进全球业务及知识产权战略提供机遇。

在 2007 年的报告中，明确指出 43 个国家存在重大问题，并将其归为四大类：

（1）受 306 条款监督国家。指的是在过去的报告中就曾被认为存在一

① 美国贸易代表办公室，“Special 301 Review，2007，” www.ustr.gov/Document_Library/Reports_Publications/2007/2007_Special_301_Review/Section_Index.html. 另请注意，图 7.1 中矩阵的资料来源是“Special 301 Review，2006”。

些具体问题，且已与美国就这些问题签署双边协定的国家。

（2）重点国家。指的是实施最严重或者最恶劣的政策以至于给美国知识产权持有人或美国产品带来最为不利影响的国家。

（3）重点观察名单。指的是未能给依赖 i 产权保护的国家提供充分保护或足够的执行力度以及公平的市场准入机会的一类国家。

（4）一般观察名单。指的是需要给予双边关注以解决潜在知识产权问题的一类国家。

该矩阵也需要对实施的可行性进行评估，图 7.1 中所示范例就根据“特别 301 报告”按照逐级递减的有效实施可能性将这些国家分为四组：

（1）未列入名单的国家。未列入“特别 301 报告”的国家被认为在专利领域具有最高的有效实施可能性。

（2）一般观察名单。相较于未列入名单的国家而言，这类国家被认为具有较低的有效实施可能性。

（3）重点观察名单。相较于一般观察名单上的国家而言，这类国家被认为具有更低的有效实施可能性。

（4）重点国家。这类国家被认为具有最低的有效实施可能性。

将这份 301 条款报告作为矩阵评估的基础有利有弊。首先，该报告并不是出于此目的而编写的，其目的是为了给一些国家施加压力使其遵守国际知识产权标准，而施压与否的决定除涉及实施的可能性之外，还涉及很多政治和实际情况的考量因素。比方说，该报告中并没有提及巴拿马这个国家，这是由于巴拿马一贯出色的 i 产权执行情况吗？或者是因为巴拿马的经济体量过小还不足以列入该报告之中？还是因为巴拿马不是相关协定的缔约国？但不论如何，这份报告都收集了大量信息，而对于一家想要单独收集该信息的公司来讲耗资巨大，而且这份报告对于评估很多国家实施可行性是一个良好的起点。此外，如果根据特定国家利益的额外信息进行数据调整，也可以提高矩阵相关评估值的准确性及价值。

7.2 依据产品战略制定专利战略

图 7.1 中所示矩阵上的国家都标注了其“从摇篮到坟墓”的全部专利成本，并从高到低（不论是从矩阵整体上计算还是按每个单元格计算）按递减的市场保护价值进行排序，从左至右按递减的有效实施可能性进行排序。按照“从摇篮到坟墓”的全部成本 / PPP-GDP 这一方式分析计算，美国是这一计算结果所代表的最佳投资地，排在其后的有英国、日本、法国等国。

如果一家公司在给定预算的前提下想要为自己的专利选择一组国家提交专利申请，那么矩阵工具将是很有帮助的。例如，如果一个特定项目的“从摇篮到坟墓”的专利预算为 18 万美元，那么，依据该矩阵所示，最佳的专利战略就是在 1 号单元格所列的国家里提交专利申请。根据受保护产品或技术的特性，该矩阵可用于实现各种战略方案。图 7.3 就显示了三种可使用该矩阵的战略方案。

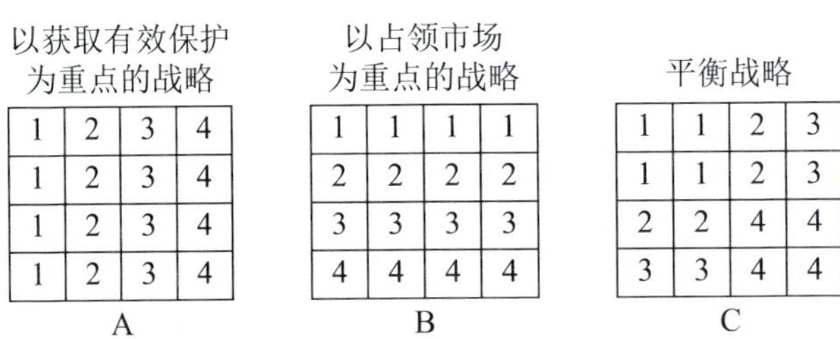

图 7.3 制定全球专利申请战略

（1）以获取有效保护为重点的战略。寻找适合的且具有最高实施可能性的国家（例如，对于生命周期较短的产品而言，一国执行环境的预期改善所带来的影响简直遥不可及）。

（2）以占领市场为重点的战略。假定在 20 多年时间里，新兴国家持续改善的专利保护状况能将投资于生命周期较长产品身上的每一美元在最大程度上锁定市场规模。

（3）平衡战略。致力于寻找那些既拥有最强的保护力度，又能使每一美元的投资都获得最大市场保护价值的国家。

在每种情况下，用于保护特定智力成果的专利申请都会在基于该成果所具备的价值的大量国家里申请专利保护。对于低价值成果，只会在第一层单元格所列的国家里为其提交专利申请，而对于高价值成果，还会在第二、三、四层的国家里为其提交专利申请。如果公司在四个层次上的所有国家里都为该成果提交了专利申请，就表明这基本上是一个全面申请战略，但只是对那些具备最大潜在价值的成果才采用这一战略。

7.2.1　以获取有效保护为重点的战略

对于一项产品生命周期较短的智力成果来讲，采用以获取有效保护为重点的战略可能是最为适合的。该战略的目标是要找到一组国家，使专利在这些存在最大程度的有效实施可能性的国家里获得有效保护。因此我们可以着眼于矩阵最左侧一栏单元格里所列出的国家，在这些国家里的有效实施可能性相对较高。举例来说，如果“从摇篮到坟墓”的专利预算为 50 万美元，那么，根据图 7.1 和图 7.3A 所示，以获取有效保护为导向的最佳方案就是在图 7.1 的 1 号单元格和 5 号单元格所列的国家、以及 9 号单元格所列的爱尔兰提交专利申请，“从摇篮到坟墓”的总成本大约为 44.2 万美元。

7.2.2　以占领市场为重点的战略

从长远来看，在诸如印度和中国等国的市场执行状况持续改善的情况下，在这些国家申请专利也可以较为容易地实现。那么对于拥有较长生命周期的产品来说，如果其生命周期可能接近专利 20 年的有效期时长，甚至可能还超过 20 年，则企业所应采用的一种明智的战略，就是把重点放在从投资专利保护的每一美元身上最大限度地锁定市场规模上，而不是当前该国的有效执行力度上。如图 7.3B 所示，这一战略包括在矩阵的第一行单元格所列的国家里提交专利申请。以“从摇篮到坟墓”的专利预算为50万美元为例，根据图7.1和图7.3B所示，以占领市场为导向的最佳方案就是在图7.1中1、2、3、4号单元格所列国家、以及5号单元格所列的瑞典提交专利申请，则“从摇篮到坟墓”的总成本为44.2万美元。

7.2.3 平衡战略

在某些情况下，我们可能也想采用一种兼顾专利保护实施力度与进入市场难度的战略，该战略如图7.3C所示。如果“从摇篮到坟墓”的专利预算为50万美元，那么根据图7.1和7.3C，平衡战略就是除去丹麦或者波兰，在图7.1中1、2、5号单元格所列的国家里提交专利申请，则“从摇篮到坟墓”的总成本不超过50万美元。

7.3 进行现实检验

即使我们基于前文所讨论的考量因素已经选择了一个战略，通过该战略所选出的国家也必须不断经受现实情况的检验。决策者必须根据现有的业务知识、竞争对手情况、政治因素，经济发展趋势以及公司目标，确认该战略所选出的国家是否应该被排除在外，而更重要的是，被该战略排除在外的哪个国家是否本应该被包括在内。例如，巴拿马也许并不会出现在最终名单上，但如果你计划在当地建立一个制造工厂，那么你就需要对是否需要在巴拿马提交专利申请一事仔细考虑考虑了。比方说，公司应该考虑它想要在什么地方进行产品制造、分销及销售，思考在什么地方现有或潜在竞争对手很有可能对自己构成挑战。

考虑到以上这些问题，公司很有可能需要着手准备建立第二个矩阵，比方说，可以基于制造领域本应被消除但确实存在的潜在威胁这一因素对拟提交申请的国家进行分类，而非基于哪些市场应受到保护这一因素进行分类。企业必须对位于热点地区的制造领域加以保护，因为在这个信息可以快速传遍全球的时代，一家山寨产品制造厂可能很快就会出现在那些缺乏专利保护的遥远国度里了。

公司还应该考虑一下跨境交易这种情况，比如欧洲地区的消费者就可以轻松地跨越国境在邻近国家购买商品。举例来说，如果矩阵显示，应该选择在德国、意大利以及法国提交专利申请，并没有包括瑞士，那么，企业就应该考虑是否也要在瑞士提交专利申请，以降低消费者到没有专利保护的瑞士购买价格低廉的无专利版本产品的风险。

7.4　掌握矩阵分析法

尽管公司很难获得相关信息来帮助自己找到合理的流程及合适的工具来评估不同的专利申请战略，但却可以通过采用合理化的决策制定过程来提高成功的概率。通过明确各个市场的相对价值、各国的实施风险以及目标国的专利保护成本，公司能够找出一组代表最高专利申请价值的国家，并根据这些信息将有限的预算集中投放于这些能带来最大保护价值的国家里。矩阵分析法也可以作为企业根据受保护产品的特点及其生命周期的长短制定全球专利战略的重要工具。基于当前情况、现实世界的诸多因素，如跨境交易或者制造能力、分销能力的地域性转移等，比照现实进行检验后的战略调整工作至关重要。制定一个合理的全球专利申请战略确实涉及一些对未来的预测，但这种预测并不需要达到像“巫师的水晶球”那样所谓 100% 的准确率。本章中所描述的矩阵分析法有助于公司厘清发展思路上的一些模糊之处，并引导企业作出适合自己的战略选择，最大限度地获取专利组合的战略价值。

第三部分

i产权战术：使影响最大化

第 8 章

i产权文化：营造一种重视i产权的文化

对于 i 产权而言最重要的是“人”——是人创造了 i 产权中的智力成果，是人制定并执行了 i 产权战略。知识资产诞生于人类头脑中的神经元网络中，它们本质上是无形的、缥缈的。它们可能被放错地方或被遗失，也可能被忘记。员工可以从一家公司离职并把它们带到另一家公司去，或者仅仅因为他把精力用在解决另一个不同问题上，这些知识资产就“消失”了。多数情况下，知识资产在技术层面上都非常复杂，它们在快速变化的市场和经营环境中无关紧要地生存着。

面对严峻的技术与商业挑战，成功开发并实施用于巩固和保护智力成果的流程是一项非常艰巨的任务。根据我们的经验，影响公司 i 产权举措成败的最主要障碍既不是技术因素也不是业务因素，而是文化因素。如果能构建一种让员工乐于贡献才智并积极投身 i 产权保护的文化，那么全球经济中 i 产权的创建就会日益成为来自不同国家、不同公司（子公司、合作伙伴、供应商以及客户）、具有不同文化背景的人们共同努力的结果。

贵公司是否已经具备一份受经营战略驱动、能指导 i 产权组合开发工作的已形成书面文字的 i 产权战略？

8.1 文化很重要

公司文化、组织中的行为准则以及共同的价值观都会在公司的一切活动中有所体现。员工之间如何互动，员工如何看待自己个人和整个组织，甚至公司是如何构建和组织起来的，都要受到公司文化的影响。鉴于公司文化对于组织塑造有非常深刻的影响，那么我们就可以理解为什么 i 产权管理实践领域的快速演进也通常需要公司文化的全面变革。如果忽略这一现实，即使公司原本的 i 产权规划设计得完美无瑕，也会受到严重阻碍。

哈佛商学院教授约翰·科特在《领导变革》[①] 一书中提出了一个八阶段的变革流程。这个流程很容易被改编以满足跨地域和跨文化边界的 i 产权团体的需要。这八个阶段包括：

1. 制造紧迫感。
2. 组建指导团队。
3. 确定愿景与战略。
4. 沟通愿景与战略。
5. 授权开展大范围的行动。
6. 取得短期胜利。
7. 巩固成果并推动进一步变革。
8. 将新的做法固化下来。

八阶段模型的根本原理是：为持久推进文化变革，不论是企业个体还是全球性企业合作伙伴，都必须成功地改变人的行为方式，使之符合团体整个组织的利益，并且在组织利益与新的行为方式之间建立起某种联系。在本章中，我们将对科特教授提出的八个阶段进行回顾，并探索它们对于 i 产权管理项目执行的适用性。

第 1 阶段：制造紧迫感

很多企业长期以来都将 i 产权资产的管理当成一种必须承受的灾难。特别是，当公司积累了大量专注于产品的和出于防御性目的的专利组合时，这些组合就被视为一张昂贵的保险单，开发过程需要花费数年，并且只与公司的经营目标有长期关联。尽管这种过时的观念正逐渐淡去，但在很多的高管团队看来，i 产权管理依然是一个“重要但并不紧急”的事项。

---

① John Kotter，*Leading Change*（Boston：Harvard Business School Press，1996）.

打破这种冷漠观念的一种方法就是“制造一场危机”。这里的“制造”并非伪造一场并不存在的危机，而是要通过获取数据、开展分析、准备好充分的论据，清晰地向管理层展示需要立即采取行动。要在 i 产权领域实现“唤醒”的目的，可能需要进行以下几方面工作：

- 根据公司的产品绘制出公司的专利组合，找出专利保护中的漏洞与弱点。
- 将公司自身的专利组合与潜在并购合作伙伴的专利组合进行比较，以显示改进提升后的 i 产权组合能给交易带来的杠杆作用或价值提升作用。
- 列出贵公司因为 i 产权问题而未成功达成的商业交易。

第 2 阶段：组建指导团队

正如在之前章节所提到的那样，很少有高管团队能够详细解释公司的 i 产权战略是如何支持其商业目标的。常见的情况是，公司的 i 产权组合是由技术人员以一种自下而上的方式来推动的，或者更糟糕的情况是由对公司经营战略没有任何深入了解的外聘专利律师来推动。

科特流程的第 2 阶段是要确保高层管理者在 i 产权战略的制定和执行中有一个合适的参与度，这个 i 产权战略要能够传达给整个公司。i 产权项目必须得到公司最高层面的支持。有很多原因可以解释为什么管理层支持如此重要，其中两个关键原因是：

（1）没有高层授权，i 产权团队几乎没有任何影响力来引致必要的变革，或者得不到成功执行 i 产权战略所需的资源，即使是最温和的 i 产权战略也是如此。

（2）没有高层管理者的直接参与，想要实施一项与公司经营战略相符的 i 产权战略的可能性是微乎其微的。

在普华永道工作的马克·哈勒和爱德华·戈尔德曾经感叹地说，在为商业交易开展的尽职调查中，i 产权文化方面的问题很少被考虑到。他们指出：

目前无形资产在很多主要公司的价值中占比高达 70% 甚至更

多，但商业收购中开展尽职调查的流程有发生改变吗？答案就是“改变得不够”，而且可能产生很显著的负面效果。①

负面效果可以是风险上升、无法获取所购得专利组合的潜在收益。哈勒和戈尔德建议要仔细考察目标公司的 i 产权文化，并且考虑合并之后企业的知识产权文化是否能在必要水平上支撑目标产品或服务的发展，以确保它们在整合进入新公司后还能继续取得成功。①

要想回答这个问题，我们需要评估这两家公司的管理文化，并且当发现差异时，要对目标公司发生积极文化变革的可能性进行评估。哈勒和戈尔德认为，文化差异的程度与推进文化变革所需的投资是相关的。

有了来自高层的支持和指导，公司就可以组建一支能够胜任的 i 产权核心团队。第 9 章将对这一话题做更详细的讨论，这里只是先作个总结：i 产权团队的成员应该囊括了来自各个领域的主管级代表，比如业务开发、市场营销、研究、产品开发、制造以及法律等领域。作为根据公司 i 产权战略愿景来制订、管理以及保障工作进展的指导性力量，他们对 i 产权工作的参与必须在工作描述和绩效目标中清晰地表述出来。i 产权团队也必须由一些强有力的、可以信赖、因其行业经验或领导才能而受到尊敬的个人组成。对于跨国的、跨公司的或多方合作的项目，我们必须从团队构成、适当规模以及团队活动流程等方面给予特别关注。

第 3 阶段：确定愿景与战略

除知道 i 产权能带来行动自由和通过许可获得收入外，大多数公司的高管和技术人员都不了解 i 产权的战略性用途。我们面临的挑战是要建立一种重视 i 产权潜力的文化。除其他事项，为营造一种精于 i 产权的文化，需要我们：

- 对公司各级成员开展有关 i 产权益处的教育活动（比如，与供应商、客户及战略合作伙伴进行商务谈判时带来的优势）。
- 确保所制定和传达的 i 产权愿景具有业务关联性（例如，与防御、成

① Mark Haller and Edward Gold, “Avoiding Transaction Peril: Value-Based Due Diligence,” www.buildingipvalue.com, 2004.

本、利润、经营杠杆等相关）。

- 在 i 产权愿景和 i 产权流程的变革需要之间建立关联。
- 通过一项不断进行教育、监督以及反馈（以修正方向）的严格计划，将 i 产权流程深植于企业组织之中。

以上四项工作中，最后两项至关重要。举例来说，如果我们的目的是要制定一项更加贴合公司经营目标的 i 产权战略，那么必须明确的是，现行这种临时性的、自下而上的知识资产开发与保护方法是远远不够的。为了实现 i 产权愿景，采用积极的、自上而下的方法去管理 i 产权才是最适合的。

第 4 阶段：沟通愿景与战略

正如前文所提到的，i 产权项目所保护的智力成果在本质上是抽象的、无形的。因此，如果一家公司的 i 产权愿景及相应战略很难被解释、缺乏清晰的目标和可交付成果，或者其进展难以监测和衡量，那么很不幸的是，这一愿景和战略将难以获得员工支持。我们建议创建一个图形化的框架来沟通传达公司的 i 产权愿景。正如第 5 章所讨论的那样，可视化的数据交流远比常用的专利表格要更加有效。简易的可视化表达方式能够以更容易理解的方式向我们展现大量数据。

本书的合著者托马斯·亨特是位于佛蒙特州伯灵顿市的一家 i 产权咨询公司 ipCapital 集团（简称 ipCG）的主要合作人，他和同事们过去就经常为客户开发可视化的框架图。图 8.1、图 8.2 和图 8.3 列示了几个框架图的例子，在 ipCG 它们被称为 ipLandscape® 制图法。如图所示，这些图形化表达可采用的形式包括简单的产品图、战略性的经营框架图（如价值链）、制造流程图等。每一家公司、业务部门或产品团队的可视化框架都可以根据需要，由一个能全面展现战略框架复杂性的具有特色的图形来表示。但无论最终结果如何，这些图形都应该包括足够低层次的细节以准确界定公司的技术和产品空间，同时也应该包括足够高层次的概念，以展现公司与供应商、合作伙伴、客户以及竞争对手之间的商业联系。

工业用订书机
（0 : 1 : 11）

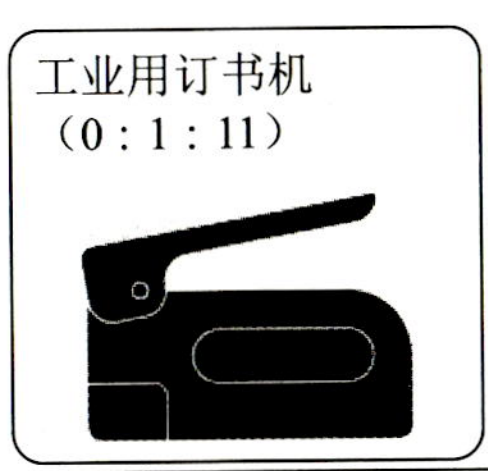

医用订书机
（0 : 0 : 6）

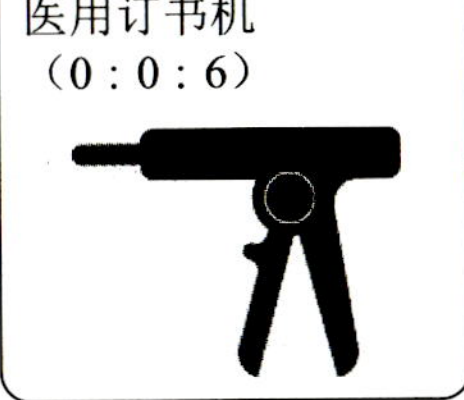

家用订书机
（0 : 2 : 10）

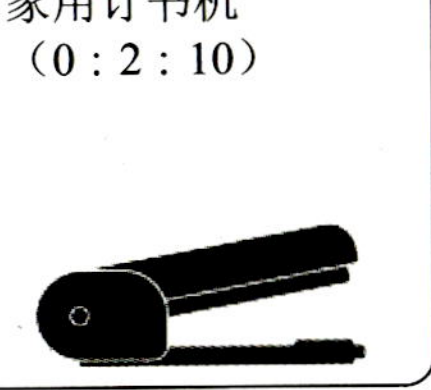

定义：指定数值（$x : y : z$）表示的是各类订书机与固定方式有关的已登记在案的有效智力成果数量、已发现但尚处于获取阶段的智力成果数量，以及在相关技术或产品领域里具有竞争性的专利文件数量。

图 8.1　展现 i 产权格局的产品样本图

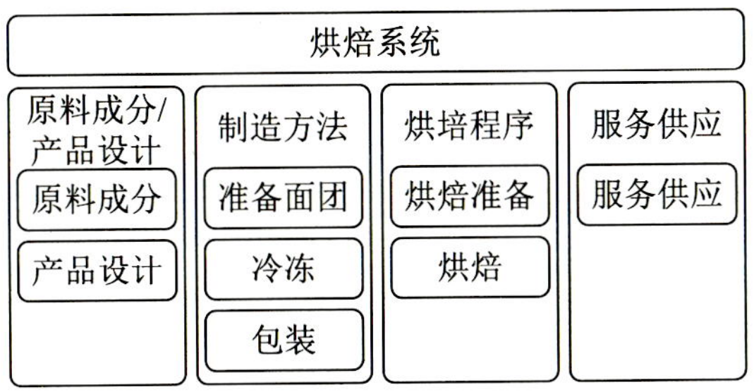

图 8.2　展现 i 产权格局的流程样本图

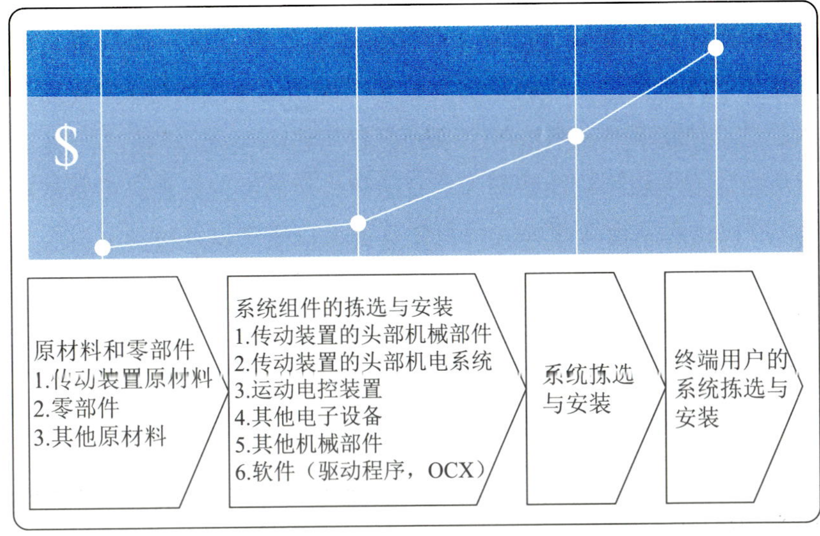

图 8.3　展现 i 产权格局的价值链样本图

第 5 阶段：授权开展大范围行动

为实现 i 产权战略的目标，大范围行动需要多个团体参与并做好相互交流。大范围行动也意味着必须要对范围最广的群体（如公司内部的员工群体或者数家合作伙伴所组成的公司群体）的参与程度作出明确规定。使大范围行动成为现实会面临着一些障碍，这些阻碍与组织、教育和执行等层面的因素有关。如果要实现变革，这些障碍就必须加以清除。

组织障碍

传统上，知识产权被认为是一项法律方面的职能。也就是说，科技部门负责发明创造，而后续 i 产权活动的实施通常是在公司法律顾问办公室的帮助下，由内部专利律师团队或者外部律师事务所来负责。尽管法律方面的工作至关重要，但一个通过法律部门进行汇报的 i 产权组织通常会更加关注消除风险而不是发掘机遇。不仅如此，这种组织架构也往往会忽视 i 产权工作的多学科性质，仅将决策制定留给法律部门，营销、业务开发、战略及其他重要职能都被分隔开来。哥本哈根商学院的马库斯•雷特兹格提出，公司需要“将知识产权带离专利和法律部门的阴影，并使公司能够充分挖掘知识产权的战略价值。”①

克服这种起反向作用的部门间隔离的一种方法是创建新的组织架构，让 i 产权法律团队直接向企业的 i 产权负责人汇报工作。托马斯•亨特在 ipCapital 集团时所做的一项对标研究显示，成功实施战略性 i 产权项目的公司往往都抛弃了那种向法律部门汇报 i 产权工作的模式，他们对于 i 产权的认识也从当作一项法律职能转变为包含法律方面的经营职能。多数情况下，成功的 i 产权团队是由非律师人员担任负责人，他可以直接向公司企业的首席财务官或首席执行官汇报工作，并且设有独立的预算。那些采用这种安排的公司通常报告称这样做会促进形成一种更加跨职能的、基础更为广泛的 i 产权组织。

---

① Markus Reitzeig，“Strategic Management of Intellectual Property”，*MIT Sloan Management Review*（Spring 2004），35.

教育障碍

要克服变革中遇到的阻力，就需要相关各方都能够理解 i 产权项目对他们自身以及对公司的价值。公司若想在一个 i 产权项目中成功实施变革，就必须努力开展针对高管、经理人及各层面员工的教育培训。比如说，美国礼来公司（Eli Lilly）创建了一个基于网络的发明人教育模块，所有发明人都需要参加其中的测试。想要克服 i 产权教育障碍的公司必须要识别出公司在认知方面存在哪些需要弥补的缺陷，同时也必须识别出用于弥补这些缺陷的具体信息以及这些信息的传播媒介或平台。

执行障碍

虽然公司全体员工的积极参与是非常重要的，但如果期望员工可以无师自通地精通智力成果识别、评估、文本化以及执行 i 产权管道所要求的其他步骤，就是非常不切实际的。通过识别项目中的瓶颈，发展出克服瓶颈的内部能力，以一种遵守纪律的、对全体员工采取支持性态度的方式来应用该项目，公司就能克服执行层面的障碍。

例如，当 IBM（它可能根本上是一家 i 产权公司）于 20 世纪 90 年代中期建立自己的 i 产权流程时，公司就培养了一批 i 产权的黑带级专家来识别、捕获和记录智力成果。这些黑带级专家并没有单纯依靠微电子部门的 3 000 名工程师来执行这些事务，而是主动与技术项目团队开展合作，来识别出有潜在价值的智力成果并撰写发明披露文件。这些黑带级专家撰写的文档更具一致性，能更快地获得结果，能更高效地利用技术人员的时间，让他们有更多时间去做自己最擅长的事：发明创造！

第 6 阶段：取得短期胜利

开发一个全面的 i 产权项目是一项宏伟的事业，特别是对大型公司而言。如果没有事先在一个相对更小的、更集中的环境下验证 i 产权流程各环节的有效性，就认为我们可以完整地构思和执行一个大的 i 产权项目，那便是鲁莽之举。解决这一问题的一种方法就是先设立试点项目。一个设计良好、执行成功的测试性项目能有助于为后续更大的项目奠定基础。

如果可能的话，公司可以选择从一个具有光明前景的项目开始，这个项目要有：（1）一个对 i 产权流程有足够认识、热心支持该项目的团队；（2）预计在近期就能获取收益，比如对外许可收入或在重要交易中发挥杠杆作用。我们要抑制住挑选“急救项目”的冲动，在这种项目中，团队成员面临着通过扭转流程来证明其正确性的挑战。采用这种“急救项目”的方式往往会导致一场灾难。最后，为了保证早期的成功，我们只需要寻求一个适中的回报。

第 7 阶段：巩固成果并推动进一步变革

改变公司内部的 i 产权文化可能是一件让人精疲力竭的事。对 i 产权的倦怠并不罕见。当倦怠感来袭时，工作进度会放慢甚至有可能发生倒退，除非我们有意识地去努力维持 i 产权项目的动能。当我们牢牢地获得近期试点项目的成功时，很自然会想要休息一下并沐浴在成功的喜悦中。但我们必须一边庆祝一边前进，而且要趁着此刻的激情，将自己的成功故事讲给更多人听。要与每一位愿意倾听的人分享成功经验，同时要尽可能清晰地指出 i 产权流程变革与已获得收益之间的直接相关性。

第 8 阶段：将新的做法固化下来

为了推动文化变革，公司必须在新的行为方式与已获得收益之间建立起清晰的联系。但由于智力成果和 i 产权本质上是无形的，这种联系就很难被员工看到。因此，就变革与成功之间的关系、以及在 i 产权上新做出的努力与成功实现目标之间的关系，进行清晰的沟通传达是至关重要的。比如，公司可以就战略性 i 产权实践对许可收入或经营杠杆作用的影响，在整个公司范围内进行沟通传达。

公司还可以公开奖励那些成功参与 i 产权工作的个人。简单认可（并颁发一个有形的纪念品）、现金激励、奖金以及职务晋升等都可以刺激对 i 产权项目的支持，特别是认可方式越公开，效果就越好。

利用公司局域网、创新竞赛等进行内部推广，甚至进行外部广告宣传，都可以帮助管理层沟通传达公司的战略。[①] 惠普公司将“发明”（invent）一

---

① 同上。Markus Reitzeig，“Strategic Management of Intellectual Property”，*MIT Sloan Management Review*（Spring 2004），35.

词放在公司标识中的举动就非常出名，它这样做的目的是体现和维护公司的创新文化。惠普公司的内部文化推广工作其实早在与自己的潜在雇员进行沟通时就开始了。惠普公司网站的招聘专栏写道：

> 在惠普，我们相信创意的力量。从最先进的个人数字设备到最有力的信息技术解决方案，我们通过创意，使技术服务每一个人。我们相信，在拥有团队文化的地方创意也是最活跃的。这也是我们为什么鼓励任何级别、任何部门的每一个人都有自己的独到见解，并且勇于表达和乐于分享。我们相信，只要你坚信自己的创意，任何事情都可以实现，我们愿意投资于你的创意，以此来改变我们的生活，改变我们的工作……每一个个人都因其独特的技能、经验及所持观点而受到我们的珍视。这就是我们在惠普的工作方式。而且这也是创意——以及人们自身——不断成长的方式。[①]

8.2　重视 i 产权文化

那些依靠创新而繁荣的公司需要一种理解和重视 i 产权的文化。i 产权就如同创新“火箭”的助推器，它所带来的推动力能使公司在市场突破与创新的道路上走得更远，更具竞争优势。在这样的一个文化氛围里，不论是工程师，还是董事会成员，公司里每一个人都要制定相关决策，以产生最大的推动力。但是这种文化变革既不会自动发生，也不会快速产生，为打造这样一种文化需要做出大量而持久的努力。文化变革要想取得成功，既需要公司高层深入且坚持不懈的支持，也需要对公司文化、利益攸关方和公司政治的深刻理解。关键的利益攸关方从一开始就必须参与到文化变革中来。商业全

① 惠普公司官方网站，“Working at HP”，访问于 2007 年 6 月 25 日。http://h10055.www1.hp.com/jobsathp/content/informations/workingathp.asp?Lang=ENen

球化以多种方式促进了创新，但也为公司内部和公司中 i 产权计划的高效执行带来大量新的复杂问题。文化变革所取得的成就与成功必须在公司范围内广泛传达，而且必须将所取得的成功与 i 产权计划中的新举措直接关联起来。对于那些积极培育 i 产权文化的公司而言，所能获得的回报就是不论他们的员工是在单一地点办公还是在全球各地办公，他们都会一起努力去保护公司宝贵的无形资产，从而降低公司的风险，获得可持续的竞争优势。

第 9 章

i产权团队：构建一个战略执行团队

i 产权组合本质上是一系列决策的总和，包括：是否需要战略性地应用知识产权、采用什么样的战略、实施什么样的流程、保护哪些智力成果、如何保护、花费多少、在哪些国家进行保护，以及何时不再担心 i 产权问题并作出保护程度已经足够的结论。所有的这些决定都是由掌握着不完全信息的人做出的。我们所知道的能降低这些决策风险的最佳方式就是建立一支由业务、法律和技术部门的 i 产权高手组成的工作团队。大多数公司的 i 产权决策都是在缺乏战略指导的情况下做出的，更不用说拥有一支功能健全、极具创新性的 i 产权团队了。然而，正如颠覆性的产品创新通常都是在发明家能够跳出思维束缚的环境中诞生一样，全新的 i 产权战略通常也是在能够得到高级管理层支持、摒弃陈旧观念、重新探索公司如何通过 i 产权获取利益的 i 产权团队中诞生。虽然在缺少功能健全的 i 产权团队的情况下，i 产权工作可能会出现一些短暂的成功，但在没有运作良好的 i 产权团队时，本书中所描述的任何战略或战术都不可能在使长期价值最大化上取得成功。

最近与一家知名生物技术公司的专利律师谈话时，他告诉我们在他工作的公司里，i 产权决策由一个委员会作出，委员会成员包括智力成果的最初发明者和公司的专利律师。[①] 一所著名大学的技术转移主任告诉我们，他们学校的 i 产权决策是由技术专家组成的教师委员会做出的，针对的是学校科研中诞生的新颖成果。应该说，这两个机构对 i 产权决策都没有给予足够重视。在这家生物技术公司里，没有人能从商业角度提供决策建议；这所大学的情况就更糟糕，重要的 i 产权投资决策是由一群精通技术的学者制定的，既没

① 这段故事最早发表在威廉·巴雷特的一本书中，“Quantity In，Quality Out：Maximizing the Value of Your Intellectual Property Pipeline，” *BioProcess International*（February 2003），20.

有征求律师也没有征求商务专家的意见。

无论采用什么样的非正式流程，这些决策通常都是在相关法律权利即将到期前的最后一刻做出的。有时候，评估人甚至全然不知相关权利已经消失而继续考虑一项智力成果的有关决策，例如，如果智力成果已经公开发表或者体现该成果的产品已经要约出售，那么这两种情况都可能阻碍申请人获得专利。根据决策制定参与者的不同，每项创新成果的 i 产权决策流程都可能形式各异。这些决策的制定公司的经营战略或预算流程之间也不存在有意义的关联。结果得到的 i 产权组合只能是采用一组相对随机的战略去保护一组相对随机的创新成果，而且谁也猜不准这一组合能否真正支持公司的经营目标。

9.1　模糊不清的威胁

即使掌握世界各地 i 产权法律和环境现状的全部信息，i 产权决策仍然是很难做出的。例如，在一个迅速发展的技术领域，一家公司可能会问："如果我们现在提交专利申请，那么它将在 18 个月后被公开发表。但其他公司正开始对我们的领域感兴趣。那我们是应该现在就提交专利申请，并冒着因较早发表专利而向竞争对手泄露关键信息所带来的利益损失呢？还是应该等一等再申请专利，并冒着其他公司可能抢在我们前面提交专利申请的风险呢？"或者还可能会问这个问题："我们的产品在五年之内不会进入中国市场，也不相信我们能在当下的中国实施专利权。但我们是否应该基于中国的专利实施情况会持续改善这一预期，先提交一个专利申请呢？"

这些问题都构成了公司在各个方面取得成功所面临的捉摸不定的威胁。如果专利的较早公开发表使得竞争对手迅速转到一条平行的技术路线上去，那我们就失去了关键的先发优势。如果中国的专利实施记录得以持续改善，那么没有在中国提交专利申请就等于允许廉价的山寨产品可以随意生产，并销往整个中国、东南亚及其他地方。许多决策制定者都完全忽视了这些重要问题，或者根据“某人在几个月前的一次会议上所说的一些内容”就自以为知道问题的答案。

正如第 3 章所指出的那样，任何战略过程的目标都是“促进并制定战略决策”。如果一家公司不停下来思考自己的 i 产权战略而只是放任自流地艰难前行的话，那么要实现这一目标是异常艰难的。不仅如此，当面临的威胁模糊不定时——这在 i 产权领域很常见，公司“极其容易低估这些模糊不清的警示信号”。① 这种低估可能导致公司无法对一些关键的危险信号作出回应。

9.2 i 产权决策的心智模式

像所有决策一样，i 产权决策也是在决策制定者的心智模式（*mental models*）中做出的。心智模式是指将这个世界复制在头脑中，并通过上演各种心智情景来探求各种可能选择的潜在后果。在《第五项修炼》（*The Fifth Discipline*）一书中彼得·圣吉指出，我们所用的心智模式“不仅决定着我们如何理解这个世界，也决定着我们将如何采取行动。”我们运用想象力及理性思维来想象各种可能发生的情景，在头脑中预演出来，并评估每一种情景的将来会是怎样，然后再根据评估结果制定相应决策。圣吉指出，心智模式影响着我们要做什么，因为它影响着我们能看到什么。不正确或扭曲的心智模式会导致我们做出无效决策。

运用简单的心智模式，足以应对许多容易预测其结果的决策（比如，如果没有给汽车加油，它就不会走）。但是如果决策制定涉及多个变量，比如

① Michael Roberto, Richard Bohmer, and Amy Edmondson, “Facing Ambiguous Threats,” *Harvard Business Review OnPoint Article*（November 2006）, 1.

i 产权方面的决策，那就需要运用复杂的心智模式了。在《群体的智慧》（*The Wisdom of Crowds*）一书中，詹姆斯·索罗维基指出，“认知多样性是好的决策制定的必要条件……它扩大了可能解决方案的范围，允许团队成员以新颖的方式来构思问题。”① 弗朗斯·约翰松创造了“美第奇效应”（Medici effect）一词，用以描述将不同学科与文化汇集在一起后如何能够导致新创意的爆发。② 知识产权领域的一些传统人士对于为什么该领域总是需要新想法感到奇怪。尽管该领域看上去已经相当稳定，但它一直面临着新技术、经营战略以及不断变化的经济现实所带来的挑战。公司不得不跳出原有的思维框架，围绕开源战略来构建商业模式，而开源也只是起点，它迎来了一个属于真正有创造性的 i 产权战略的新时代。那些愿意接受挑战的往往是将跨公司、跨国家的多样化决策团队汇聚在一起的公司，那些愿意对 i 产权运用进行思考、质疑和争论的公司，往往能够产生大量新想法，找到更加高效的新方法、新途径来保护创新性的产品与服务。

i 产权决策需要考虑来自技术、法律以及业务领域的各种复杂问题，因此 i 产权团队中至少要有来自这三个领域的代表。技术专家能从技术层面对公司产品和技术做出解释，能阐明公司经营领域中前沿技术的现状。法律专家能够使团队成员知晓相关国家的法律环境正在发生的变化，能够为选择合适的保护形式提供指导，评估专利的可申请性，解释获取保护的相关程序。最后，业务专家能够评估拟保护的智力成果的战略重要性，评估其可能的市场价值以及将产品或服务送达消费者所采取的策略，考虑各种 i 产权形式所提供的保护能否支撑公司的经营战略进而证明投资的合理性。

图 9.1 列出了 i 产权集体心智模式的概念框架。这一决策过程包括对输入信息的评估以及集体的决策判断，它所处的背景是通过整合业务、法律和

---

① James Surowiecki，*The Wisdom of Crowds：Why the Many Are Smarter than the Few and How Collective Wisdom Shapes Business，Economies，Societies and Nations*（New York：Doubleday，2004），36.

② Frans Johannson，*The Medici Effect：What Elephants and Epidemics Can Teach Us about Innovation*（Boston：Harvard Business School Press，2006），2–3.

技术团队成员的个体心智模式而形成的集体心智模式。i 产权工作团队的成员利用一些输入信息，比如 i 产权战略，来构建一种更为强大、更可预见的集体心智模式。他们对其他信息进行加工（比如正在被分析的智力成果的有关信息），并运用这一增强型的心智模式来做出集体决策。

这些个体参与公司 i 产权决策的制定，因此他们的心智模式就决定了公司将会采取的行动以及 i 产权项目的最终成败。公司可以利用心智模式的概念框架来完善 i 产权的决策流程。可采取的方式包括[①]：

- 使 i 产权的心智模式更加丰富，从而形成对相关问题的更为全面的认识
- 提高输入信息的质量
- 使信息输入分析工作和方案评估工作更加系统化、流程化

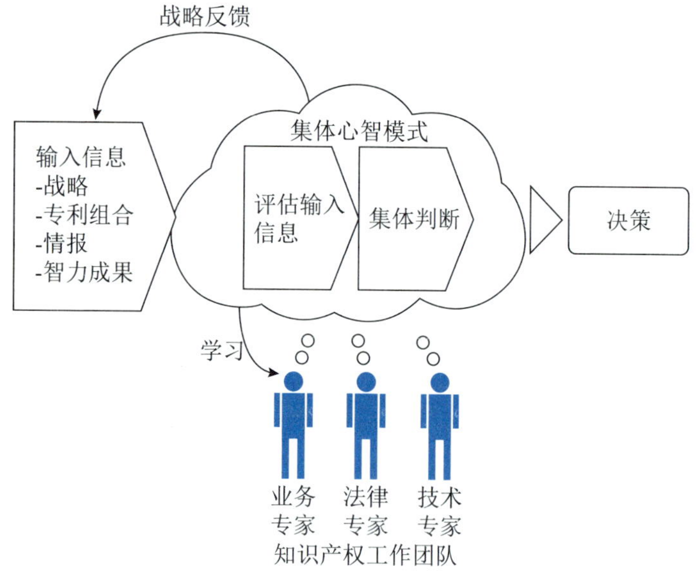

图 9.1　i 产权心智模式的运行

通过对 i 产权决策流程的完善，公司可以做出更好的决策，选择并开发出更强有力、更具价值的 i 产权组合。

---

① William Barrett，“Stopping the Bouncing Disclosure：Making Better IP Decisions to Build a Stronger IP Portfolio，” *Current Drug Discovery*（August 2002），37-39.

9.2.1　丰富心智模式

公司通常会以一种临时性的方式来制定有关 i 产权的决策。当将一项成果提交给相关主管时，他可能立即将其丢弃。如果该主管认为这项成果很重要，他可能会在会议上提及它或者通过电子邮件发起一场讨论。在此过程中，该成果会通过一系列的电子邮件在人们之间进行交流，每一个收件人都会根据自己认为重要的因素来做出主观判断，然后再将邮件发送给下一位决策者。

当 i 产权决策通过一系列个体间的碰撞而非协作性会议而做出时，公司就丧失了一次将聪明的头脑汇集在一起召开协同会议的重要机会。仅仅通过将合适的决策者聚集在同一间会议室，进而创建一种比简单地将单个团队成员的心智模式相加要复杂得多的复合型心智模式，公司就能改进其 i 产权决策。每个团队成员都可以有挑战其他成员的设想，整个团队可以一起思考一系列更加多元化的潜在风险来源。

当然，与任何一个决策团队一样，i 产权团队也必须是一个能避免团体决策中常见风险的、运行良好的团队。比如说，一个霸道的领导者会代替整个团队做出所有决策，大大消除团队决策本应具备的优势。另一种危险则是陷入“团体迷思”，其症状包括“一种自以为百毒不侵的错觉、乐于掩饰对团队立场的反驳意见、坚信所有异议都是没有益处的。”[①] 团体迷思更可能发生在缺乏多样性的团体中，增加 i 产权团队的学科背景多样性有助于避免这个问题。每一个学科背景的人都能从自己的角度，就其他成员所提的问题给出自己的答案。但是，团队越有凝聚力就越有可能陷入团体迷思。

对高效团体决策而言，团体迷思是真正致命的敌人。那些挑战团体惯例的信息会被排除或掩饰掉。[①]成员会因为自己的看法能够得到团队的肯定及强化而感到满意，此时他们更加确信自身立场的正确性，进而脱离了集体互动。当然，保持一个团体的完全多样性意味着每次参与决策的成员都应该是新的，这就会丧失一部分因为拥有一个训练有素的团队所能带来的优势。一

① James Surowieki，37.

个折中的办法是在团队中吸纳更多的个体，让他们定期轮换参加会议。有时候，在团队中增加一个中立角色，能有助于带来外部视角的观点。

一个高效的团队会定期评估决策制定所处的不断变化着的商业、技术和法律环境，定期审视指引决策制定的战略。根据对这个世界所形成的集体看法，团队最终可以做出更加有效的决策。建立一个成功的多学科团队以进行 i 产权决策，是需要投入时间的，这比通过相互发送电子邮件来制定决策要耗时更多。但从长远来看，这种将与 i 产权战略相关的法律、业务和技术人员汇集在一起的工作方式，实际上是有利于节约时间与金钱的，相关文档的准备也更加快速。如此一来，公司就可以减少不必要的投资，并避免花费数十万美元去构建一个无法有效支持公司经营战略的 i 产权组合。最重要的是，通过这种方式得到的 i 产权组合是更具价值的，它能起到的作用会比设想的还要多。

9.2.2 提高信息输入质量

决策制定流程中的信息输入起到两个作用：一是传递信息并塑造心智模式；二是为具体的决策制定提供信息。本书第 3 章对传递信息并塑造心智模式所需要做的很多工作进行了阐述，并讨论了制定 i 产权战略所需考虑的内部和外部因素。内部因素包括经营战略、公司现有的 i 产权组合以及公司的创新能力。外部因素包括有关竞争对手 i 产权的情报、自由运作分析，以及相关国家的法律及文化环境。一个不了解这些情况的 i 产权工作团队将无法作出有效的 i 产权决策。

为制定具体决策所需的信息输入，比如说，i 产权团队所作的许多决策的焦点就在于是否、何时、如何以及投资多少来保护每一项具体的智力成果。在 i 产权管道中（见第 10 章和第 11 章），这一环节就像一个过滤器，终止了那些缺乏足够价值、无法收回保护成本的智力成果的进程。它还像一个阀门，对我们选出来准备加以保护的每一项智力成果，会根据其特点将其引向一条能够获得最大程度保护的道路上。这项决策是在每项新的智力成果进入管道时就会反复进行的，它决定了公司 i 产权组合的结构。

在缺少成文的 i 产权战略以及熟悉情况的 i 产权团队时，公司管理者通常会以一种非结构化的方式做出相关决策，有时也会咨询一下专利律师。但他们在进行决策时，几乎总是不会根据智力成果之间的相互联系或公司的战略需要，来对一项智力成果进行系统评估。决定保护那些不能支持公司经营战略的智力成果，或者决定在那些不值得进行投资的国家保护智力成果，都可能导致巨大的资源浪费。你能想象会有运营经理支持产品进入一个收入无法覆盖成本的市场么？决定不保护一项能支持公司战略的智力成果或者在某些国家放弃保护，就会削弱公司 i 产权组合的价值。采用不恰当的 i 产权保护形式——如为一项本应以商业秘密形式进行保护的智力成果申请了专利保护，可能会导致一种错误认识——这些创新成果实际上处于风险之中，而公司却认为它们得到了保护。

9.2.3　分析系统化

拥有一套成文的、用于评估智力成果的方法论，有助于 i 产权团队系统高效地组织会议、开展分析。对于这套评估方法论的假设条件，公司可以定期检验与完善。而且，评估方法论本身能够随公司的战略需要一同演进，公司战略的变化可以通过评估方法论的调整来体现，进而使得评估结果与修订后的公司战略相匹配。高效的价值评估工作也能促进保护工作更快展开，在当今这个创新速度不断加快的大环境中，相较于同一商业领域中其他行动缓慢的大企业而言，这也是一项重要的竞争优势。

在推进智力成果评估工作系统化时，需要考虑采用的一个步骤是起草一份专利权利请求书，或者至少要列出权利要求的提纲，准确阐述这项预期专利的可能保护范围。在决策制定过程中，业务专家要在与商业秘密、公开发表等其他保护形式进行比较的基础上，评估出将一项智力成果申请为专利所具有的可能价值。由于权利请求书决定了专利保护范围的广度，所以很难想象在没有权利请求书的情况下，如何能有效完成价值评估工作。通过起草权利请求书并将其提供给团队里的业务成员和技术成员进行审阅，可能存在的现有技术、权利范围以及语言方面的问题都将跃然纸上，从而可对权利请求书进行必要的修改。只有 i 产权团队准备好一份有可能生效的权利请求书时，团队里的业务成员才能评估申请一项专利的潜在价值。此外，当团队里的法律成员准备申请专利书时，也因此能够获得起草专利申请书时所需的重要业务知识以及技术背景知识，他形成的专利请求书不仅能经得起世界各国的专利指控，也能带来巨大的商业价值。

信息分析工作系统化的另一个重要环节是对“可实施性”加以评估。可实施性（enablement）是这样一项法律规定，它要求专利申请人用某种方式对智力成果描述后，可使一名相关领域具备正常技能的科学家能够依此制出该成果并对其加以利用。可实施性要求会对一项智力成果是否可以申请专利有影响，以及若能申请专利，该专利权利要求的范围广度产生影响。举例来说，针对单一类型癌症进行的抗癌药剂测试，它获得的专利权利要求较窄，该药剂只能用于特定类型的癌症治疗。但是如果在更广类型的癌症治疗中得到成功测试，那么就可能会获得较广的专利权利要求，该药剂可应用于全部或者特定大类的癌症治疗。若将可实施性评估作为专利评审过程的一部分，那么专利律师可以推荐公司去做一些能有助于扩大自己专利保护范围的试验；技术专家可以评估这些实验的可行性、时机以及成本；而业务专家则可以评估专利保护范围扩大后带来的潜在价值。

使评审流程系统化的另一个方法是建立评审委员会。例如，有一种方式是让评审委员会的每名成员都有一个投票权，并且在全体一致决定之后才能进入到下一个步骤。如第 11 章将描述的那样，评审委员会可能会召开在线会议来评估智力成果，或者是与训练有素的 i 产权团队成员一起，用电子方式来开展评估工作。无论何种情况，评审流程都应该对那些提交了智力成果的发明家保持相对透明，确保评审流程的开放性和包容性。一个公平进行管理的流程能提升并鼓舞发明家对该流程的信心，使他们相信自己的成果能够得到公正的评估。

9.3　有偏见的心智模式导致决策无效

公司还可以通过发现并替换掉错误的隐性心智模式来完善自身的 i 产权心智模型，进而做出更有效的决策。隐性心智模式是参与者未觉察到的或者没有异议的一些假设。决策制定者会受到很多不准确的知识产权信息的狂轰滥炸，许多这样的错误信息会被内化，成为一种隐性心智模式。当我们与高管人员就i产权的管理进行交谈时，他们常常表现出一种“这些事情我都明白”的自以为是的表情。通常情况下，这种自以为是的表情背后是一种完全不被支持的错误信念，这种信念完全缺乏事实依据，所以要对其进行辩驳是非常困难甚至是不可能的。

有关 i 产权的错误观念到处蔓延。这个问题已经足够严重，所以我们冒着似乎会偏离主题的风险，花一点时间来讨论一些比较常见的错误观念。围绕 i 产权有大量都市传奇或者商业传说。媒体创造并重复这些错误观念，甚至在学术文献中也会频频出现大量失误，导致人们对 i 产权方面问题产生误解。其他一些错误观念则源自于对商业经验的错误解读。比如，如果一家公司失败了而其专利没能成功挽救公司，那么公司 CEO 就可能认为专利一文不值，而专利本身水平欠佳且缺乏新颖性这一事实会被忽略，让位于自我本位的历史观中。而且这种错误观念会被一再重复，直至这些观念的持有者都认为它们是显而易见的事实。

其他一些隐性假设是因为环境发生变化而产生的。当一位高管结束自己在世界 500 强企业的职业生涯，转而在一家刚起步的创业公司中担任领导角色时，他没有意识到这家小公司必须采用一种与大公司在战略上不同的方式来运用 i 产权。因此，如果领导者决定要在一大堆国家进行专利申请时，不仅这项决策所导致的申请费用极为高昂，而且相应的法律费用也会出乎意料地多，那么最后这家小公司就会因为负担不起相关费用而放弃掉一些专利申请，大量投资也化为乌有。历经这次溃败后，公司领导者就会拒绝考虑在几个具备高价值的国家之外申请专利了。

9.3.1 过度鼓吹

有关 i 产权的极端观点往往产生于一些重要的合法性辩论之中，辩论中一方或双方通过歪曲事实来支持自己想要的结论。特别是专利，它是一种争议最热烈的 i 产权形式。专利被人们视为一切，既可以被小公司当作反抗商业巨头的护身符，又可以被商业巨头当作维持自身优势地位的武器。它们是专利投机者用来使勤奋工作的制造商臣服于自己的棍棒，它们是任何一个聪明的工程师或科学家都可能忽略的毫无价值的纸片。它们既是非洲艾滋病患者缺少药物的原因，也导致美国老年患者所需的药物被定价过高，迫使他们前往加拿大给自己配药。但如果没有专利，就不会有新药被开发出来。

上述的每一种观点都与一些重要而敏感的问题有关。但人们总是倾向于就问题及所需的解决方案做出快速的、感性的判断，而不是对相关的复杂政策问题进行理性分析。正如经济学家亨利 • 黑兹利特就一个同样被误解的领域——经济学领域所谈到的，自私自利的团体会针对最有利于自己利益的政策提供令人信服的案例。他们雇用最优秀的大脑来进行最有说服力的辩论，并且提供案例，“要么最终使社会大众深信他们的案例是合理的，要么混淆视听，使得就该问题进行清晰思考变得几乎是不可能的。”[①]

黑兹利特还敏锐地观察到，人们更倾向于关注一项经济政策对特定群体所产生的立即影响，而忽视该政策所带来的更广泛影响。[②] 例如，想要买到更低价格药物的老年人往往考虑不到药品限价将如何影响医疗保健事业发生革命性进展，而这是有利于子孙后代的。对专利持批评态度的人们通常认为，专利只是有利于拥有它们的公司，例如，专利使得药品公司通过高收费变得富有。如富兰克林皮尔斯法律中心（Franklin Pierce Law Center）的教授托马斯 • 菲尔德所言，“当大多数人在考虑有关专利及其他形式的知识产权时，他们倾向于认为这些知识产权的所有者拥有限制他人进入市场的法律能

① Henry Hazlitt，*Economics in One Lesson*（Norwalk，CT：Arlington House，1979），15.

② 同上，16。

力——并没有充分认识到，如果产品或工艺可以轻易地被复制，那么在多大程度上它们根本就没法产生。”[①] 如果没有专利保护或其他激励措施令投资者愿意冒险花巨资去研发新药并将它们推向市场的话，人们治病所需的药物以及其他有用的重要产品可能根本就不会出现。可能还有别的方法能让老年人获得更便宜的药物，而不需要宰掉一只会下金蛋的鹅，但是在极端立场的不和谐声音中，人们很少能听到平衡性解决方案的声音。

9.3.2　有偏见的亚文化

许多有关 i 产权的公共信息，都是亚文化所关注的主题，这些亚文化是围绕常见的偏见而出现的。例如，软件社区里的很多人都热衷“开源”这种理念，而不喜欢将软件算法申请为商业方法专利这样的做法。尽管这种想法是可以理解的，但是这种对软件专利的偏见往往会带来一种非理性结论。比如，有些人会简单地认为商业方法专利是无法辩护的。美国最高法院不同意此看法：

> 我们借此机会来消除这种考虑欠周的异议……自 1952 年专利法案实施以来，商业方法就已经受到——并且应该受到有关专利可申请性的法律要求的规范，这些法律要求与对其他任何流程或方法可申请专利性的要求是一样的。[②]

即使当公司领导已经明白商业方法是可申请专利的，但有些人拒绝考虑为商业方法申请专利，因为他们认为这是不道德的或是糟糕的策略。这或许是一个糟糕的策略，但并不意味着使用商业方法专利的公司就要以不

① Thomas Field Jr.，“Pharmaceuticals and Intellectual Property：Meeting Needs throughout the World，” *Pierce Law Faculty Scholarship Series*，Paper 28，January 1，1990.

② *State St. Bank & Trust Co. v. Signature Fin. Group*，149 F.3d 1368，1375（Fed. Cir. 1998）.

道德的方式运用这些专利。利用专利权来阻止学术研究是一回事；[①] 利用专利权从掠夺成性的软件巨头那里保护小企业却是另外一回事。更糟糕的是，这种对软件专利的偏见往往会导致软件公司在侵犯他人的软件专利权时有一种失去理性的安全感。当软件公司被诉讼侵权时，持有的这种偏见就带来了苦果。

在另一类例子中，人们总说大学是不会因为专利侵权而被提起诉讼的。一个常见的原因就是大学里的研究人员是受到政府机构资助而进行研究工作的。但现实情况是，大学的名字经常出现在专利侵权诉讼案件当中。当杜克大学试图逃避侵犯一项电子激光设备专利所要负担的责任时，美国联邦巡回上诉法院就表示，“只要该行为促进了被指控的侵权者——杜克大学的正当业务，并且不是纯粹出于娱乐、满足好奇心或者严格的哲学探究等目的，那么这一行为就不符合范围狭窄且严格受限的实验用途，因而无法据此抗辩。”[②] 换句话说，大学里的研究人员也不能免责于专利侵权的后果。

9.3.3 专利导致经济垄断

即使是专业的和学术性的商业文献，其中也充斥着有关知识产权法的性质、范围及操作的错误认识。经济学文献中频繁出现的错误促使法学教授埃德蒙·基奇写了一篇题为“知识产权经济分析中的基本错误与顽疾”[③] 的文章。该文所讨论的错误观点之一就是认为专利导致经济垄断，这是一种常见的假设。

这种假设认为，专利会给予其所有者垄断市场的力量，使专利持有人能够阻碍市场竞争并收取垄断价格。然而，专利很少能带给持有人如此广泛的

① 我们在这里并不是想表达针对学术研究活动行使专利权一事的道德性意见。尽管很多学术研究的目的都是生成专利并建立衍生企业，这实际上也是一种竞争性的商业活动。但我们确实认为，除专利侵权情况之外，出于学术目的精心设计开展的研究工作其实不管怎样都是一件好事。

② *Madey v. Duke Univ.*，64 USPQ 2d（BNA） 1737（Fed. Cir. 2002）（引文省略）。

③ Edmund Kitch，“Elementary and Persistent Errors in the Economic Analysis of Intellectual Property，” *Vanderbilt Law Review* 53，no. 6（2000），1727.

权利。基奇说道，专利导致的垄断“只有在专利权利要求能覆盖所有相关市场时才有可能，即竞争对手在不侵犯专利权利要求的情况下，没有其他办法为客户提供相同的经济功能。”于是，这一问题就归结到了“经济功能”上。专利很少能覆盖实现某一特定经济功能的所有方式方法。例如，在制药行业中，为一种药物的化学结构申请专利是很常见的事。尽管该药物对于治疗某种特定疾病是有效的，但我们很少看到有哪一种特定疾病是只能用某种药物来进行治疗的。“善卫得”（Zantac）这一药物出现后，很快就出现了“胃舒达”（Pepsid AC），而且“胃舒达”常常会比前者的疗效更好。当其他药物也可用于治疗某种疾病时，经济垄断就不存在了。

9.3.4　专利与行动自由

同一种根深蒂固的错误观念认为，如果公司拥有了某项专利，那么公司就可以制造、使用或销售其已经申请专利的智力成果，而无须担心是否侵犯他人的专利。举例来说，即使是非常著名的专利检索网站——Delphion.com 也将专利定义为“由专利局发布的一个文件，表示给予发明人在专利权利要求中所述的制造、使用和出售其发明的排他权。”[①] 事实上，专利并未授予专利持有人这一权利，相反，它授予持有人防止他人制造、使用以及出售专利权利要求所覆盖的发明成果。根据美国专利与商标局术语词汇表里的正确定义，专利授予的是一种排他性权利：

> 美利坚合众国政府授予发明人的一种产权，它可以在有限时间内“排斥他人在美国境内制造、使用、要约出售或出售这一发明成果，或将该发明成果进口到美国境内”，作为交换，发明人在专利获得批准时需要公开披露这一发明。[②]

---

① Delphion，Inc.，“Glossary of Patent Terms，”www.delphion.com/help/glossary.

② U.S. Patent & Trademark Office，“Glossary，”www.uspto.gov/main/glossary/index.html，emphasis added.

在这种排他性权利的背后，是专利所有者有权走进联邦法院起诉侵权人，提请停止侵权行为，并且（或者）要求其对所造成的经济损失作出赔偿。

这种微妙的区别看起来好像小题大做，但它其实有重要的含义，即拥有阻止他人做某事的权利，但并不必然意味着自己有权做某事。原因是，拥有保护一项智力成果的专利并不意味着你实际上可以制造、使用或销售体现了该智力成果的产品或服务。一个简单的例子就是已申请专利的药物配方。比方说，经过对各种配方的广泛研究与测试，你们公司发现将药品 X 与成分 A、B 以片剂形式结合在一起，能促进药物更快地被患者吸收。你所拥有的配方专利允许你以法律手段阻止其他人使用这一方法，但如果另一家公司拥有药品 X 的专利，那么除非这家公司的专利过期，否则你无权在未获得药品 X 专利所有者的许可时使用自己的配方专利。鉴于这种区别的存在，我们可以补充一下基奇教授的规则，即一项专利只有在以下两种情况下才能赋予公司垄断的力量：（1）专利权利要求覆盖所有相关市场；（2）该专利的权利要求没有受到另一专利权利要求的阻碍。

9.3.5 低估专利权的力量

另一种常见错误就是低估了专利在市场竞争中所能发挥的保护作用。如前文所述，一些商界领袖认为专利具有垄断的力量，但一些人则认为，任何专利都可以被绕道而行，因此专利不具有任何重要价值。尽管在很多时候事实可能确实是这样的，尤其是只涉及单独某一项专利时更是如此，但是聪明的公司会使用一整套精心打造的专利来保护自己，其权利要求能覆盖产品或工艺流程的重要功能。他们也会识别出自身专利中的空白区域，并在专利组合中补充专利以填补空白之处。一个成熟的专利组合很可能向侵权者展示一整套约束条件，它们使得侵权者不可能绕过专利或者成本过高。当专利体系运行良好并且专利所有者能高效运用该体系时，专利就具备足够的力量使其所有者能够从那些易被别人复制的产品中收回投资并获得收益。一家知名营养公司的负责人曾经这样问过我们：“为什么要在专利工作上花钱呢？只要做点工作，任何专利都能被绕开。”如果是这样，这位负责人为何不将这句话讲给那些每年需定期支付给 IBM 公司 10 亿美元以获取 i 产权许可的公司听呢？

9.3.6　在发展中国家实施专利

关于 i 产权的最顽固的谬见之一，就是认为在发展中国家申请专利基本上是徒劳的。我们几乎每天都能听到这样的观点。但即使在这些国家执行专利权或其他 i 产权权利是面临大量挑战，但是“时代在变化”，与那些更具远见的竞争对手相比，没有认识到这些新机遇的公司将在未来处于不利的竞争地位。

如第 2 章中所讨论的那样，在中国和印度提交专利申请的数量正在急剧增长，这表明至少有很大一部分公司预见到了这些机遇。随着时间的流逝，这些国家还将日益与世界经济融为一体。预计在未来十年，将有 10 亿以上来自这些国家的新增消费者进入市场。[①]《经济学人》近期的一篇文章指出，发展中国家一直以每年 7% 的速度在增长，远高于发达国家的经济增长率。文章指出：

> 新兴经济体上升的活力提高着全球经济的增长率，它并不是替代了其他地区的产出……当富裕国家的人口老龄化问题导致全球经济增长放缓时，这些新兴经济体的表现将有助于提升全球的 GDP。相较于在一个增速放缓的全球经济中力图争取更大份额，作为一个快速增长的全球经济中的一部分对于发达国家来说其实更好。[②]

我们很难想象公司高管和经理怎么会在几乎没有认真考虑的情况下，就轻易放弃了在诸如印度、中国、新加坡、墨西哥、巴西及其他许多经济快速增长的国家投资于知识产权保护的想法。但是，这类决定却天天在走廊里、

① U.S. Patent & Trademark Office，“Glossary，” www.uspto.gov/main/glossary/index.html，emphasis added.

② “The New Titans，” *The Economist*（September 16，2006），4.

饮水机旁发生着。

9.3.7 解决复杂问题

其他隐性心智模式更多地与在 i 产权领域里能完成哪些工作有关。ipCapital 集团的总经理约翰·克罗宁指出，当面对不确定性时，最常见的反应就是什么也不做。这种情况在 i 产权领域里一遍又一遍地发生着。曾经有一家致力于复杂成像算法的软件公司邀请我们中的一位帮助他们识别需要保护的智力成果，并制定一个保护这些成果的战略。我们花费一整天时间与客户讨论了每一个相关技术领域的发展情况，除有大量智力成果存在的这个领域之外。当我们试图将讨论引导到这个高产领域时，科学家们一次次地绕开了这一话题："真的不想去讨论那个方向的话题，它实在是太复杂了，而且那里肯定有数百项创新成果。"这个团队之所以无法解决这一问题，是因为他们固守于这样一种隐性心智模式，即"这个问题太大，是无法解决的。"后来，这家公司只按其本身价值的一小部分就将智力成果作价出售了，若公司在捕捉和记录即使是公司的一部分最关键创新上做得更好，价值也要高出很多。

与此类似，一位来自世界 500 强的前首席专利律师最近告诉我们中的一位作者说，在他的任职期间，这家公司从来都没有想出好办法来决定何时从庞大的专利组合中放弃掉一些专利，这导致了数百万美元的不必要开支（向世界各国专利局支付的维持费用及年金），这笔开支可以使公司专利在不被使用的情况下仍然维持有效性。很显然，这是一个可以解决的问题。对于是什么样的假设阻碍了公司明确并执行一套解决方案，我们感到纳闷。顺便说一句，我们注意到维持费用和年金是公司的一大笔开支。一家名为"计算专利年金"的公司每年要为 4 万多家企业处理 200 万项年金工作。①

---

① Computer Patent Annuities，"About CPA，" 公司网站，http：//www.cpaglobal.com/about cpa（访问于 2007 年 9 月 9 日）。

9.3.8 挑战偏见

我们这里所描述的偏见以及未经检验的假设，只是那些给 i 产权决策者造成困扰的隐性心智模式的一部分。对于那些坚持不懈地致力于运用 i 产权建立并捍卫竞争优势的公司而言，它们是承受不起被这样的未经检验的假设所阻碍的。它们必须愿意面对并处理这些会给它们预见未来的能力造成不利影响的隐性心智模式，同时还要尽可能地做出最佳战略决策。鉴于这些问题以及许多其他尚未讨论的问题的复杂性，我们主张组建一支具备多学科背景、以战略为导向、拥有开阔视野的人才队伍来制定 i 产权决策。

9.4 掌握决策过程

鉴于构建一个 i 产权组合所需的大笔开支以及该组合能给股东价值带来的潜在贡献，我们很惊讶地发现，公司往往只投入很少的智力资源用于制定有关其 i 产权组合构成的决策。决策者们面临着来自流行的和学术性商业文献中的各种各样的错误观念，而且这些错误观念往往源自于每天都有的商业晚宴及鸡尾酒会上，并一再被人们重复着。这些错误观念影响着律师、经理人以及员工制定 i 产权决策时的心智模式，对决策制定的质量带来不利影响。克服错误观念的影响并创造性地运用 i 产权以使企业价值最大化，是一种跨学科领域的挑战，需要聪明并富有创造性的技术专家、商业专家以及法律专家的投入。没有包含全部专门技能的任何 i 产权决策方面的努力，都会忽略掉对于有效制定决策而言非常关键的某一知识领域。

有远见的 i 产权公司对于自己如何制定 i 产权决策非常注意。他们将决定权交到一个高质量的 i 产权团队手中，并且授权团队根据其对经营战略的真正理解、所讨论智力成果的优点与不足以及相关国家中知识产权法律与政策的现状等采取相应行动。协作性评估创建了一种更复杂、更复合的心智模式，它可用于评估更多不同种类的机遇与风险。对隐性假设进行挑战，能够增强团队心智模式的有效性。此外，为团队提供更为可靠的信息输入以及分析这些信息输入的系统化流程，可以改善团队的工作效率及其分析工作的质量。通过用预先已确定的战略来筛选每一项智力成果，团队能够确保决策的一致性，并且开发出一个其中每一项 i 产权都具有存在战略性理由的 i 产权组合。从时间和金钱的角度来看，好的 i 产权决策可以减少公司的资源浪费，并提升 i 产权组合的价值。

第 10 章

i产权管道（一）：汇聚智力成果之泉

智力成果源自发明人的个人经历及孕育智力成果的环境，同时也要受到它们的影响。特定类型的教育背景、弥漫在企业文化中的氛围、发明家早餐吃些什么以及主管人员的个性，所有这些及其他许多事情都会影响发明家头脑中所产生智力成果的类型。一项智力成果在其初始阶段就像是一颗新形成的种子，只有经过恰当的培育才能发芽、成长直至发挥全部潜能。一些具备潜在价值的智力成果常常被认为不重要，得不到精心培育。一项未得到培育的智力成果如果只是停留在发明家的头脑中，可能就会被忘掉或是失去活力。谁没有过在夜晚因为一个令人激动的智力成果而醒来，而到了早上却发现这个智力成果已经不见了呢？因为此时智力成果已与其他精神垃圾一道被清除了，这是睡眠的一项基本功能。

即使一项智力成果被以某种方式识别出来，比如在会议上被提出来、以电子邮件形式发送给同事或上司，但它仍然有风险被遗失在信息沟通的洪流之中，一直无法进入到流程之中被加以管理和培训。它一旦被确认为是重要智力成果，那就要与其他重要成果相竞争，以争取生存权和更多用于开发和保护智力成果的时间和资源上的投资。当公司缺乏i产权战略指导时，“流氓”智力成果就会通过发明人的强势个性以及手握权力的人物，找到通过组织体系的办法。而那些不爱争斗的发明家所发明的“安静的宝石”，就会默默无闻，以致消失不见。而那些保留下来的智力成果将会发现自己处在一个错位的i产权组合之中，这个组合保护的是一批低价值的智力成果，却未能保护高价值智力成果，或者保护不力。丹尼尔·麦柯迪是一家名为“思想之火”的智力咨询公司的CEO，他说道，“若公司高级管理层未能识别并充分配置创新成果，未能将其与公司战略和经营计划巧妙地联结起来，那么竞争对手和股东是不会察觉不到这一点的。”①

在本章和下一章中，我们将介绍 i 产权管道（iProperty pipeline）的概念。这个管道起自发明家的头脑，到为企业开发出一个有价值的 i 产权组合时终止。我们将管道开发流程分成几个阶段，阐述了从一个阶段进入到下一阶段应满足的标准、各阶段应有的产出结果以及每一阶段应该由谁负责。本章中，我们把重点放在 i 产权管道的前期阶段，处理的是智力成果构思（创作）和捕捉的问题。在第 11 章，我们将讨论 i 产权管道流程的后期阶段，处理的是 i 产权组合的开发问题，包括对捕捉到的智力成果进行评估，以及 i 产权组合的形成与维护问题。那些有见地的创新公司，都特别重视 i 产权管道从头到尾的整个流程。

10.1　引入 i 产权管道

i 产权管道的前期阶段开始于奔涌在公司发明家头脑中的几十、成百或成千上万个智力成果。这些智力成果流的产生必须得到培育，还必须通过 i 产权管道加以识别和战略性引导，并得到来自发明者、经营团队和法律团队的补充性信息。我们想要达到的目标就是确保 i 产权管道的产出成果与经营目标直接相关。

当然，正如我们在第 3 章中所讨论的那样，若缺少一个成文的知识产权战略，那么与公司经营战略进行真正有效的连接是不可能实现的。i 产权战略将 i 产权管道与经营战略关联起来，确保与管道相关的决策都能反映经营战略的需要，并确保通过该管道将产生能切实支持经营战略的 i 产权组合。

当设计良好的 i 产权管道流程与一个有效的 i 产权战略相结合时，可确

---

① Daniel McCurdy，“Seeing Through the Illusion of Exclusion，” in *Making Innovation Pay：People Who Turn IP into Shareholder Value*，*ed. Bruce Berman*（Hoboken，NJ：John Wiley & Sons，Inc.，2006），39.

保公司在智力成果保护上所投入的时间和资源都能获得最大回报。公司的忙人们通常散布在全球各地，孜孜不倦地为公司增添价值、为公司保护智力成果。执行一个成功的 i 产权管道流程并不容易，除一些其他要求外，它还要求公司的忙人们能切实牢记公司的经营目标，使这个往往有些狂热的流程能够产生出符合公司经营目标的结果。这看似简单而明显，但很少有公司尝试这么做，并且几乎都没有成功实现。这个地方所需要的是几近完美地执行 i 产权管理工作，确保 i 产权与公司的战略目标保持一致。

10.1.1 有漏洞的管道

每家公司都有一个 i 产权管道，不论是否对其进行规划，i 产权管道都在不断演变。就像大峡谷的形成过程一样，智力成果流动最为频繁的地方就形成了通道。一种员工认为自己所做的每件事都是光辉灿烂的，并且不断地令自己的智力成果引起管理层重视。另一种员工则认为自己所做的事情都是没有价值的，并且从不表示需要保护任何智力成果。有一种管理者，他们相信专利与商业秘密所具有的价值，并且会挑选出那些需要保护的智力成果。而另一种管理者则质疑 i 产权的价值，他们认为任何专利都能够被其他发明所绕开，并且很少分配时间给商业秘密的保护工作领域。

在这样一种环境中演变形成的管道是有漏洞的、前后不一贯的，也是无效的。管道流程每一阶段的责任没有分配给具体的个人或团队。决策制定采用了一种权宜的方式，由碰巧身处其中的人来制定。没有一个正式的路径来将智力成果评估、i 产权投资决策与公司经营的战略目标紧密联系起来。整个流程是被动的，主要靠智力成果自己从发明者和管理人员那里迸发出来。

与输油管道或供水管道一样，i 产权管道也必须建设好、维护好。要做好维护工作，就需要在当前及预期的经营环境下，根据公司的战略目标对 i 产权管道及其内容不断检查。用一位一流的海军指挥官的话来讲，就是“你的认识应该基于自己的调查，而不是自己的预想。”根据我们的经验，很多管理人员对 i 产权组合所持有的理念更多是基于自己的预想而非实际的调查。

10.1.2 完整的管道

图 10.1 和第 11 章中的图 11.1 共同展现了一个完整的 i 产权管道。它首先关注个人或团队智力成果构思的环境。它以经营战略为驱动力，并以 i 产权战略为手段将经营战略与管道连接起来。管道中还包括独立个体发明家在发明上的努力，以及团队构思或头脑风暴法，这为管道注入了相关的智力成果。通过电子提交系统和被称为“进入战壕”的有组织会议，智力成果被捕捉到。然后，基于一套标准的评估参数，就可以对所捕获的智力成果进行评估并做出相应处理，这在第 11 章会作更充分的讨论。那些有必要进一步保护的智力成果，需要立即进行标准化流程的发明家访谈，收集更多信息。在正式的发明家访谈之后，访谈结果被提供给有经验的技术作家，由他们来写作正式的披露文件。这些披露文件为法律顾问准备法律文件提供了参考资料，而我们最终将得到一个符合战略导向的 i 产权组合。

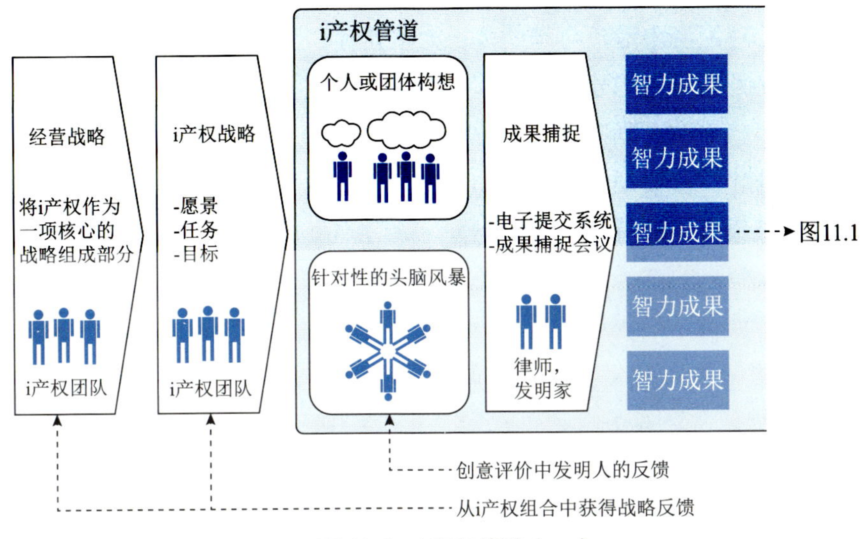

图 10.1 i 产权管道（一）

10.2 新智力成果的细流

人的头脑是公司最具价值的资产，因为它可以产生无限智力成果，但它也是不稳定的起源。公司应该牢记，人的大脑是智力成果真正开始的地方——每个人都有梦想与追求，有随机的或结构化的智力成果，有家庭，有困扰，有需求。要创造并利用好一大批有价值的智力成果，第一步就是要聚集一批有才能的人，并将他们放到一个可以让创造力活跃繁荣的环境中去。第二步是为他们提供将创造力引导到公司所期望战略方向上所需的支持和信息。

10.2.1 提供富于创造力的环境

一家在全球经济中追求卓越的公司的生死存亡，取决于员工的智力成果，因此，公司必须认真考虑建立一个富于创造力的工作环境。当开始进行这类讨论时，很多核心的工程师和科学家都会有所退缩。实际上，许多管理学原理都是在工业化高峰时期制定出来的，那时候经理们害怕无序和混乱，将它们当作是对健康组织的最大威胁。当前，有创造性的组织则认为，缺乏灵活性，进行令人窒息的控制也同样可怕。[1]

谷歌公司就是一个例子，它努力为员工提供灵活的、富有创造力的工作环境。公司的创始人向公司股东强调说，谷歌不是一家传统公司也不打算成为一家传统公司。谷歌重视自己的员工，亲切地称他们为谷歌人，公司力求为他们提供一个能够茁壮成长的环境。除此之外，谷歌还为员工提供免费的餐饮、医疗，甚至在工作场所提供洗衣机。谷歌拥有一个宏大的创造力愿景：

---

① Howard Davis and Richard Scase，*Managing Creativity*：*The Dynamics of Work and Organization*（Philadelphia：Brunner-Routledge，2001），1.

有才华的人士被吸引到谷歌工作是因为我们赋予他们改变世界的能力；谷歌拥有庞大的计算资源及分布，这让每一个人都能有所作为。我们的主要优势就在于我们的工作场所，这里拥有很多重要项目，员工能够做出贡献并获得成长。我们致力于提供一种工作环境，使有才华的、辛勤工作的人们会因其在谷歌的贡献以及使世界变得更美好而获得奖赏。[①]

智力成果孕育于头脑之中，也为头脑而生；拥有一个培育创造力的环境十分重要。谷歌做到了这一点，而其他很多公司还没有做到。

10.2.2 不同员工带来不同挑战

来自创新咨询公司 IDEO 的汤姆·凯利认为，创新需要对全新的概念进行形象化，而有用的创新则需要把新概念形象化地置于将会使用这些创新的预期客户的背景中。[②] 创新可能起源于对发明元素的一种新颖组合或创造："如果我们把一个萤火虫基因放入烟草植物里，结果将会怎样？"创新也可能被一次意外发现而激发出来："我们正在用一种后来被称为伟哥的药物来治疗这个人的血压，好吧……从此就改写了历史。"

对一些员工而言，不断创新是自然而然的。他们的思维火花不断闪耀，新智力成果的涌现似乎永无止境。对于这些天生的创新者来说，挑战主要有两个方面，（1）把他们的创新头脑引导到正确的问题上去；（2）管理好智力成果的流动，支持公司经营目标。如果缺乏这种引导，高创新性的员工可能难以聚焦重点，无法解决阻碍创新通往市场的关键问题。从 i 产权的视角来看，缺乏战略性指导的创新可能会产生一个不能支持经营战略的 i 产权组合，这个组合体现了创新者的个人兴趣而非公司的战略。当一家公司处于早期发展阶段时，这个问题尤其会让人抓狂，此时的公司里充满了理想主义者、

① 谷歌公司官方网站，"An Owner's Manual for Google's Shareholders，" http：//investor.google.com/ipo_letter,html.

② Tom Kelly with Jonathan Littman，*The Art of Innovation*（New York：Doubleday，2001），7.

学者以及思维无边界的智力成果生产者。

此外，这些高产的创新者创造和抛弃创新成果的速度也可能导致丧失机遇。他们很快就会飞奔向下一个智力成果，留下一串“无家可归”的成果。由于无法识别并迅速评估这些宝贵的智力成果，将可能导致公司错失机遇。如果创新者经常提交创新成果以供评估，而公司又缺乏一个能确保智力成果得到正确恰当程度关注的体系，那么这就在创新性员工面前竖起一道令人泄气的屏障，抑制了他们花费时间和精力揭示创新成果以供评估的意愿。

对另一些员工而言，构思新的智力成果并不是一项天生技能，但这是可以学习的。教授创新技巧的方法之一就是积极的、群体参与的头脑风暴或智力成果构思讨论会。将有经验的发明者与经验较少的发明者分配到相同的小组，这样初学者就可以通过观察进行学习。令我们惊讶的是，在当今这样一个创新之上的经济社会中，很少有公司会齐心协力地帮助自己的员工掌握创新技能。相应带来的结果就是对脑力资源的利用不足，这应该受到谴责。

10.3 从头脑到智力成果

产生智力成果的一个最重要的工具就是集体构思或者头脑风暴法。然而，根据 IDEO 公司汤姆·凯利的观察，尽管有许多公司都认为自己擅长头脑风暴法，但很少有公司能真正掌握这项重要技巧：

> 许多商业人士都将头脑风暴看作是一个复选框、一个门槛变量，就像“你会骑自行车吗？”或者“你知道如何系鞋带吗？”一样。但他们忽视了这样一种可能性，即头脑风暴可以是一项技能、一门艺术，它更像是弹钢琴而不是系鞋带。你总是在不断的学习，并且能够变得更好。你可以成为一名头脑风暴的行家。[①]

① Tom Kelly with Jonathan Littman, *The Art of Innovation*（New York: Doubleday, 2001）, 7.

精通头脑风暴法并非易事。出色的头脑风暴要求团队成员放下用于筛查异常或甚至荒诞的智力成果的常规禁忌。当团队达到一种在严肃工作场合中通常不会出现的游戏状态时，头脑风暴的运转是最好的。在头脑风暴过程中，团队成员必须放弃对智力成果进行评判。

后一个要求可能是最困难的。科学家和工程师都接受过多年用于帮助他们评估和批判智力成果的培训。在最近的一次头脑风暴会议上，我们发现参与者是如此喜欢评价智力成果，以至于他们并不使用批判性语言，而是对那些奇异的智力成果抱以过度称赞，实际上起到了与批判智力成果同样的效果。许多人对像头脑风暴这样充满游戏性活动的价值持讽刺态度，对支撑其有效性的社会科学表示轻蔑。使用与活动参与者或甚至与所讨论议题没有关系或只有较少关系的主持人，对于组织策划这样的会议有明显帮助。

幸运的是，正如我们所指出的，头脑风暴及其他思维技巧都是可以学习的。约翰·克罗宁是 ipCapital 集团的董事总经理，也是一位多产的发明家，他经常说起在 IBM 时的故事。那时候，他在门背后放置了一张图表，图表上列出了他在该年内要完成发明的数量目标。为达到这些目标，他需要实践一组可重复的发明创造技巧，用以激发和引导自己的努力。

当克罗宁从事发明创造时，他使用了一种能将不同事物戏剧性地联系起来的创造性技巧。例如，当为一个半导体芯片问题寻找解决方案时，他可能拿出一个玩具蜘蛛然后问，“这只蜘蛛的什么特征能帮我解决这个问题呢？”这是克罗宁在发明促进会议上教给别人的一个技巧。他这样解释这项技巧：

> 这样做之所以可行主要依赖于两个众所周知的过程，它们以独特方式联系在一起。一是“联想思维”，它运用创造力工具来产生联想，进而找到一项智力成果的“种子”。二是“持续改进思维”，它通过多回合的批判性和工程化思考来改进“种子”，使这个智力成果成为能被团队接受的可行的发明。[①]

① ipCapital Group，Inc.，“IOD，” corporate Web site，www.ipcg.com/thoughtleadership/IOD.htm.

在 IBM 工作时，克罗宁会在开车下班回家的路上练习这项技巧，目的是每天构思出一项新发明。他最终在超过 100 项的 IBM 专利中榜上有名，并且发表了数百篇专业技术文献。

成功的 i 产权公司不只是坐下来指望员工去构思智力成果，它们还会主动学习如何成为更好的发明者。而且，就如 A.L.L 公司的首席执行官里奇·韦斯特喜欢说的那样，智力成果应该来自公司各个层面："公司高管应该促进智力成果的流动，支持创造性的过程，并在需要的地方分配资金和时间以支持全过程。"①

10.3.1 等待智力成果出现

产生智力成果是 i 产权管道中关键的第一步，但即使产生的伟大智力成果像泽西海岸的海鸥一样多，它们也是无法被评估的，除非它们能被识别并捕获。在最近一次去圣地亚哥的旅行中，比尔·巴雷特花时间参加了一次观鲸探险。② 观鲸活动大体上是被动的。游客们坐下来，放松地享受旅程，一直到有鲸鱼浮出水面。这时候，一群刚开始还很悠闲的游客就变成了高能量的暴徒，它们迅速从座位上起身并且聚集到船沿，照相机不断闪烁。对许多公司而言，保护创新与观看鲸鱼的过程非常相似。管理者和专利律师被动地坐着，等待有价值的智力成果出现。只有当智力成果碰巧浮出水面并且大到足够引起注意时，他们才会进入实际行动。

这种思路的问题是，当一项智力成果仍储存在员工的大脑神经元中时，所冒的风险是很大的。员工可能跳到另一家公司，同时把智力成果随身带走。员工也可能由于处理其他紧急问题而把智力成果丢在一边，以致最终忘记它。员工可能因为太害羞或觉得尴尬而不把智力成果提出来，他也可能因担心智力成果会被滥用甚至盗用而对其保密。我们认识一位科学家，他花了大量时

① 里奇·韦斯特与作者在 2007 年 6 月 15 日的邮件内容。

② William Barrett，"Diving for Inventions：A Proactive Capture Process，" *Current Drug Discovery*（May 2002），45–46.

间来为下一家公司构思智力成果，目的是对冲目前这家公司可能失败的风险。这家公司也确实失败了。不用说，他的做法对这家公司的成功是无益的。

按照这种通常的方法，当员工构思并推进他们的发明概念时，他们会在实验室笔记本、文字处理和电子表格中或者在到处都有的餐巾上把智力成果记录下来。当潜在的智力成果散步在各地时，它们是无法被管理者看到并被管理起来的。我们将这些文件编制为“α 文档”（alpha docs）。一家公司 α 文档的内容和性质对其 i 产权决策流程的质量有显著影响。但是在大多数公司，α 文档的创建或者创建后的处理方式都是缺乏一贯性的。

我们也好奇为什么在电子笔记本很容易获得的时代，还有那么多公司继续使用纸质笔记本。一位研究人员对这种老式方法是这样描述的：

> 还记得就在不久前，我要找人为我的实验室笔记本作见证还是一件很繁重的事情。我用微软 Excel、Lotus 1-2-3 或 Fox Pro 记录数据并将它们输入到一个数据文件中；生成图形和表格；将它们粘贴到我的实验笔记本中；对结果签上名字和日期；然后去请同事们为我的数据作个见证。当然，这其中任何一步都不是按照一个合理的或符合逻辑的时间表来进行的。实际上，当数据得以正确签署时，时间已过去了数周。到年底时，实验室笔记本的厚度膨胀到原来的两倍，变得难以置信的笨重与沉重。在我所工作的公司至少有 200 名员工，他们中大部分也都采用这种做法。这对档案员来说肯定是一个噩梦，更不必说会给知识产权工作人员带来多大的挫折了。①

一套纸质的实验室笔记本必须通过手工方式来挖掘智力成果。困难是如此之大，以致大多数公司都从来不去挖掘智力成果。因此，对于许多有潜在价值的智力成果而言，实验室笔记本就变成了它们的死胡同。而且，纸质实验室笔记本易受到洪水或火灾的毁坏，易于丢失或被盗，因此它们应该被扫

① Marc Fitzgerald，“The Evolving，Fully Loaded，Electronic Laboratory Notebook，” *Chemical Innovation* 30，no. 1（January 2000），2–3.

描出来并在别处备份。但是大多数公司也从来没有做到这一步。即使他们这么做了，也常会有很长的滞后期，在此期间最新的笔记本并没有被复制并处在风险之中。再者，由于将智力成果录入到实验室笔记本很耗时，所以许多智力成果从来就没有被写下来过。这样就导致我们丧失了很多机会。

10.3.2 捕捉智力成果

尽管从理论上讲，员工头脑中的智力成果可能作为 i 产权组合的一个候选，但实际上在它们被捕捉之前，是无法被评价和保护的。此外，尽管创建 α 文档是一项关键技能，但 α 文档通常散布于整个组织，大多数情况它们实际上是无法获取并用于评估的。不同员工的实验室笔记本可能分布在不同地方，通常还有文字处理文件、数据库、实验室设备打印资料、报事贴以及员工头脑中的信息等作为补充。有关单一的一项智力成果的关键信息也可能分布在一个或多个实验室笔记本中，被一些无关的资料分隔开来。除笔记本的主人，其他任何人要发现并将相关信息整合起来都是很难的。如果员工没有受过很好的训练以识别重要的智力成果，那么他就可能无法识别或记录某些有价值的智力成果。

智力成果在被捕捉到之前是无法管理的。我们说“捕捉”是指将员工头脑、α 文档和其他来源中的智力成果呈现出来，转换成一种易于被检查和管理的形式。为了能进行评估，智力成果的核心要素必须与足够量的基础信息一道记录于数据库中。这些信息必须进入一个流程之中（i 产权管道流程），以确保评估会按照一种战略上行之有效的方式进行。

正如前文指出的那样，常见的 i 产权开发过程会导致大量有价值的智力成果的损耗。根据我们的经验，最大损耗发生在概念构建和 α 文档阶段。在概念构建阶段，研究人员会因各种原因非正式地筛选并丢弃创新，如，创新在研究人员的核心研究方向之外；不涉及基础科学因而不适合发表；研究人员认为该创新并不具有商业价值；等等。在 α 文档阶段，智力成果被以要点的形式记录下来，但它们没有进入到一个能促成评估和管理的系统之中。仅仅是擦除白板这样一个简单的步骤，就可能使一个有潜在价值的智力成果消失于无形。

你上一次擦除白板时丢失了什么智力成果呢？

为了避免无形中损失有潜在价值的 i 产权，我们遵循一条简单的规则：捕捉在前，评估在后。有各种各样的捕捉技巧可供使用，但大多数可归为两类：（1）培训并激励员工自己提交智力成果；（2）派一个训练有素的主持人与员工一起“进入战壕”，识别并记录有潜在价值的智力成果，如此一来员工就不必自己做了。

10.3.3　激励智力成果的披露

让员工自己提交智力成果往往就像拔牙一样难。许多科学家和工程师都痛恨写作。他们中大部分都忙于设计和做实验，没有时间来整理文件，所以如果管理者不为各项任务设定优先级，文档工作是永远完不成的。

更糟的是，对所要做出的决策而言，常见的发明披露表中所需的信息量往往是过头的。在捕捉阶段所需要的信息量，不应超过做出该智力成果是否值得更详细地记录这一决定所需的信息量。

比尔是 A.L.L 公司的知识产权副总裁，这家公司通过使用一个简单的、长度为一页的电子提交表格来捕获智力成果。作为完成表格的一种激励，在每周星期五的员工午餐上，每个在当月提交了智力成果的员工的名字都会被放在一个帽子中，被抽到名字的员工可以收到一份礼品证书，礼品是用公司的信用卡积分购买的。所有的员工玩一个游戏，看看谁能提出最多的智力成果并在抽签时被抽中。当会议中有人提到有潜在应用价值的智力成果时，公司文化鼓励其他人指出来并用于提交。另外我们在第 11 章会详细讨论到，当一项智力成果被评估后，员工会收到有关评估和后续处理的反馈，因此已提交的智力成果都不会在这个系统中丢失了。

为什么不增加一个交互式语音应答或网络系统，使员工能在白天或晚上的任何时候都可以打进电话或上网来回答一系列的简单问题，进而捕捉他们的发明智力成果以供进一步考虑呢？

10.3.4 深入战壕并肩作战

有前瞻性思维的i产权公司会为员工捕捉智力成果提供激励，但即使拥有最好的激励，它们也不会消极等待智力成果自行来到合适的经理人面前。这些公司运用相关的流程，与员工一起“进入战壕”，挖掘新的智力成果。如果没有积极的智力成果捕捉过程，i产权管道的流量与员工和经理人识别潜在可申请专利的、有价值创新的能力是成正比的。

在爱立信的三角研究园中，一名专利律师安排了定期会议，从各公司来的专利顾问与多组爱立信的工程师会面。这几个小组聚在一起与专利顾问讨论他们的工作，识别能申请专利的智力成果。在这一整天里智力成果得到了评估，并且专利顾问留下一份可申请专利的智力成果的名单。专利顾问无偿奉献他们的时间，因为他们知道这些会议将会带来有很高回报的工作，比如为所识别的智力成果准备并提出专利申请的时候。

约翰·克罗宁开发了一个他称之为ipScan的发明捕捉过程。该过程中包括一个有一组创新者参加的促进会议，并且通过一个结构化的访谈过程，带着他们去捕捉ipCapital集团的发明数据库中的智力成果。克罗宁强调，定期识别知识产权是至关重要的，因为关键人员可能会离开公司，还有许多发明人会认为自己的工作并非原创而把有价值的智力成果丢弃了，而且记录良好的发明库能让高层管理人员监测进展情况，并做出与经营目标相一致的知识产权决策。①

① ipCapital Group，Inc.，corporate Web site，“Understand the Value of Your IP and Identify and Visualize Your Assets，”www.ipcg.com/whatyoucando/1-Identify.htm.

本书的三位作者都曾参加 ipScan 会议，我们可以确定，这个会议不仅行之有效，而且过程中也有很多乐趣。通常在会议结束后，参与者对自己的智力成果更会劲头十足。

10.3.5 捕捉促进评估

员工提交和积极捕获的智力成果拓宽了 i 产权管道，促进了对智力成果进行战略导向的评估。简言之，捕捉来的智力成果可以被管理。在管理捕获来智力成果时，我们发现将智力成果填充进一个数据库并为每项智力成果赋予一组评估参数，是特别有用的。接下来我们讨论评估参数。

智力成果捕捉会议可为诊断公司对 i 产权管道管理的好坏提供一个工具。① 每项智力成果都可以用三个参数来描绘：业务优先级、开发阶段以及文档状况。为评定业务优先级，要根据智力成果能多好地帮助公司实现经营目标来进行打分。评定智力成果的开发阶段时，是根据员工能多好地描述智力成果如何形成和被应运用的基础技术细节。关于智力成果的文档状况，只需要标明文档编制的最高水平，如没有文档、α 文档、发明披露文件中的正式文档，或法律文本（即临时的或完整的专利申请）。

在高优先级的智力成果中，有多少是被充分阐释了呢？在阐释充分的高优先级智力成果中，有多少是形成了正式文件或法律文件的呢？衡量公司对 i 产权管道早期阶段的管理如何，得到充分阐释并形成正式文件或法律文件的智力成果的比重是一项十分基础的指标。比重越低，高优先级的智力成果通过缝隙溜走的概率就越大。

处在早期阶段及成熟阶段的智力成果各占多大比例？早期阶段的智力成果是提供给 i 产权管道的原材料。已经开始产品商业化的公司通常只有很少的早期阶段智力成果。为了在全球知识经济中展开竞争，公司必须注重智力成果构思，提高早期阶段的智力成果数量。其他的公司有大量的早期阶段智

---

① William Barrett，“Diving for Inventions：A Proactive Capture Process，” *Current Drug Discovery*（May 2002）：45–46.

力成果，但成熟的智力成果却很少，这种情况在创业公司中很常见。这些公司要取得成功，就需要在早期阶段智力成果的发展上进行投资。

10.4 大学的视角

微软公司知识产权副总法律顾问马歇尔·菲尔普斯在最近一次会议上指出，尽管大学有令人难以置信的创造潜力，但很少有大学能够充分利用自己的资源。菲尔普斯认为，大学应该打破个人“独唱”的状况，工程学院、商学院应在创造和保护智力成果上进行合作。[①]当然，大学从来就不缺少智力成果。它们发表的智力成果要比保护起来的多，而且大部分的发表都没有考虑到是否会为大学带来最佳收益，甚至没有考虑到发表是否是确保智力成果有利公众的最佳方式。许多智力成果在发表后无法得到进一步开发，就是因为它们没有受到保护，无法使后续的开发成本变得合理。

大学的技术转移办公室（technology transfer offices，TTO）被赋予促进新智力成果向公共部门转移的使命，开发智力成果，符合公众利益，并为大学带来现金收益。近年来，一些技术转移功能变得越来越复杂，知名度也高，交易可达数百万美元，并创造出数百个衍生公司。专利促进了衍生公司的产生，因为它有助于确保那些投资于技术开发的公司能免于受到竞争，正是这些竞争会使它们得不到足够的回报来进行再投资。

然而，由于流程不完善以及资金、管理等各方面原因，绝大多数大学原创的知识成果从未被以专利或其他方式保护起来。最终大多数智力成果被公开发表，随之而来的结果就是丧失专利权。既然申请专利往往是成功技术开发的前提，那么目前取得专利权的创新成果的数量之低则表明：

- 许多具有潜在价值的智力成果都没有被继续开发以满足公众利益，

① Anna Skibinsky，“Experts Call for Revamping of US Patent System，”*The Epoch Time*（April 30，2007）.

因为它们没有申请专利。

- 大学没有努力实现最高的潜在许可收入。
- 大学正在投资开发的可能并不是最有前景的技术。
- 即使部分利用了自己的投资以及纳税人通过补助和奖励方式所进行的投资，多数大学在技术转移上的总投资也远远不够。

在常见的技术转移过程中，大学投资于专利申请，并将那些有潜力的专利授权给公司，以期望一项成功的专利或许能够补偿原始投资并带来一定利润。这种模式固有的资源约束会导致大学 i 产权组合的规模与多样性的萎缩。通过重视并运用所捕捉到的智力成果，促使投资者在早些时候参与到 i 产权的管道中来，至少可以部分地克服这种困难。

增加了智力成果捕捉这一步，合作伙伴为 i 产权开发过程提供资金的大门就打开了。这样做的优势包括：

- 选择最佳的智力成果加以保护
- 为潜在的商业合作伙伴参与早期评估提供便利
- 将大学的资金解放出来用于投资其他智力成果

大学的研究人员总在不断地构思、筛选以及开发或放弃智力成果，但往往很少或没有来自实验室之外的输入。对那些被正式记载并传递给 TTO（技术转移办公室）的智力成果，因为有财务约束，TTO 只能从中选择最好的或者以“本垒打”的方式制作法律文件，进行专利诉讼。因此，大学的专利组合要远远小于其发明创造的产出，并且与其研究投入极不相称。

与公司里的情形一样，若缺少主动捕捉智力成果的程序，那么从实验室笔记本到 TTO 通常所要求的发明披露文件之间存在着巨大跳跃，这为在被发表前对新智力成果进行披露带来了明显障碍。这个问题又被学术研究人员“要么发表，要么出局（publish-or-perish）”的传统给放大了。TTO 仍然看不到未披露的任何智力成果，研究人员在受挫后最终将它们发表或公开披露，致使无法再为其申请相关专利。

智力成果的捕捉阶段并非要求有一个详细的发明披露文件，需要的只是对智力成果作一个简短概要。如果表格超过一页，那它可能就太长了。除通过书面文件的提炼而来，这个概要也可以通过口头采访方式来完成，这就进一步降低了研究人员的初始披露负担。口头采访可以由 TTO 的初级职员来完成，也可以通过一条能使采访过程自动化的电话热线来完成。简洁的捕捉过程也能降低 TTO 对智力成果逐个复审的负担，使得 TTO 可以管理更多数量的智力成果。捕捉阶段将来自 α 文档的智力成果聚集在一个中央数据库中，在这里它们能得到统一管理。

通过降低起初的文档编制难度以及将智力成果集中在中央数据库中，捕捉阶段确保了几乎所有潜在可申请专利的智力成果都能以一种允许 TTO 做出审查的形式被捕捉到。尽管 TTO 肯定不会追逐某些智力成果，但捕捉过程使 TTO 有机会在放弃它们之前进行认真的考虑。这样一来，捕捉阶段有助于阻止有潜在价值的智力成果的无形泄露。一旦完成捕捉，大学可以组建一个知识产权团队来考察全部有潜力的智力成果，从技术、法律和商业的视角来审视它们，因而最有前景的智力成果就能被挑选出来在专利过程上进行投资。

在某些情况下，大学可能会希望有合作伙伴来资助智力成果捕捉会议。合作伙伴可能是：

- 一家有兴趣最先看看出自某特定实验室的新技术的公司。
- 一个想要在被许可前确定技术全部潜力的潜在被许可人。
- 一家已经是被许可人的公司，它有兴趣了解潜在的后续许可的 i 产权开发程度。

合作伙伴能为智力成果捕捉会议提供资金，并且可能会为了抢先看看这项技术而向大学付费。“抢先看看”意味着只是智力成果的简要说明，掩盖了技术细节，并且可能需要签署一个保密披露协议以防止信息被滥用。如果该公司想要学习更多，它可能愿意为起草更详细的披露文件提供资金。公司资助能降低大学的财政负担，因为这样公司就可以聘请第三方机构来采访研究人员、撰写披露文件、在向公司披露之前成果申请为临时专利等。

如果该公司没有兴趣为捕捉会议所识别的智力成果编制文档，那么大学可以将相关智力成果提供给其他公司进行审查。如果智力成果最终被许可出去，大学可以补偿这家公司为准备智力成果的披露文件所支付的成本。该过程的结果可能是将捕获的智力成果直接许可出去，也可能由公司对捕获的智力成果作进一步开发投资。

10.5　装填管道

决定 i 产权管道输出结果的首要决定因素是输入。若不先创造出高明的智力成果，公司不可能创造出高明的 i 产权组合。那些寻求掌控自身 i 产权管道的公司，必须从专注于智力成果的创造开始。智力成果一旦被构思出来，就必须以一种能够被评估的方式识别并记录下来。对大多数公司而言，文件记录环节是一个主要瓶颈。通过简化创新者进行披露的过程，智力成果捕捉（包括积极的捕获促进会议）打开了这个瓶颈并促进了新智力成果流入管道。一旦被捕获，智力成果就能够通过 i 产权管道统一管理起来。在下一章，我们将讨论智力成果在 i 产权管道中的评估工作，以及从评估阶段到最终形成能给公司战略提供最大支持的 i 产权组合之间的各个步骤。

第 11 章

i产权管道（二）：构建一个战略目标组合

在企业建立的惯例、流程和行为准则的影响下，i 产权管道就存在这个环境背景之中，或茁壮成长，或趋于萎缩。背景环境包括发明人从事发明活动所处的文化以及公司的相关信息内容。这些信息内容塑造了发明人关于公司认为哪种类型的智力成果具有价值的想法和态度。背景环境影响了创新者会致力解决的问题以及他们解决问题所使用的工具。在这个背景环境中，智力成果得以形成，i 产权管道的每一环节通过创建、选择和进一步巩固智力成果来提升、未能提升或减少公司所拥有的智力成果的价值。那些得到进一步巩固的智力成果将以更高的细节程度，更高的可实施性，更大的法律保护力度被保护起来。如果背景环境是由战略塑造的，那么 i 产权管道在创造出受法律保护的无形资产的战略组合时就达到了最佳状态；经营战略在公司拥有这些无形资产时会发挥更大效用。如果背景环境缺乏战略引导，结果就只能是公司投资了一系列相对随意的受法律保护的无形资产，并寄希望于它们中至少有一些是能够支持公司业务的。

如第 10 章所描述的那样（见图 10.1），i 产权组合的开发始于经营战略和 i 产权战略。体现在文本中的战略理念影响着公司内部发明家的头脑，也影响个人和集体构思的产出。智力成果被捕捉到之后，其关键信息被录入到数据库中用于进行分析。但这仅仅是个开始。如图 11.1 所示，当捕捉到智力成果后，一个有效的 i 产权管道需要相关流程来对智力成果进行战略性评估，并选择适当的保护形式和保护区域。该管道也需要相关流程来对智力成果进行更精确的记录，以确保能达到特定的要求，比如作为一项商业秘密文件、一项专利申请文件或者是一次防御性发表（见第 12 章）。只有得到战略引导的 i 产权流程才能产生与战略目标一致的 i 产权组合。

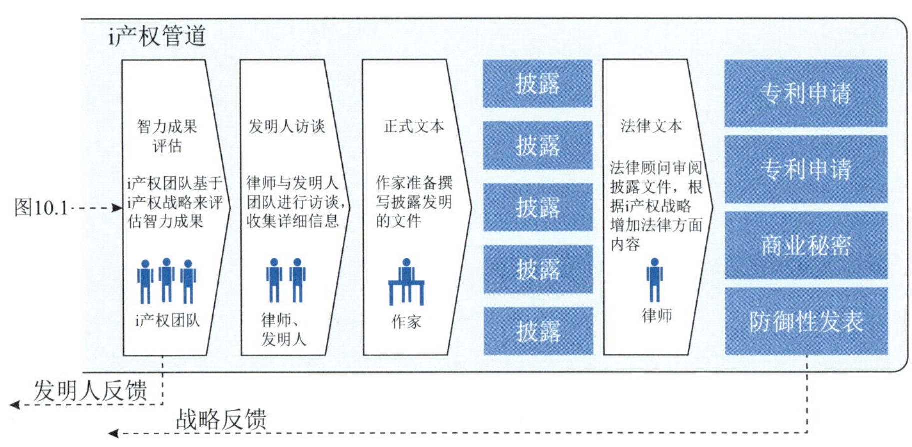

图 11.1　i 产权管道（二）

糟糕的评估和决策制定能导致 i 产权的不慎丢失或者将资源浪费于收购那些不能收回机会成本的 i 产权。例如，一个考虑不周（或根本就没有考虑）的评估过程可能导致：（1）在专利组合至少是有望起到抑制竞争作用的国家里，公司没有递交专利申请；（2）在投资得不到批准的国家，浪费资源去申请专利。商业秘密也经常被忽视。不能保护好智力成果往往是最严重的一种错误，因为这直接影响到公司在世界各地维持其竞争优势。一个相关的问题是，公司在正确的国家申请了专利，但未能实施正确的经营战略以利用 i 产权组合的优势。不断地投资于不合理的 i 产权保护，会导致组合成本日益攀升（即使最大型的公司也肯定有此感受）和投资回报很少或为负（肯定是最受关注）。有了合适的基础组件，一个集成的 i 产权管道就可以执行得像一台精良的 i 产权生产引擎，仔细地制作出一个个 i 产权目标组合。

你是否有一套可以根据战略对智力成果进行系统性评估，并确定在何处以及如何保护智力成果的流程？

11.1　评估智力成果

由于 α 文档和最初记录中的智力成果不能得到很好地管理，以及从 α 文档到详细的发明披露文件之间还有一个巨大的跨越，所以智力成果可能会陷入实验室的笔记本和其他文件之中，管理人员几乎完全看不到它们。我们在第 10 章讨论到，通过在 α 文档和正式文档之间加入一个“捕捉—开发”环节，集成的 i 产权管道就可以帮助我们解决上述问题。捕捉工作涉及对智力成果简要描述的记录以及评估所需的其他相关事实，比如证明智力成果有用的证据、智力成果能带来的技术和商业优势，以及智力成果能解决的问题等。

智力成果一旦被捕获，就必须进行评估。以下是一种常见的方法：乔治得出一项智力成果并在办公室闲谈时向老板提到了它。他的老板玛丽运用自己的标准和背景知识对智力成果进行了非正式筛选。她的标准和背景知识来源于一位教授向她提到的一些发明，当时她还是一名研究生。她可能会也可能不会与其他人讨论这项智力成果；充其量而言，她可能会就该智力成果与几个同事来回讨论过几次。如果玛丽自己的标准与公司的战略需求碰巧能很好地吻合，如果她恰巧对技术和保护的法律标准很了解，那么她可能就会做出对公司来说是最好的一个决定。或者，如果她就是很有运气，那么她也可能会做出对公司最好的决定。但谁愿意仅仅就依靠这些呢？

但现实是，除非她是一个特别有远见并且恰好热衷于 i 产权的人，玛丽在这一异常复杂的领域做出最佳决策的概率是很低的。由于没有成文的 i 产权战略来指导她做出决定，所以如果她对 i 产权的作用恰巧存有偏见，那么她将是阻碍对有潜在价值的智力成果进行保护的“大坝”。如果她恰巧对 i 产权有粗浅的认识，她可能会保护员工们认为重要的智力成果，为的是让员工喜欢自己。如果她是难以接近的人，那些强有力的创新者就可能在体制中运作以使自己的智力成果受到追捧，而那些胆小羞怯的创新者则可能会看着自己的智力成果被搁置，尽管它们有很高的潜在价值。

11.1.1 战略指导下的决策

正如我们在第 9 章所讨论的一样，i 产权组合决策最好是由一个跨学科团队在 i 产权战略指导下，根据结构化的流程来制定。当仅由某一个人来进行 i 产权组合决策，或当一项智力成果只是在决策者之间简单传递而没有根据相关技术、业务和法律事实来进行战略讨论并达成共识时，所产生的组合必定是技术上相对薄弱且与公司经营目标不相吻合的。与此相反，如图 11.2 所示，在一个 i 产权公司里，经营战略驱动 i 产权战略，i 产权战略指导 i 产权团队开展智力成果评估。这个流程将大量智力成果不断输入 i 产权管道，并将它们塑造成一个战略上聚焦的 i 产权组合。

i 产权团队的战略背景包括 i 产权愿景、组合、情报以及全球专利战略矩阵。i 产权愿景必须时刻摆在 i 产权团队面前，以使所有决策都与愿景和当前环境相一致。i 产权团队也必须对公司现有的 i 产权组合有深入了解。例如，如果所评估的智力成果已经被申请专利，该怎么办？不了解这个情况的 i 产权团队可能会错误地投资于保护相同的智力成果。该团队还必须清楚公司的 i 产权情报。该智力成果是新的吗？或者是已经被其他人发表或申请专利了吗？为公众所知且技术上最接近的智力成果是什么？为保护类似的智力成果竞争对手采取了什么类型的策略？最后，全球专利战略矩阵是智力成果评估过程中的一个 i 产权战略输入项。如第 7 章所详细讨论的，全球专利战略矩阵提供了一种为全球专利战略选择目标国家的方法。

11.1.2 创建战略网格

决策过程的一个重要目标是为每项智力成果赋予一个相对值（如低、中、高），并将智力成果分为不同类型（如 A、B、C 和 D，见图 11.2）。i 产权团队根据智力成果与经营战略之间的关系对智力成果赋值。高价值智力成果对经营战略起核心作用（即那些为企业战略提供最多支持的），低价值智力成果是为企业战略提供最少支持的。要根据公司所产生智力成果的不同性质，为其划分不同类型，类型相似的智力成果在 i 产权战略中获得相似对待。比如对一家制药公司而言，智力成果的类型可能分为药物分子、药物制剂、合成方法、治疗方法以及生物化验法等。对于一家医疗器械公司，智力成果的类型可能分为系统、设备、制造方法、治疗方法、商业方法等。对于消费品公司而言，智力成果类型可能是按产品类别划分的。

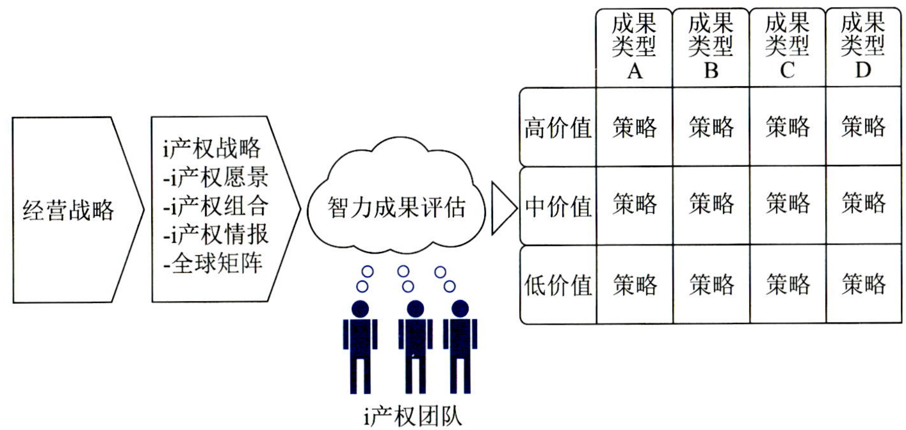

图 11.2　智力成果评估计划及战略网格

公司常常将一些智力成果评为具有高价值，即便他们并不能支持经营战略。毕竟，公司能将有重要商业价值的智力成果对外许可出去以产生收益，即使它们对于开发特定产品或服务并不起关键作用。商业价值的评估可能是正确的。公司可能拥有一项有价值的技术，但可能没有资源去发展它，在这种情况下将技术许可给第三方可能是最好的选择。一个普遍存在的错误认为是，即使没有包括在经营策略中，公司的 i 产权许可也能持续取得成功。在许多情况下，最好的解决办法是不要把具备商业价值的非核心 i 产权排除于保护之外，而是将对外许可作为一项核心的经营战略，分配足够资源使非核心 i 产权货币化。

你的 i 产权组合决策是由一个综合的 i 产权战略指导的吗？

战略网格引导着 i 产权团队的决策。网格中每个单元都应包括一组用于保护该类别中智力成果的战术策略。例如，在高价值、类型 A 这一单元中的行得通的智力成果可能会被立即申请专利，而类型 D 中的高优先级智力成果可能会作为商业秘密保护，要么就是发表。高价值、类型 A 这一单元中那些仍不可行的智力成果可能会立即交给一位主管人员采取行动。

战术策略应该是具体的。例如，高价值、类型 A 中的智力成果可以在一个月评估期内申请专利，包括一项美国的实用新型专利、一项专利合作条约（PCT）申请、一项欧洲专利申请和一项加拿大专利申请。相比之下，低价值、类型 A 中的智力成果可能申请为临时专利，并将临时专利在一国或多国申请作为实用新型专利、PCT 专利的截止日前进行重新评估。相似地，高价值、类型 A 中智力成果的专利申请可以迅速推进，即使这样做会增加近期的智力成果保护成本。而中等价值、类型 A 中智力成果可以在同一组国家中申请专利，但推进速度可以尽可能放慢以尽量延缓费用支出。

i 产权战略网格帮助 i 产权团队根据特定类型和特定优先级来为智力成果设定战略选择，不需要为每一项智力成果而推倒重来一遍。当然，正如我们在别处讨论到的，书面战略无法取代良好的判断。战略一经制定，还应当经常花时间来审视现实情况并根据需要来调整战略。

11.2 管理信息流

一旦作出对智力成果如何处理的决策，i 产权管道的剩余环节就关乎执行了。特别是智力成果的文档记录信息必须得到加强，更详细的技术、商业和法律信息都必须被添加到文档中。那些认真对待 i 产权执行的公司，必定要采用流程以快速、高效地创建出高质量的最终产出，而且必须将结果反馈给创新者，以提升他们对整个流程的信心，激发他们积极做出贡献。这最后一步往往容易被忽视，从而导致不信任和关系紧张，进而损害了健康的 i 产权文化。

11.2.1 信息内容正式化

一旦 i 产权团队做出保护一项智力成果的决定，这项智力成果必须有正式记录。回想一下，出于效率的原因，智力成果捕捉过程仅涉及最少量信息的记录。正式文档提供了一个完善智力成果细节的途径，以及发明人披露文件的适当日期。这个文件要按照 i 产权团队规定好的方式来准备，它可能被提供给专利律师以融入专利申请中，也可以作为一套文本化的商业秘密进行保存，或作为防御性出版物进行发表。

公司可以通过培训员工以准备出高质量的发明披露文件，这些文件中要包含一整套格式一致的详细的业务和技术内容。然而，即使经过充分培训，科学家们对写作发明披露信息往往没什么兴趣。他们很少有动力去写作发明披露信息，而这是编制高质量文档所需要的。

实际上，许多科学家和工程师讨厌这项工作，即使是那些喜欢写作的人也很难抽出时间来准备详细、正式的文件。在缺乏标准化流程的情况下，组织中发明披露的质量差别很大，而且许多发明披露都缺乏专利律师和管理层要了解和评估智力成果所需的关键细节，从而导致更多的挫败感和资源浪费。当发明披露准备要进入到专利流程中时，不完备的发明披露会增加专利律师准备专利申请所需的时间和精力，从而增加了每项专利申请的费用，潜在地降低了公司所能追求专利的总数。

即使员工受过培训而且有及时写出好的发明披露的动力，这也是对他们时间的一种非有效利用。公司应该要让其创新者集中于智力成果的创造与优化。在今天的全球创新竞争中，不停地发明创新大概是创新者工作中最关键的方面。作为一种替代方案，我们认为公司应该建立一项流程，将智力成果文本化的责任交给训练有素的访谈者和技术文档撰写人，从而彻底减轻员工负担并极大地提升文本化工作。

根据我们的经验，将结构化访谈（有时称为口头发明披露）与由技术作家撰写文档相结合（见图 11.1），是从发明家那里收集信息的有效方法。在访谈中，一名训练有素的主持人比如专利律师，与发明人会面并以一种结构化的、能快速提取出发明文本化所需信息的方式就发明进行讨论。大多数智力成果可以在不超过一小时的访谈之后就记录到文档中。在这个过程中，我们可以对访谈进行录音，可以制作初步的设计图纸，还可以识别出重要的实验室笔记本标签和其他数据来源。录音可以提供给训练有素的技术作家用于撰写正式文件。

将访谈分为两部分是一种有用的安排。访谈的第一部分是一个自由思考过程。在此期间访谈小组一起处理这些智力成果，关注其当前状态、所要解决的问题、可实施程度、技术特征以及其他人可能设计绕过该智力成果的各种替代结构和路径。在访谈的这一部分，参与者可以绘制图纸，其理想做法是采用不褪色的彩笔最大程度地记录细节并创建一个永久记录。访谈的第二部分是一个表演。每个参与者都知道自己的角色以及需要传达的信息。先是打开数字录像机或视频摄像头，然后访谈小组完成一个结构化的访谈流程，包括对智力成果的背景和一般概念进行解释，以及对访谈第一部分所勾勒出的图纸进行描述。在录像过程中，将镜头对准图纸以捕捉发言者与图纸的交互是有益的。所有关于智力成果是否恰当的评估都应在访谈的第一部分完成，这样录音中就不会有一些可能日后会被无节操的诉讼者挑出毛病的材料。

该过程的输出结果是能够提供给技术作家用于编写文档的一套图纸和口头披露。A.L.L 公司运用了这个过程，并且当访谈一旦完成就尽快将图纸和录音上传到一个称为 InfoStrength 的门户，在那里这些材料被标记上时间和日期，为正要记录的智力成果建立一个“至少早于某日”的日期。A.L.L 公司位于北卡罗来纳州的三角研究园，但其披露作家的网络却遍布全国。比如，作家汤姆·巴舍尔德就住在纽约奥尔巴尼，他可以下载访谈资料，经过 8 到 10 小时的工作就能按照 A.L.L 公司的要求完成一套发明披露文件，配上按专利栏目编号的图纸，将文件上传到 InfoStrength 门户。

采用这种方法，A.L.L 公司的团队可以在一天内安排多个发明者访谈，并将技术写作并行地分配给多名专业技术作家，这些技术作家的小时费率通常比有丰富经验的专利律师的 1/3 还要低。一周之内，所有的发明披露文件都能完成并为接下来的环节做好准备。对于打算以申请专利来保护的智力成果，内部或外部专利律师可以从 InfoStrength 门户下载获得发明披露文件并用作专利申请的基础材料。通常只需作较小的变化，专利律师就能将披露文件转换成一份临时专利的申请材料并在几小时内提出申请。

将技术写作任务交给训练有素的技术作家而不是交给费用昂贵的专利律师，这个过程就可以为公司节约大量资源。

11.2.2　信息内容合法化

通常被选定申请专利的智力成果会被传递给专利律师以准备法律文件。由于每项专利申请都是部分技术写作、部分法律措辞，所以专利律师为专利申请工作增添的最高价值是将所需的法律措辞融合进来，包括准备一套详细的专利权利要求。许多组织在缺少正式的发明披露文件时就将实验室笔记本和其他初步文件的复印件交给专利律师，使得专利律师以其小时费率来从事技术作家的工作。按这种套路行事的公司大概要为专利申请支付最高额的法律费用了。

而且，在没有任何战略指引下将披露材料丢给专利律师，将导致对专利律师昂贵工时的不良使用，因为专利律师会以不符合公司经营战略的方式来准备或推进申请专利。确保专利律师及时掌握公司获取专利的战略原因，能将法律费用降至最低。当然，为做到这一点，没有比邀请专利律师参加 i 产权团队定期会议更好的方法了。

许多公司不愿意付费请外部专利律师来参加 1 小时会议，但如果它们看到没有从开始就将律师置于战略循环之中而导致的长期成本，就会畏缩了。最好的情况是，不知情的律师花大量计费时间用于研究互联网上的公开信息，试图了解公司的需求和战略。最坏的情况是，不知情的专利律师在准备专利申请时没有对战略进行任何考虑。任意一种情况下，后果都可能很严重。通常来讲，专利申请一旦提交就不能再改动，在专利申请时遗漏掉的战略选择在后面也无法再加入进来。提交专利申请就像是发出的营救艇，一旦发出就没有机会带上新的东西，抵达事故现场就不是研究该带什么的时候了。同样，许多专利律师花大量时间进行专利申请，却会因为遗漏了一个关键细节，甚至只是一个字，而倍感遗憾痛心。

如果打开专利律师为贵公司一项重要专利申请所准备的文件，你是否发现该文件简要描述了你们投资这项专利申请的战略原因？

一旦该专利申请被提交，它就进入到一个被称为“专利审查”的阶段。专利审查的本质是与专利申请所涉及国家的相关专利局进行谈判，谈判问题包括是否授予专利申请中提出的权利要求，以及如果授予，那么该权利要求的范围有多大。专利的权利要求是对专利保护界限的简洁表述，位于专利文件末尾。专利申请人通常会要求得到非常广的权利，但在审查过程中权利要求会被修改，有所收窄。最终的保护范围可能看上去与原权利要求完全不同。不幸的是，管理层和员工往往只将专利审查环节看作是专利律师的事。然而，如果不仔细检查，审查过程中对权利要求所做的修改可能导致技术上不精确或增加了不必要限制，从而可能无法保护公司的产品或使得专利权利容易被绕过，降低了该专利对公司的价值。更糟的是，在变得为时已晚以前，这些缺陷可能都不会被注意到。

为了通过专利进行有效保护，一项智力成果除满足其他条件外，它必须是新颖的——必须是新来到这个世界的。顾名思义，创造出新颖智力成果的创新者比其他人都更了解这项成果。因此，创新者应该密切参与到对专利申请的审查之中。但现实往往不是这样。许多创新者都被专利申请特别是专利权利要求的法律术语吓到了，没有仔细阅读专利文件，其后果是可想而知的。

经营决策的制定者也常常无法理解他们的专利申请。这有时要怪专利律师的沟通技巧缺乏创造力，他们没有考虑到忙碌的高管们并没有时间阅读专利申请。通常，专利律师的态度就和下面这位类似：这位律师帮公司拟写了一份有关竞争对手专利情况的复杂的法律意见，当要求他在给公司 CEO 的法律意见中增加一个摘要时，他拒绝了，称这样会妨碍 CEO 阅读意见的全文。对于繁忙的高管们来说，时间是最稀缺的资源。公司必须选择那些懂得如何清晰、简洁地与高层决策者沟通战略性信息，并在适当时候推动有效决策的专利律师。

11.2.3　反馈回路

i 产权管道的输出是一个受法律保护的知识产权组合，包括由专利和专利申请组成的专利组合、文本化被保护起来的商业秘密组合，以及很多情况下的防御性发表组合。升级版 i 产权管道的一个最重要方面就是反馈。反馈回路向那些负责管道的战略方向和负责生成创新以供管道使用的人，提供有关 i 产权组合的信息。这些反馈回路在图 10.1 和图 11.1 中有列示。反馈发生于 i 产权战略执行期间，它通过使经营决策者知晓 i 产权组合的进展、阻碍以及所形成的优点与不足，进而促进 i 产权组合的构建。

当然，要取得成功还需要公司领导拿出时间来倾听。如前所述，i 产权组合如果不是贵公司最有价值的资产，那也很可能是最有价值的资产之一。高管人员对 i 产权组合的了解应该不亚于对其他有相似价值资产的了解。决策者必须了解公司的哪些行为是对 i 产权和经营战略不利的，以及哪些地方需要更多的投资或得到管理层更多的重视。

向公司创新者进行反馈也是非常关键的。反馈能显示战略弱点，促进创新者去识别潜在的可改进之处。例如，使用专利来保护智力成果的公司必须与创新者一起来检查专利权利要求的范围，为的是考虑权利要求如何被发明绕过。“发明绕过”是指对产品或流程进行重新设计，以避免侵犯公司专利的权利要求。如果贵公司正从自己的创新成果中获得稳健收益或者正进军一个利润丰厚的市场，那么可以打赌，竞争对手将会想办法“发明绕过”你们的专利权利要求。

具有讽刺意味的是，就如盖瑞森·凯勒虚构的乌比冈湖（Lake Wobegon）镇上的所有孩子的智力都在平均水平之上一样，大多数创新者都相信自己能设计出绕过其他人的专利，但又几乎没有人可以设计绕过自己的专利。如果不加检查，这种偏差可能导致一种安全的错觉。当竞争对手寻求进入一个利润丰厚的市场但被一项专利阻断之时，它会把专利权利要求逐字逐句拆开来看，目的是识别出最初创新者未曾考虑到的任何弱点和漏洞。出于这个原因，i 产权公司必须学会站在竞争对手的角度思考问题，目的是找到自身弱点，并在其被竞争对手利用之前将漏洞堵上。在竞争对手这样做之前，围绕自己的专利进行发明是会有丰厚回报的。

11.3 管理管道

在 A.L.L 公司，比尔运用 OVO 创新公司开发的 OVO 孵化软件系统来管理 i 产权管道的早期阶段。员工们提交一个单页的电子表格来填充管道，表格被输入到系统中。智力成果评估流程被分为必须按顺序完成的三个部分，如图 11.3、图 11.4 和图 11.5 所示。

（1）智力成果筛选。确定是否提供了足够信息以进行智力成果评估。

（2）技术评估。基于一系列技术导向的问题对智力成果进行评估。

（3）业务评估。基于一系列业务导向的问题对智力成果进行评估。

图 11.3 OVO 孵化系统中智力成果筛选评估表的屏幕截图

来源：OVO 创新公司。

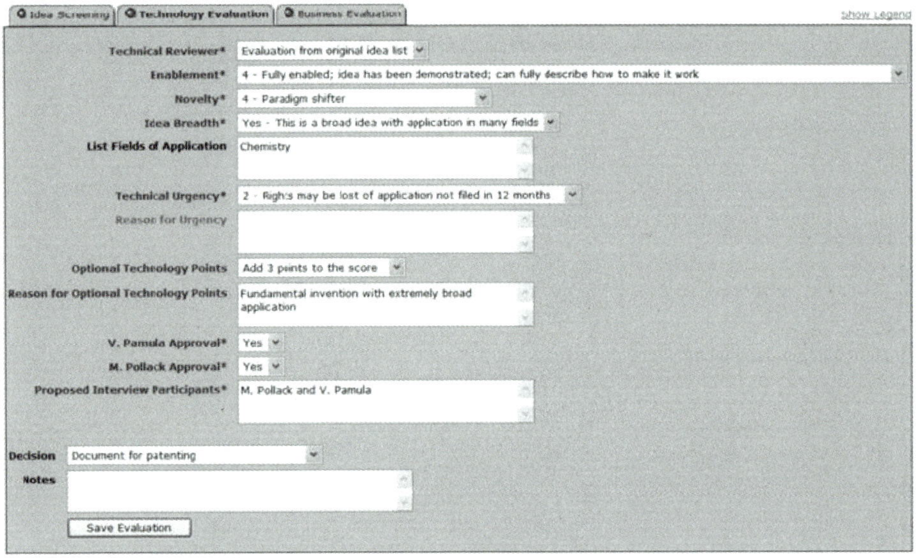

Idea Screening
Technology Evaluation
Business Evaluation
Show Legend
Technical Reviewer*
Evaluation from original idea list
Enablement*
4 - Fully enabled; idea has been demonstrated; can fully describe how to make it work
Novelty*
4 - Paradigm shifter
Idea Breadth*
Yes - This is a broad idea with application in many fields
List Fields of Application
Chemistry
Technical Urgency*
2 - Rights may be lost of application not filed in 12 months
Reason for Urgency
Optional Technology Points
Add 3 points to the score
Reason for Optional Technology Points
Fundamental invention with extremely broad application
V. Pamula Approval*
Yes
M. Pollack Approval*
Yes
Proposed Interview Participants*
M. Pollack and V. Pamula
Decision
Document for patenting
Notes
Save Evaluation

图 11.4　OVO 孵化系统中智力成果筛选评估表的屏幕截图

来源：OVO 创新公司。

Idea Screening
Technology Evaluation
Business Evaluation
Show Legend
Business Reviewer*
Rich West
Product Relevance*
5 Embodied in multiple anticipated products
Business Urgency*
8 Rights may be at risk if application not filed in six months
Reason for Urgency
Scheduled meeting with potential partner
Optional Busines Points
Reason for Optional Business Points
Decision
Document for patenting
Notes
Save Evaluation

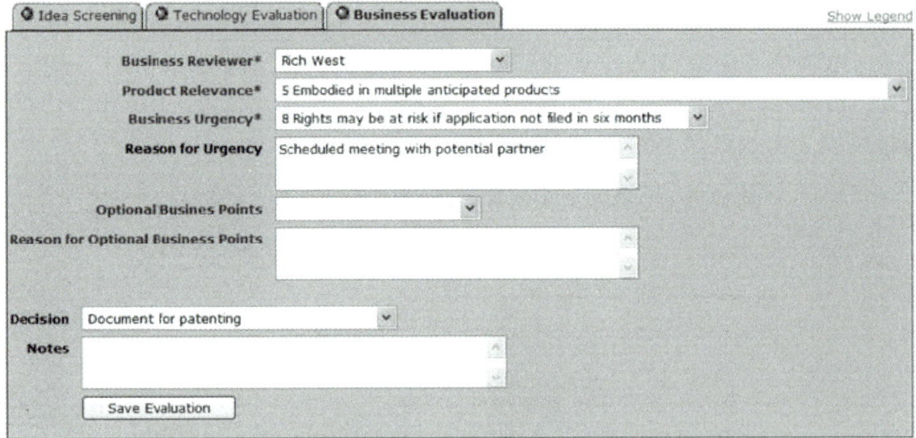

图 11.5　OVO 孵化系统中智力成果筛选评估表的屏幕截图

来源：OVO 创新公司。

11.3.1　智力成果筛选

如图 11.3 所示，智力成果筛选窗包含一系列为确定是否已提供足够信息，以进行智力成果评价而设计的问题。第一个问题关注智力成果提交表格是否填写完整。第二个问题询问智力成果提交表格中是否提供了足够信息以证明其可实施性。筛选环节也要求对实施的基础作一定描述。该描述可以简要提及为证明该概念有效性而做的实验室工作，或是陈述发明者能够画出图形以说明智力成果的制作和使用。

贵公司如何控制智力成果在知识产权管道中的流动？

筛选环节也需要对实验室笔记本的交叉引用。除记录智力成果在实验室笔记本中的位置，笔记本交叉引用也可以作为对智力成果必须在笔记本中进行正确记录的一个提醒。如果缺少对实验室笔记本的引用，智力成果无法进入 OVO 孵化系统。一旦所需的筛选环节得以完成，系统将允许使用者进入图 11.4 所示的技术评估页面。

11.3.2　技术评估

如图 11.4 所示的技术评估页面包括一系列为促进对智力成果的技术评估而设计的问题。除其他事项外，这一环节需要回答一些问题来为智力成果的价值进行打分。例如，该页面包括对智力成果的可实施程度和新颖性的评估，以及对与技术紧迫性相关因素的评价。根据公司 i 产权策略的不同，有各种各样的参数可被使用，但大多数公司都可以用一套经过认真挑选的参数子集来评估智力成果，例如每个答案都要对应一个得分。

可实施性

智力成果筛选表为智力成果是否具有一定程度的可实施性提供了初步评估。在这里，评估者作出评价并对可实施程度打分。要回答的问题是，能获得多少详细信息（从实验或图表中）以支持智力成果的可实施性？合适的答案举例如下：

- 完全可实施，智力成果已经被经验证明，我们可以充分描述出使其可行的最佳方法。
- 该智力成果还没有被证明或仅有限地证明，但大部分或全部的相关实验或观察已经完成，智力成果行不通的可能性很小。
- 一些相关的实验或观察已经完成，但其他关键实验还有待完成。智力成果行不通或者特定代表物无法描述的可能性是存在的。
- 智力成果有一些基础，但与可行性相关的主要关键实验尚未完成。

新颖性

此处评估智力成果的技术新颖性。智力成果在多大程度上超越了本领域的当前水平呢？合适的答案举例如下：

- 范式转变
- 突破性的智力成果，向前迈出了一大步
- 良好、坚实的创新
- 渐进式创新

智力成果的广度

采用简单的“是 / 否”参数对智力成果的广度进行评估。此处询问的是，智力成果可广泛应用于许多领域还是仅应用于少数几个领域。合适的答案举例如下：

- 是。这是一个可应用于许多领域的有广度的智力成果。
- 不是。这是一个应用范围有限的智力成果。

技术紧迫性

该参数对那些可能表明需要迅速采取行动以保护智力成果的因素进行评估。特别是，该问题聚焦于那些从企业研发角度来看显而易见的因素。具体例子包括：之前的或即将发表的技术出版物、与供应商的技术讨论，以及将专有材料运送给服务提供商等。对真正紧急的智力成果要给予高分，以确保其能移到列表的顶部。合适的答案举例如下：

- 如果在 1 个月内没有提交申请，权利可能会丧失。

- 如果在 6 个月内没有提交申请，权利可能会丧失。
- 如果在 12 个月内没有提交申请，权利可能会丧失。
- 智力成果可以在一年或更长时间内保持保密状态。

如果对技术紧迫性的回答表明紧迫性在上升，那么使用者必须列出为什么上升的理由。列出理由是很重要的，因为这样一来在商业评估视窗上进行商业紧迫性评估时，审核者就可以确定不重复进行紧迫性评估，不然会人为地给智力成果一个高分。

可选择的技术得分

因为智力成果的一些有价值的方面未能被其他技术参数识别，该参数允许技术审核人为其加分。如果技术审核人选择了加分，他必须在此处作出说明以证明加分的合理性。这种方法有助于识别出那些在既有评估流程中未考虑到的重要参数，评估流程也可据此作相应修改。

决策

技术评估环节要以一组可能的决策来收尾。这里的决策是指技术审核者对如何处置创新所提出的建议。合适的答案举例如下：

- 编制文档以申请专利
- 编制文档以作为商业秘密保护
- 编制文档以进行防御性发表

11.3.3　业务评估

技术评估一旦完成，系统就允许业务评估者开展业务评估。流程这一部分包括一系列为促进业务发展对智力成果展开评估而设计的问题。除其他事项外，业务评估包括一些有关智力成果与预期或实际产品的相关性，以及智力成果的业务急迫性等方面的问题。

业务评估其中一个方面是产品相关性参数，它的评估基于智力成果是否与某一正在开发中或很快要开发的特定预期产品相关。合适的答案举例如下：

- 体现在多个预期产品中

- 体现在近期产品中或一项近期产品的制作 / 使用过程中
- 不体现在预期产品中，但在相近领域有较高的对外许可潜力
- 可能涉及或体现在第二代产品中
- 在可预见的将来都不体现在产品中

就像技术紧迫性一样，业务紧迫性参数用于识别那些可能导致专利权损失，或其他增强了发明保护紧迫性的已知或预期事件。该系统还提供了可选择的业务得分，就像上述的可选择技术得分，并且允许业务评估者进入到有关如何处置智力成果的决策中。

对管理层的最终建议或决策（如果 i 产权团队被授予决策权）需在协商一致后作出。如果业务审核人与技术审核人的建议或决定是一样的，那么共识达成，并可据此行动。当二者的决定不同时，i 产权团队可以对建议进行讨论并解决分歧。

11.3.4 智力成果排序

有了分数，我们就可以对系统中的所有智力成果进行排序。分值最高的智力成果首先得到关注，接着是分值稍低的智力成果。本质上讲，该流程是将看上去最具价值、最符合战略导向的智力成果挑选出来，并采取相应行动。对于那些需要文档化的智力成果，可以安排好访谈，将访谈材料发送给技术作家，将发明披露文件发送给内部或外部的专利律师去准备法律文件。同样地，对需要进一步实验或设计的高得分智力成果，可以将其分配给管理人员采取相应行动。通过主动控制智力成果的流动，i 产权管道过滤掉价值较低的智力成果，并且战略性地产出一个与公司经营战略吻合的 i 产权组合。该系统犹如一台实时运作，行动迅速的 i 产权生产机器。

各公司在对智力成果进行有效性和有用程度的排序时，需要考虑的因素是不同的。分析时可能需要考虑的其他因素包括：成功地解决智力成果走向市场所遇到问题的可能性；产品或服务的市场规模；智力成果在市场上可能面临竞争压力的强度；对外许可的潜力。

11.3.5　反馈

该 OVO 孵化系统允许设定各种电子邮件提醒，电子邮件可以被发送到智力成果原创者和其他人那里，使他们随时知悉智力成果评估的结果。如果建议使用公司资源来充实一项设计或测试一项智力成果以观其是否可行，那么就会通知到适当的管理人员，有关资源的必要决策就能完成。这种反馈可以帮助创新者明白，系统对他们的智力成果是公正、公平对待的，也能帮助他们认识到什么类型的发明更有可能成功通过这一管道。

11.4　产出价值最大化

建立一个整合的、受到充分支持的 i 产权管道，能为企业提供许多重要优势。通过 i 产权开发工作各环节的标准化，公司能够减少资源浪费，理顺流程，从而降低 i 产权开发的单位成本。公司能够从数量上和质量上提升它们的 i 产权组合，捕捉到最大数量的潜在 i 产权，开发出与具体经营目标相吻合的 i 产权组合，剔除不能带来收益的 i 产权。公司通过引导员工投身解决最重要的问题、识别重要智力成果后快速采取行动加以保护，就可以提高 i 产权开发的速度。最后，通过使决策者知晓 i 产权管道的输出成果，并通过仔细审核专利权利要求，堵住专利保护的漏洞，公司能够避免出现代价高昂的战略失误。构建一个增强版的 i 产权管道，需要做出类似于开发任何一个核心业务流程所作的努力。当前，各种用于管理 i 产权管道的软件和系统不断涌现，认真对待 i 产权流程的公司应该展开对这些系统的部署。那些在全球市场中生存取决于其智力成果质量的公司，必须注意去开发一个升级版的 i 产权管道，这已经日益成为一种标准要求，而非例外要求。

第 12 章

i产权选择：全球经济的战术策略考虑

一旦识别出一项有价值的智力成果，从 i 产权角度来看，我们要做的根本选择是究竟要如何处理这项智力成果。除什么都不做之外，基本的选项还包括将其作为商业秘密、将其申请为专利，以及将其作为防御性出版物公开发表来阻止他人申请专利。简便起见，我们将忽略某些特殊的保护形式，比如计算机代码或半导体掩膜作品的版权等。在此我们还想明确，我们针对具体的单项智力成果来讨论战术决策的制定。一项发明概念可能包括数不清的智力成果，一项技术或产品可能涉及数百项甚至数千项智力成果。关于一项发明概念、技术或产品的战略可能是将某些智力成果申请专利，将另一些维持作为商业秘密，还有一些则公开发表。每一单项智力成果都应该有一个具体的 i 产权安排。

当思考智力成果的保护形式时，我们喜欢按照以下顺序来考虑一遍：商业秘密、专利以及防御性出版。对每项特定智力成果进行分析的起点是，考虑其是否适合商业秘密保护。当一项智力成果适合商业秘密保护，那么决策就不需动脑子了。如果该商业秘密能持续得到妥善保护，那么它能永远持续下去。但正如我们将要讨论的，问题是许多重要的智力成果不适合长期以商业秘密的形式加以保护，诸多原因使它们无法一直保密下去。

如果智力成果不适合作为商业秘密保护，那么分析的下一步就是：综合考虑成本等各种因素，将智力成果申请为专利是否合理。如果回答是肯定的，那么这项智力成果就应该被仔细地记录，并提交给专利律师或专利代理人以准备申请专利。如果回答是否定的，有关分析则应进一步考虑该智力成果是否应公开发表。防御性出版将把智力成果向大众公开，使其成为“当前已有技术”，并因此阻止其他人将智力成果申请为专利。如果您看了前面的 11 章，那么您就不会对我们的观点感到惊讶了，即有关智力成果保护形式的决策，应该在有一个管理良好的i产权计划的背景之下，根据综合的i产权战略而制定。

12.1 保守商业秘密

商业秘密往往被视为专利的一位“丑陋的继妹”。或者，如比尔·兰德斯和理查德·波斯纳在《知识产权法的经济结构》一书中雄辩道：

> 法官和律师有时推理认为，由于商业秘密法为发明人提供的保护比专利法要少，理性人在拥有能够获得专利的发明时都会想办法将其申请为专利；因此，商业秘密法所保护的必定是一类相对次要的发明，以及如客户名单一样的根本就不是发明的事物。[①]

兰德斯和波斯纳不同意这类将商业秘密列为i产权世界中第二等级的推理，我们对这种推理也不同意。而且，我们相信在很多情形下商业秘密是i产权保护的很好形式，原因我们将进一步讨论——至少对那些适合以商业秘密保护的智力成果而言。只需看看可口可乐公司，它已有效地运用商业机密几十年了。当决定如何保护一项新颖的智力成果时，首先要问的就是该智力成果是否适合作为商业秘密保护。

商业秘密能阻止智力成果被盗用，但它不能阻止独立发现或逆向工程。因此，如果A公司决定将新发明的小部件作为一项商业秘密，而B公司也独立发明了相同的部件，那么A公司就不能运用商业秘密法来阻止B公司生产这种部件。若B公司通过分析该部件并学会了如何制作它，那么情况也一样。更具潜在破坏性的是，B公司可能为其独立发明的部件申请专利并且

---

① Bill Landes and Richard Posner, *The Economic Structure of Intellectual Property Law* (Boston: Harvard University Press, 2003), 356.

针对 A 公司强制实施专利。

由于存在这些风险，一个智力成果在符合以下条件时才适合作为商业秘密加以保护：（1）无法申请专利（例如一张客户名单，或缺乏成为专利所需的新颖性，或非显而易见的）；（2）产品市场需求的存在时间比获得专利所需的时间还要短；（3）或者所有下列条件都能满足时：

- 智力成果包含了高度的复杂性和新颖性，竞争对手要快速、独立地发明出来是不太可能的。
- 智力成果新颖性的方面能被保密起来；也就是说，新颖性方面能不被快速地逆向工程得到。
- 智力成果的保护如此安全，以至于无论蓄意与否，智力成果都不太可能随着客户、供应商或员工而流出公司大门。

那种不能根据已完工产品推断出来的突破性制造工艺，是适合作为商业秘密保护的一个经典例子。突破性意味着有高度的新颖性，别的公司难以在经济上有意义的时间内独立复制出来。由于制造工艺的突破，意味着它可以被隐藏在公司的“五脏六腑”之中，这里难以被探测，安全保护也极其有效。员工与外部人士的接触可以被限制于若干关键人，从而使商业秘密从公司传播出去的风险最小化。

例如，关于一种受专利保护的药物能用一套极不寻常的试剂和反应条件来更有效地合成，这一发现，就符合这些要求。为这样一种工艺申请专利就要求向社会公众披露该智力成果，而被抓住并被控侵权的风险可能并不足以威慑他人、阻止其在自家工厂秘密使用这种工艺。然而，只有当公司坚决采取超常的安全措施以保持智力成果的秘密性时，这样的智力成果才应保持为商业秘密。

12.1.1 秘密难于保守

全球化影响着是否或何时运用商业秘密，但这也取决于具体的经营战略。为最大程度地利用全球经济而将工艺或创新外包或离岸外包的公司，可能会发现当世界各地的员工可以接触到它们时，商业秘密就更难以保护。在有关托马斯·弗里德曼《世界是平的》一书的访谈中，微软首席技术官克瑞格·蒙迪表示："当涉及统一对待知识产权时，世界决然不是平的。"如同弗里德曼所总结的，蒙迪解释道：

> 这是令人惊奇的……在这样一个世界中单个创新者可以召集如此多的资源……来自扁平世界各地的合作伙伴组建成一个团队，在某些产品和服务上取得真正的突破。但一个有创造力的工程师该做什么…… "当其他人运用这个相同的扁平世界平台和工具去克隆和分发他那令人惊奇的新产品时？"[①]

在扁平世界中商业秘密是难以保护的。在一个商业秘密保护方面的法律不健全或执行不力的国家中，一家公司不太可能避免商业秘密损失，除非是处于最隐秘的环境下。全球通信基础设施促进了与中国工厂的沟通，但也能使从该工厂向给世界各地任何竞争对手传递详细工艺信息或计划变得更加容易。此外，全球范围技术能力的提升也往往意味着竞争者能够迅速复制工艺，并将竞争性产品投入市场。

另一个不利于在许多发展中国家进行商业秘密保护的问题是员工离职非常普遍。员工可能被竞争对手小幅的薪酬增加而吸引，带着商业秘密离开公司。西安大略大学毅伟商学院国际商务专业的教授保罗·比米什指出，中国工人的流失率是非常高的，问题的原因之一就是工资过低："如果你每月赚钱少于130美元时，5美分 / 小时的工资上涨就是一个显著提升"。[②] 当流失发生于高技能员工时，比如程序员和工程师，那么商业秘密损失可能是巨大的，尤其是当高技能员工带着自己的技术诀窍投奔竞争对手时。一家重视i产权的公司在确定发展中国家员工的工资时，应考虑到劳动力流失的成本。

① Thomas Friedman，*The World Is Flat：A Brief History of the Twenty-first Century*（New York：Farrar，Straus and Giroux，2006），217.

② Paul Beamish，"The High Cost of Chinese Labor，" *Harvard Business Review*（June 2006）.

从长远来看，少支付几美分工资带来的节约额可能无法弥补因商业秘密、培训以及诀窍等流失给竞争对手带来的损失。

12.1.2 商业秘密也许是唯一的也是最佳的选择

在这个扁平的世界中，对于一项不会进入外包或离岸外包计划中的智力成果，由于几个因素的影响，将其保持为商业秘密可能变得比以往更为重要。为了换取 20 年的独家专利权，专利法要求创新者向世界披露如何制作和运用这项发明。而且，专利申请中必须包括最佳运作模式（best mode of operation），而非一些勉强有效的简陋方法，并且要在向专利办公室提交专利申请（或它的母申请）的 18 个月后公开发表。换言之，当申请专利后申请人必须将“特制的配方”发表，使其众所周知。

尽管创新者非常详细的专利披露文件要公开发表并让全世界都可以得到，但专利权只在那些创新者进行了专利保护投资的国家才有效力。在这个扁平世界中，创新热点在全球范围内广泛分布带来了相当大的风险，即任何有价值的智力成果都可能在公司选择放弃专利保护（比如因为财务资源有限）的地区或专利保护不可靠的地区被复制。这种风险意味着，当某一项智力成果能够满足前文所提到的三个标准时——难以复制、有能力保护、安全，公司可能需要在广泛申请海外专利和采用商业秘密保护之间做出选择。

专利保护的一个相关风险是，即使能获得非常好的专利保护，但专利披露后竞争对手通过产品开发绕过专利的速度可能比获取商业秘密的速度还要快。[①] 在这种情况下，专利可能保护了产品但却促进了来自市场上替代产品的竞争，原因是竞争对手可以从公司的专利披露中搜集到一些信息。如果公司不想投入巨资用于识别一系列的替代技术方法，并为这些方法在多个国家申请专利，那么将更多智力成果保护为商业秘密的战略可能是一个合理选择。然而，一个更好的选择是将二者结合起来：一是广泛全面的专利战略，为公司产品或服务所采用技术方法的广大替代技术方法寻求专利保护；二是商业

① Landes and Posner，*Economic Structure of Intellectual Property Law*，357.

秘密战略，适用于那些可以在经济上足够长的时间段内有效地保持保密的智力成果。

如果政府根本就不能对任何形式 i 产权提供可靠保护，那么保密就不仅是最好的也是唯一的战略选择，尽管秘密可能会泄露。① 在这种情况下，公司必须通过严格限制访问和激励关键员工留在公司来努力保护商业秘密。例如，如果一家公司在中国从事制造生产，那么将提供给工厂的信息限制在完成工作任务所需的最低水平是很重要的——王冠上的宝石不要放在中国。②

公司还应该考虑将产品开发和制造流程各环节分散在同一国家的不同地点或分散在多个国家，目的是使任意地点都不能接触到流程的所有环节。军队就使用这样一种方法来保护机密信息，称为“划分隔间”。确有需要的人员才能接触到某一特定类型或“隔间”里的信息。那些最敏感的信息可能被划归为“只能用眼睛看”或其他高度界定或限制的类型。

商业秘密保护的其他明显优势包括：不昂贵、无时间限制、可运用于全球。兰德斯和波斯纳观察到，商业秘密保护的成本与其价值大致成正比，但一个国家中每项智力成果的专利费用是相对固定的，而不管其价值如何。③ 商业秘密保护可能是永远的，而专利仅自提交之日起持续 20 年。此外，专利保护是地域性的，相反在某些情况下，商业秘密法能在世界范围内提供一些补救措施，而不管侵权者位于哪里。

例如，富兰克林皮尔斯法律中心的卡尔·乔达教授曾指出，根据 1996 年颁布的工业间谍法，即使外国公司盗取源自美国的商业秘密都可控告为重罪。乔达教授还强调，商业秘密侵权案件所涉及的损失及判定的赔偿并不小。以下引用几个例子：④

---

① Lester Thurow，*Fortune Favors the Bold*：*WhatWe Must do to Build a New and Lasting Global Prosperity*（New York：HarperCollins，2003），169–176.

② Henry Beck and Xichun Pan，“Licensing and Technology Transfer to China：A Roadmap，” *Licensing Best Practices*：*Strategic*，*Territorial and Technology Issues*（Hoboken，NJ：John Wiley & Sons，Inc.，2006）.

③ Landes and Posner，“Economic Structure of Intellectual Property Law，” 358.

④ Karl Jorda，“Patents Come and Go—Trade Secrets Are Forever，” *From the Editor*：*An Excerpt from Pierce Law Center's Germeshausen Center Newsletter*（Summer/Fall 2006），3.

- 有一项案件控告迪斯尼公司（Walt Disney Co.）窃取有关一座运动综合体的商业机密，陪审团判定两个人获得 2.4 亿美元赔偿。
- 由于侵犯基因工程玉米种子方面的商业秘密，嘉吉公司（Cargill, Inc.）被要求向先锋良种国际公司（Pioneer HiBred International）支付 3 亿美元。
- 因为侵犯了与预煮香肠的包装相关的商业秘密，必胜客（Pizza Hut）被勒令向 C & F 包装公司支付 1090 万美元。
- 法院下令巴尔实验室（Barr Laboratories）停止使用一项从惠氏公司（Wyeth）盗用来的用于生产 Premarin 制剂的工艺。

在考虑将商业秘密和专利结合起来的战略时，重要的是不要在“最佳模式”（best-mode）这一条件上栽跟头。就是说，公司采用的战略往往是为基础性智力成果申请专利，而同时保留其中一些特别的或微妙的详细信息，比如某一更高级的制作方法。但是如前文所述，根据美国专利法，在专利申请中要描述出申请人在提交申请时已知晓的实现该智力成果的“最佳模式”。[①] 通过确保在授予申请人临时性专利权时公众能获得申请人对智力成果最佳实现形式的描述，“最佳模式”这一条件有助于维持专利“交易”的平衡（下文将进行讨论）。未在专利申请中包含最佳模式，会致使所得到的专利无效。因此，公司不应该试图将最佳模式保留为商业秘密，而用其他欠缺有效性的模式来积极申请专利。

另外，乔达教授指出企业也不应该过分担心最佳模式条件的影响。[②] 即使在提交专利申请时对最佳模式进行了充分描述，但在专利备案后的几个月内，最佳模式很可能会以竞争对手难以复制的方式继续深入演化。这种演化发展可以形成绝佳的商业秘密。因此，在许多情况下，将智力成果的某些方面申请专利而将其他方面作为商业秘密，并不违反最佳模式要求。但是，有关这些策略的决策应作为全面战略的一部分，要与充分了解该智力成果各个

① 35 USC § 112.

② Karl Jorda, “Intellectual Property Protection Policies & Strategies: Synergistic Integration of Patents & Trade Secrets,” unpublished paper, 15.

方面的律师进行协商。

12.1.3 掌握商业秘密

可口可乐公司在运用商业秘密方面算是最有名的。在我们听过的几乎所有关于商业秘密的演讲中，可口可乐的配方都被作为首选例子。话说回来，尽管软饮料配方可能是商业秘密保护的优秀候选，但鉴于化学家分析和复制可乐成分的能力，它可能已不是当今最好的商业秘密。可乐配方作为一项 i 产权，其长期保持秘密这一神秘性所具有的营销价值可能远高于配方的内在价值。

虽然如此，可口可乐仍在不断开发具有内在价值的商业秘密。最近，有三人被逮捕，并被指控窃取可口可乐公司的机密文件和一份产品样品。可口可乐公司一名高级经理的行政助理被视频监控发现，正将文件和产品样品塞进包里。该团伙涉嫌试图将这些物品售卖给百事可乐。百事可乐向可口可乐泄露了这次计划，而犯罪嫌疑人被指控进行电信欺诈及非法盗卖商业秘密。

从这次事件中可以学到一些重要教训。一是可口可乐最大的竞争对手——百事可乐向其泄露了这次计划。百事可乐这么做可能是因为其道德标准很高，但肯定也与因有意参与窃取商业秘密而可能导致的犯罪行为责任有关。工业间谍法案将有意地参与商业秘密盗窃或盗用认定为一项罪行。

可口可乐案件的另一个教训关乎这样一个事实：试图将信息带给百事可乐的人是可口可乐自己所信任的员工。尽管人们经常将工业间谍活动想象成一家公司对另一个公司进行刺探以获取机密信息，但问题更多来自公司内部。从可口可乐实际上已采取必要措施甚至使用视频监控来防员工盗窃商业秘密这一事实，我们又可以得出另一个教训，即采取合理措施以确保商业秘密不被无道德原则的员工带走，是商业秘密保护的一项要求。比如说，工业间谍法案对受保护的商业秘密作了较宽泛的定义，但它具体提到“其所有者已采取合理措施对这些信息进行保密。”

贵公司是否认真对待商业秘密呢？是否有商业秘密制度呢？你能否具体指出贵公司最重要的商业秘密是什么呢？

视频监控不是保护商业秘密所必须的，但很多公司企业在保护机密信息上所做的工作甚少。最低限度也应该做到以下几点：

- 商业秘密文件应被标记为秘密。
- 对商业秘密的接触，应该在“需要知晓”的基础上进行授权。
- 雇佣协议应包括保密义务。
- 机密信息政策应该到位。
- 应时常向员工提醒这一政策以及他们在保护公司机密信息方面的义务。
- 当员工离职时，应该提醒他们有持续地不向其他人泄露公司机密信息的义务。
- 若没有机密披露协议，不得与第三方分享机密信息。

除了联邦一级的工业间谍法案，美国各州也有不同的商业秘密法律。其中许多都是以《统一商业秘密法》（*Uniform Trade Secrets Act*）为基础的，该法是由美国统一州法全国委员会拟写的。《统一商业秘密法》确定了侵犯配方、模式、编辑、程序设计、方法、技术或工艺等商业秘密应负的责任。这些商业秘密的经济价值来源于其秘密性。

重要的是，对于那些将创新工作外包或离岸创新的公司而言，许多在劳动力成本方面有吸引力的国家并没有这样的商业秘密保护法律。即使有的国家在纸面上是有相关法律的，但可能也不会执行。因此，当在这些国家中运作时，公司应采取特别措施来保护商业秘密。

12.1.4　了解你的敌人

当采用商业秘密战略时，对谁是你的敌人进行宽泛定义是会有好处的。拥有一种略微近乎妄想症的心态，是完全合理的。同样重要的是不要低估了你的敌人。就像大多数人都认为自己的智商高于平均水平一样，大多数工程师和科学家都认为自己非常了不起，觉得自己仅仅穿过竞争对手的工厂或在论文会议上与科学家做个交流就能获取有价值信息，但他们往往会低估竞争对手具有的相似能力。

下面是一个极有创意的商业秘密保护方法的例子。一家大型轮胎公司在其高度保密的工厂的地面上安装了一台机器。当机器出现故障，内部技术人员给机器制造商打电话并试图通过电话沟通来完成修理。当这样做还修不好时，轮胎公司就不得不将外部技术人员带入工厂。当技术人员到来时，入口处大门打开，但他能看到的只是一条仅能容纳一个人穿行的巨大管道的内侧。该工厂的工人在大门与机器之间架设了这条管道，外部技术人员可以穿过这条管道去修理机器然后返回，根本无法看到该工厂的布局。

12.1.5 先发制人战略

有些公司在产品开发过程中就要依赖商业秘密保护，因为它们知道当产品一推出就会被抄袭。哈佛商学院教授巴拉特·阿南德和智利大学教授亚历山大·加莱托维奇将这个战略称作“先发制人”（preemption），是一种“将其扼杀于萌芽状态”的战略：“先发制人指第一个进入市场，因而能在逆向工程、模仿或盗版进来蚕食之前获取垄断利润。”①

长期来看，成功实施先发制人策略意味着公司要处在游戏的顶端，能最快完成创新并以最快速度推向市场。成功依赖于在产品推向市场之前要保持秘密状态，如此一来竞争对手就必须花时间去复制和制造产品，并将其推向市场。产品推出前的秘密保护越好，竞争对手要等的时间就越长。在有些情况下，先发制人可能是唯一的策略选择。阿南德和加莱托维奇指出，对计算机芯片制造商英特尔公司而言，为芯片申请专利是极为复杂的；新设计很可能在专利颁布之前就已经泄露，获取专利资格的设计在专利到期前就很可能已经过时。因此，对于生命周期较短的产品而言，先发制人可能是最佳战

① Bharat Anand and Alexander Galetovic, “How Market Smarts Can Protect Property Rights,” *Harvard Business Review*（December 2004）, 72–79.

略选择。但是，不要认为英特尔公司不会用专利来保护自己的智力成果。对美国专利分布数据库的搜索显示，归属于英特尔的专利和专利申请不低于18000 项！

在新的全球经济中，先发制人战略并非适合每一个企业。塞舌尔（Seychelle）环境技术公司是一家水过滤公司，以能够避免运用专利而闻名。[①] 在塞舌尔公司的创始人看来，先发制人战略一直非常奏效。在塞舌尔公司之前，他在 1973 年和 1986 年出售过两家公司，合计款项达 9 位数。但是彼一时，此一时。在全球化时代，对于那些不像英特尔一样具有大量品牌认可度的新公司，我们对采用纯粹的先发制人战略的效果持怀疑态度。除其他市场外，塞舌尔计划出售其在中国和新加坡的水过滤业务，在那里产品能被逆向开发并制造，而且在缺乏知识产权保护的情况下，产品能销向市场甚至在几个月内又进口回到本国了。这种方法在我们看来就像是与拿破仑最后一战中的普鲁士人：他们忽略了条件已经发生了变化，结果可想而知。

12.2 专利选择

管理者最经常与智力成果保护联系起来的一种 i 产权形式就是专利。大多数公司都直接跳入到专利战略，却忽略了在战略中包含商业机密、防御性出版物或三者组合所能带来的潜在好处。如前所述，我们认为公司在申请专利保护之前应先考虑商业秘密保护。然而在许多情况下，特定的智力成果根本就不适合作为商业秘密保护，或者商业环境不利于保守商业秘密。而且从宏观视角来看，我们同意乔达教授的观点，即公司不应该将商业秘密和专利看作一种“非此即彼”的选择。当为一组相关的智力成果设定战略时，有些智力成果可用专利保护，有些可以用商业秘密保护。就如乔达教授所言，在

① “Employee Dives into Water Again，” *Orange County Register*，July 31，2006，www.ocregister.com/ocregister/money/homepage/article 1227510.php.

两种保护形式的优点之间做好平衡，“是一个最重要、最实用、最有利可图且最理性的知识产权战略。”[①]

12.2.1 什么是专利？

为解释什么是专利，我们需要先简单了解一下专利制度的政治原理。从根本上讲，专利是专利申请人和政府之间达成的一项法律协议。该协议要求申请人向社会披露发明成果，这就是为什么专利中包含对所保护发明的详细描述。甚至专利一词本身就有“开放”的意思，意味着受保护的智力成果是公开可得的。

为了换取知识的公开披露，政府向申请人的发明创造授予临时性、排他性的专利权。专利交易既为各方带来了好处，也带来了害处。排他性权利有利于专利持有人，但有损于公众。专利持有人往往能在专利期内的某些时候为其产品索取更高的价格，而这个价差（已申请专利的产品与假想的非申请专利的产品之间）要由那些购买专利产品的人承担。要求做出详细披露是有利于公众的，但有损于专利申请人。因为公众可以立即着手了解这项发明创造，并且可能会通过设计来绕过专利。此外，如第 5 章所述，专利披露提供了一个丰富的竞争情报来源，明智的竞争对手可以利用它来超越专利权人。专利法被设计用来维护公众与申请人之间利益与损失的平衡，当平衡不存在之时就要防止专利的授予。

专利的排他权被严格限制在发明创造中具有新颖性和非显而易见性的方面。排他权只允许申请人排除他人制造、使用、销售和进口这项发明。有些专利观察员在读到专利申请的标题时就被吓着了，以为标题准确描述了专利权的范围。但情况根本就不是这样的。要了解专利权利的范围，你必须留意专利申请中的权利要求，在这里面对排他权的范围作了精确描述。权利要求的范围几乎总是比标题所能给予你的期待狭窄很多。

例如，本书引言中曾提到，当我们在写作本书时，有关瑜伽的专利授权

① Karl Jorda，见前文注释。

在印度引起了轩然大波。比如，美国 6640359 号专利的标题为“瑜伽垫”。你可能认为该专利的持有者道恩・阿兰有着对瑜伽垫的垄断权。然而，快速查看一下专利权利要求就能发现，阿兰只是对某一特定类型的瑜伽垫具有排他性的专利权（见图 12.1）。如果要侵犯这项专利，那么除满足其他条件外，制造、使用或销售的瑜伽垫还必须“包括两条长方形的、平行的、窄的狭长带子”。这两条带子还必须是“与垫子整体成型的”。“每条狭长带子的一头必须连在垫子的末端”。另一端必须有“一个与其连接的扣子”。该垫子必须有“一个齐肩的连接在垫子末端的背带，背带位于两条狭长带子之间”。该垫子还必须“在垫子被卷起后，能将每条带子上有扣子的一端可拆卸地系在垫子末端带子的配扣上”。

任何不具备所有这么多具体特征的瑜伽垫，都不会侵犯阿兰的专利。比如，一个缺少齐肩背带的垫子就不会侵权。如果齐肩背带固定在两条带子之外的地方，也不会侵权。任何一个有些许创造力的人，都能想象出各种各样不侵犯该项专利的瑜伽垫。无论你是否同意专利局认为阿兰的瑜伽垫足够新颖而应授予专利，很清晰的就是该专利权是相当狭窄的，完全不像一个能覆盖所有瑜伽垫的专利。

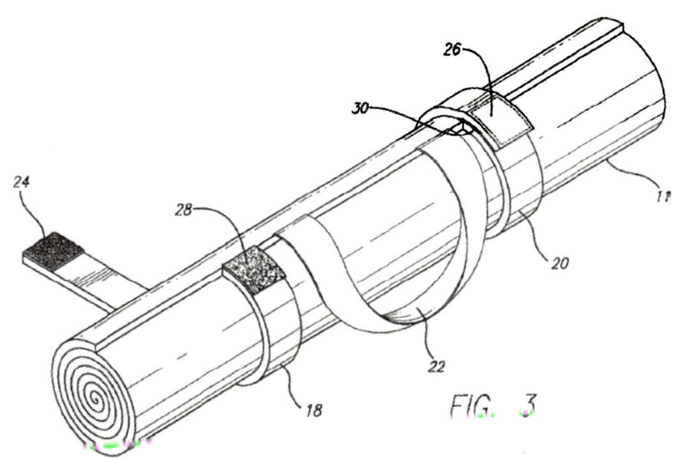

图 12.1　瑜伽垫：美国专利 6640359 号

专利申请人必须对智力成果做出足够详细的描述，以使其能被重复（“可实施要求”）。这有助于确保在申请人未真正向公众披露智力成果时，申请人不会获得专利。相似地，要求智力成果必须是新颖的和非显而易见的，有助于确保专利局仅在公众还没有掌握智力成果的具体细节时，才向申请人授予专利。在瑜伽垫的例子中，专利局可能让我们失望了。

当申请人在提交专利申请前将智力成果公开发表，专利法可能会阻止申请人获得专利，因为该智力成果已经向公众披露。在这种情况下仍授予申请人排他性的权利，实际上是将公众已经掌握的智力成果拿走。目前这项规则的一个例外就是美国，它允许申请人在智力成果公开发表后的1年内提交专利申请。

12.2.2 专利与创新

要理解为什么需要专利，可能最简单的办法是考虑若没有专利保护会出现什么问题。来看一位农用品销售员——苏西，她想创造一种经过改进的犁，为此她熬夜好几个月，研究犁的物理学原理并致力于新设计。她订购了昂贵的新材料和涂层用于涂在犁上，还订购了昂贵的锻压设备用于制造实验用的犁。她购买土地并雇用一位助手来测试犁的设计。几年后，苏西终于完成了新设计，并在她的农用品商店进行销售，犁的销售额实现翻番。但由于她创造的犁并没有受到任何保护，所以农用品商店的竞争者购买了她的一架新犁，并在几天后就开始制造和销售相同的犁了。本质上讲，苏西的竞争者获得了苏西在时间和资源上投入带来的好处。

专利法就是对这类市场失灵的一种政策回应。若没有专利法，苏西可能无法收回投资，也就没有动力投入时间和资源用于开发新犁。由于无法收回投资的风险，她和其他像她一样的人都可能拒绝投资于创新产品的开发，新的犁和其他众多创新产品都将无法产生。而且，这些创新的社会效益——例如农作物生产的改进、用于不治之症的新药、更高效的汽车等——也可能丧失或至少会延迟。

你能就贵公司的专利运用向员工、股东及公众进行辩护吗？

尽管对专利政策与创新之间的复杂关系仍未理解充分，但社会各地仍设计了自己的专利法，目的是激励创新投资。专利使得其所有者可以为包含专利智力成果的产品索要一个更高的价格。经济学家认为这种价格上涨是一种“税”，补偿了创新者投入资源于新产品开发而承担的风险。有益的是，这类针对性税收只是由从专利产品中获得实际收益的消费者来承担。

专利特别重要的一个经济特性就是促进智力成果的销售转让。智力成果的难以界定和难以估值是有名的，但专利制度已经发展到能为智力成果界定提供人类语言所能达到的精度。因此智力成果能在专利中做出界定，专利成为资产，并且能在市场上出售或许可出去，市场为其确定经济价值。这种安排要比试图出售未受保护和未被界定的智力成果要有效很多。专利具备这一特性的优点是，发明所有权可以在开发过程的任何阶段进行转移。

例如，专利权的可转移性使得相关权利可以从非营利组织（如大学）流入到小的研发企业或者大公司。非营利组织创造新的智力成果，研发企业担负初期开发任务，大企业完成开发过程并将产品推向市场。应指出的是，商业秘密也是技术交易中有价值的部分，但由于商业秘密界定中的固有模糊性，我们认为理想的交易方式是让专利处在核心，周围环绕一批商业秘密或诀窍（know-how）。

还记得苏西么？公司可以将她的发明创造申请为专利，并出售或许可给大型农业制造企业以获得收入。基于专利优势，她也可以从投资者那里募集资金，用以支持自己的商业尝试。即使她只是一家本地公司的所有者，但专利为她提供了全球性机会。例如，尽管从她所处的地理位置来看，南美市场是难以服务到的，但是她可以在南美申请专利并将其许可给南美的公司，从而获得特许权使用费及其他款项。

12.2.3 公司为什么要获取专利？

我们已经指出，专利授予其所有者一项排他性权利，这是一项阻止别人做某事的权利，而非自己独立做某事的权利。通常可以阻止的活动包括制造、使用、销售和进口专利产品或使用专利工艺。专利权具有地域性，一项美国专利只能用于阻止在美国的相关活动。专利权也受限于专利的权利要求，能被保护的产品应属于专利权利要求所记述的产品类型，能被保护的工艺应是属于专利权利要求所限定的工艺类型。美国法律还禁止进口在海外制造但采用了在美国所申请专利工艺的产品，即使该产品本身并没有获得美国专利。

把专利排他权看成是只有一定成功率的排他性权利，将是有益的。有多种因素影响专利排他权的成功率。有些国家在专利实施方面比别的国家做得更好。专利可能在诉讼中受到攻击并被认定无效，其辩护理由是专利局不当授予了该专利。某些专利比其他专利更容易受到这样的攻击。新颖性较低的专利——比如瑜伽垫专利——就比新颖性较高的专利更易受到攻击。另外，权利要求较窄的专利更容易被产品开发绕过。公司可能认为竞争对手的产品侵犯了自己的专利，但如果从专利权利要求的描述来看侵权行为不明显，法院就不会认同。

几乎所有从事产品开发工作的人，都曾参加过决定如何应对某一项竞争性专利的会议。大多数这种会议的目标是为了避免侵权。如果产品开发过程中的这类会议召开得足够早，产品设计就可以改变，从而将专利成果的非显而易见性留给竞争对手。如在第 5 章所述以及如图 5.1 所示，如果不能绕开该专利，可能就要研究该专利的有效性。如果公司能够很好地证明专利无效，那么竞争对手成功实施专利的概率可被认定为较低。基于竞争对手若在诉讼中主张拥有专利，但公司能证明该专利无效这一假设，公司的产品开发就可以按照既定设计继续往前走。如果公司足够大，它也许会尝试收购竞争对手，也可能寻求获得该专利技术的许可。很少有团队在认定竞争对手的专利有效，并且在本公司产品可能侵权的情况下，仍然选择忽视这项专利。毕竟，谁愿意冒险将大笔投资用于那些一上市就可能因专利侵权而只能停工的产品开发，或制造产能扩张呢？这方面的经验教训是，专利在阻止竞争对手侵权上有强大的力量，即使它们可能从未被实施。当公司拥有一整群的专利时，其威慑力就更大了。

相似地，我们经常听到这个问题，“如果我没有经费来进行专利诉讼，那我为什么要投资于专利？”这个问题没有考虑到专利在未实施时就具有的威慑力。而且，当一家公司的目标是出售自己的产品，或将产品许可给一家要把产品推向市场的更大公司时，专利的威慑效应取决于最终获得该专利权的更大公司的财务能力，而不是创造该专利权的小公司的财务能力。在这个例子中，专利促进了技术的转让或许可，也以威慑力或可实施的专利权的形式为大公司提供了价值。竞争对手的决策制定团队可能认识到小公司没有专利实施的能力，但他们也会认识到小公司的目标是将专利转让给一家能够实施专利的公司。此外，一些律师事务所会以相机决定的收费方式来承接特别的专利案件，也就是说，该律师事务所只在赢得案子时才获取报酬。

12.2.4　何时使用专利保护以及保护什么

专利保护尤其适用于以下情形：

- 有多种应用的核心技术或平台技术
- 对核心技术的改进，其中的核心技术还没有受到专利保护
- 所对应产品具有较长生命周期的专利成果的改进（例如，一个重磅药物的新配方）

一般而言，具有多种商业应用的平台技术为进行广泛的专利保护提供了基础。如果该技术的确是下一代的平台解决方案，那它很可能会发展出为数众多的应用。对这样一项技术进行为期 20 年的保护，确实是非常有价值的。随着该技术应用不断被开发和改进，就可以获得改进型专利。改进型专利的保护期延展了原有平台专利技术的保护期。

如果一项智力成果有长期的市场潜力，那么为产品中包含智力成果的渐进式改进申请专利保护就是明智的，尽管该智力成果已经受到专利保护。在

这种情况下，为渐进式的智力成果申请专利有助于延长该产品专利的寿命。在有些行业和市场，这是 i 产权战略的一个关键部分。例如在制药业中，新药物分子从智力成果到投放市场需要的时间可达 10 年甚至更久，而在仿制药竞争到来之前专利寿命只剩下 10 年或更少。而且，在第一个药物推出市场的几年内，竞争对手通过并行开展研发往往能生产出适用相同症状的“我也是”药物。这会极大地影响首家进入市场的公司的销售额。因此，公司必须围绕药物分子不断地创新，从而提供新的专利产品。这些渐进式的智力成果通常包括新的配方、新的管理方法、专业的药物给送装置、更好的剂量方案以及结合多种活性成分的剂型等。这一策略至少能在最初的 20 年里有效提高公司投资的回报。

那些对医药行业不满的人通常将这种做法称为“常青化”（evergreening）。例如，“创新公司”发现了一种新的药物化合物，获得了为期 20 年的专利。10 年之后，该药物的一项新配方被研发出来——例如，新配方使药物可以口服，这样它就可以被吞服而不需要注射。公司在开发新配方后可以获得一项可持续 20 年的新专利，因而从新药专利申请到配方专利到期的时间就达到了 30 年。这个结果是公平的。这对社会而言是一项重要且新颖的贡献，往往需要花费数百万美元才能开发出口服药物，从而使病人群体不必再注射用药。在药物专利的 20 年到期后，仿制药公司能够生产出不那么昂贵的药物；药物专利期满后，仿制药公司只是被阻止使用口服配方的专利。此外，其他精通药物给送（drug delivery）的公司可以运用过期专利来开发自己的专利配方，进而与创新公司的新产品进行竞争。再一次，公平产生了。

媒体经常弄错改进型专利的效果，认为改进后的配方申请专利会延长最初药物专利的寿命。这是一种误解。制药公司或其他公司之所以获得新的专利，通常是因为它们在研发上投入了大量资源，对原有技术做出了重要且新颖的改进。如上所述，它们也面临着其他公司将基于创新药物开发出竞争性产品的风险。到期日更靠后的新专利所覆盖的并不是最初的发明，而是后来的技术改进。

一个相关战略是为不受专利保护的平台技术的技术改进申请专利。这些改进往往适合范围较窄的专利保护，且往往很有价值。例如，假设有一种抗癌药物已为公众所知多年，因而无法授予专利。有一家公司开发了一种新的药物给送方式，比如通过吸气进入肺部，并因此提高了某类肺癌药物的疗效。这一改进就为这一非专利药物的可吸入配方打开了通往狭窄专利保护的大门。

而且在某些情况下，渐进式改进的应用实际上要比之前想象的更加广泛。例如，抗癌药物的可吸入配方可能适用于许多具有相同的基本化学性质的药物。在这种情况下，该配方专利本身就可以是一项平台专利，有很多从直接相关领域之外获取收入的机会，比如可以将该配方许可给另一家使用药物治疗肺瘀血的公司使用。

12.2.5 速度很重要

在全球创新竞争中，创新正以惊人的速度发生着。创新必须快速进入市场，否则创新就会被一个更好的版本超越。这同样适用于保护创新。除了美国，全世界都采用一个“先提交申请”的体系来确定谁更具有为智力成果申请专利的权利。换句话说，第一个提交专利申请的人（或公司）战胜了后提交申请的人，即使第一个提交申请的人不是最先构想出该智力成果的人。美国的体系将优先权给予第一个构想出智力成果的人，只要那人能证明他一直相当勤奋地追求该智力成果。但如前面所指出的，为了使美国的实践与其他国家相一致，美国国会正在考虑是否将该体系转变为“先提交申请”的体系。

贵公司在专利申请领域行动敏捷吗？一旦识别该智力成果具备战略价值，你需要多长时间来提交一份临时的或完整的专利申请？

无论美国的法律是否改变，世界还是以“先提交申请”为主，对于想要全球性地利用知识产权的公司而言，速度很重要。那些将发明披露交给外部法律顾问并对 3 个月甚至更久的周转期感到满意的日子，已经一去不复返。新颖、可用的智力成果必须在概念形成后的几天或最多几周内，快速保护起来，否则其他人可能首先提交申请。专利领域之外的人往往难以相信这种风险。仅仅几天时间能影响什么样的机会呢？每一名专利律师都可以说出很多与其他人的专利或出版物间进行斗争的故事，这些专利或出版物是在提交专利申请前的几天或几周才起作用的。速度很重要，但公司无法承受这个过程中的瓶颈制约。正如在第 11 章中所讨论的，如果在公司专利系统中使用训练有素的采访者和披露作家，那么公司就能将发明家头脑中的智力成果尽快提交给专利局。

12.3 通过对外公开来保护智力成果

一些智力成果无法作为好的商业秘密，所以应该考虑申请专利。然而，为每一项智力成果申请专利往往耗资极高，尤其当该公司正在培育一个国际专利组合时。在某些情况下，最佳选择是将智力成果公开发表以阻碍别人申请专利。一般来讲，如果一项智力成果并不适合作为商业秘密或以申请专利的方式加以保护时，那么就应该考虑发表这种途径。

12.3.1 发表与消亡

“发表”一词往往让专利律师感到害怕，而且也应该如此。在许多行业里，专利是 i 产权最重要的形式，是保护好一些最具价值的知识资本的必要条件，也是竞争中生存下来的关键。考虑不周或不合时宜的公开发表会成为专利毒药。决定公开发表就是决定不可逆转地放弃潜在的专利权。这个重要决定应该在综合性的 i 产权战略的背景下做出。

如同任何毒药，公开发表也可以用作为一种武器。在试图避免因不合适宜的发表而损害自身的专利潜力时，公司以及学术机构应该注意不要忽视发表的防御作用。一个成功执行的防御性发表战略能够阻止他人在出版物所涉及的技术空间中申请专利，从而有助于为公司获得运作自由；而且，采用这种策略不需要昂贵的专利费用就可以达到目标。

使用防御性发表的最好情形是如下的渐进式发明创造：（1）已经为现有的专利权利要求所覆盖；（2）并非内化在一个具有长期市场潜力的产品中。在这种情况下，智力成果已经被专利保护，为其渐进改进申请专利保护的价值可能不足以覆盖投资的机会成本。报酬递减规律甚至也适用于专利。对每项新专利所作的投资相当于对初始专利的投资，但到某一点时，更多的保护就不合理了。以一种新的基因为例。如果拥有了一个强大的专利组合，其权利要求对这个基因以及使用任何细菌制造该基因产品的方法进行广泛的覆盖，那么还有其他菌种也能生产适当的基因产品这一发现，就可能适合公开发表而不是申请专利。该发现可以用于申请专利，但申请的专利还是在现有专利组合广泛的权利要求范围之内。

在有些情形下我们喜欢公开发表这一策略，但这应该作谨慎考虑。有多种因素能使公开发表成为无效策略。如果该智力成果没有被现行专利的权利要求覆盖，将其发表只会帮助竞争对手。如果该智力成果已被权利要求覆盖，但现行权利要求的执行较弱或比较糟糕，那或许就需要另一项专利提供更进一层的保护，以此来巩固整个专利组合的保护力度。如果该智力成果内化在一项有长期市场潜力的产品中（比如一种新的药品），那么付出费用以扩大专利保护范围就很可能是合理的。对于一个能每年能带来收益 10 亿美元以上的产品，仅仅延长一个月的专利期限都意味着价值数千万美元的收入。

其他可能有效的公开发表的例子包括：

- 不是特别适合作为专利保护的核心技术。即使它们不是特别适合作为专利保护，竞争对手也可能会说服专利局发放专利。即使专利是无效的，但一项已发放的专利仍会被事先假定有效。为了克服这种假定有效，是要付出昂贵代价进行诉讼的。若将智力成果发表，就不会出现这样的结果。
- 在已提交的专利申请中的发明创造。专利申请要在初次提交的 18 个月后发表。这会带来 18 个月的窗口期，在此期间还可以向国外提交专利申请。提前将公司的专利申请发表（即在第 18 个月到来之前），可以削减这 18 个月窗口期的部分或全部。但是要记住，提前发表也可能会不利于公司自己接下来的专利申请。

- 目录或其他广告材料中的发明创造。产品目录、网站或其他客户信息都能成为“当前已有技术”的载体，但是专利局往往不搜索这些地方。将这类材料发表在一个可搜索的数据库，就可以确保世界各地的专利局能够获得这些原本不可搜索的信息。例如，将目录和网站上的信息以一种便于专利审查员进行搜索的形式公开出版，就能够增加专利审查员发现这些出版物并阻止竞争对手申请专利的可能性。

12.3.2 什么是防御性发表？

本章前面详细讨论了专利交易的平衡（好处与害处），它为防御性发表的应用设定了情境。成功进行防御性发表的结果是有意并有针对性地破坏了竞争对手专利申请的平衡。防御性发表是通过使社会公众掌握发明创造来实现目的的。如果防御性发表早于竞争对手提交专利申请，那么专利交易就失去了平衡——竞争对手没有什么可以提供给公众的，因为该发明已被披露、已为公众所掌握。从技术上说，新颖性和非显而易见性（或创造性）的要求有助于确保只在有新发明时才会授予专利权——当公众确实能从专利披露中获得一些新东西时才会授予。防御性发表使得竞争对手的专利申请变得显而易见、缺乏新意。

12.3.3 写作防御性出版物

如果作为综合性 i 产权战略的一部分，那么防御性发表战略得以成功执行的概率将会极大地提高。如前所述，有关公司重要技术的防御性公开发表最好是仅在公司拥有有效专利保护的情况下才采用。因此，有必要在发表前对现有专利的权利要求进行分析，以确保它们涵盖了防御性发表所对应智力成果的替代方案。

如果缺少这样的保护，那么防御性发表可能只是在帮助竞争对手绕开你自己的专利进行开发。为了打破一项专利申请，对应的公开发表应该能够实现专利申请中提出的发明创造。在美国，这就意味着该公开出版物必须“能揭示这个受质疑的权利要求的每一个要素，并使熟练的技术人员能做出这个预期的标的物。”① 评估防御性发表可能具备的价值时应该考虑这样一个事实，即公开发表通常不能阻止他人为公开出版物所不能实现的发明创造申请专利。在生物技术等复杂领域，概念性发明的有效性被认为是不可预测的，可实施要求意味着防御性公开发表应提供一个详细的工作报告，并且通常应该记录下用于证实发明概念有效性的实证工作。

以一个新基因序列的公开发表为例。基因序列的发表使得普通的分子生物学家能够制作出含有该序列的基因。然而，基因序列的发表可能不会使普通的分子生物学家将该基因用于特定的基因治疗中。该公开发表会破坏其他人具有的为包含该基因的孤立或合成的核酸申请专利的权利，但不会阻碍其他人将该核酸成功用于一项不可预知的基因治疗中，并且为此申请专利。

为了增强公开发表的影响，可以考虑将要发表的基础智力成果的替代成果包含进来。包含替代成果可以阻止竞争对手开发绕开已发表的智力成果，或经对其改进后得到可申请专利的替代成果。通过运用专利领域的常用语言来扩大一项发明创造的范围，专利律师能够提供一定帮助。以这种方式扩大防御性发表的范围，能降低其他人在已发表智力成果的基础上开发出可申请专利的智力成果的风险。然而，即使有防御性出版物，出人意料的改进或替代成果仍可以被授予专利。

12.3.4　在哪里发表

防御性出版物发表的选择范围涵盖了从传统的同行评议期刊到专注于在线发表的互联网网站。发表在同行评议期刊是理想选择，因为这类出版物

① PPG *Industries*，*Inc. v. Guardian Industries*，*Corp.*，37 USPQ 2d 1618（Fed. Cir. 1996）.

对于自身科研生涯的进步很重要，而且这类出版物的批判性评论对于推动科学的进步也很重要。此外，同行评议出版物一直以来所要求的可重复性（repeatability）与可实施要求是一致的，有助于确保可实施性得到满足。在传统期刊上发表的问题在于，假设它们实际上已经同意发表您的论文，但发表出来也要耗掉几个月的时间，而防御性发表策略的关键就是速度。如果另一家公司在防御性出版物公开之前就提交了专利申请，那么该策略就失败了。

公司网站是防御性公开发表的一个有吸引力的场所。然而大多数网站发表都缺少用于证实发表日期或发表真实性的方法。此外，网站内容是不断变化的，基于网页的搜索仍然无法像传统的信息数据库那样准确。世界各地的专利审查员可能没有鉴别出这项公开发表。如果发生这种情况，竞争对手的专利申请就可能因专利审查员对防御性发表不知情而被授权通过，使得公开发表没有达到预期效果（即没有被专利审查员用于拒绝竞争对手的专利申请）。

应当指出的是，如果一项专利仅描述智力成果但没有权利要求，那么也可以看成是将标的物发表并奉献给公众。发表方式的一种选择是，在专利申请中描述想要发表的智力成果，但不提出智力成果保护的权利要求。这种选择的优点是，在专利申请悬而未决的时候，申请人如果决定将智力成果申请为专利而不是公开发表，那么他可以提交覆盖该智力成果的权利要求。换言之，在专利申请中发表智力成果是推迟在申请专利和公开发表之间做出最终选择的一种方法。

防御性公开发表的另一个选择是 IP.com。这家精明的互联网公司成立于 2000 年，它建立了一个“当前已有技术”的数据库，为将防御性公开发表传递给大众提供了一种快捷有效的方式。公司拥有各个类型的客户，包括IBM、通用电气、摩托罗拉、雅培和伊斯曼柯达等。为确保公开发表在世界专利体系中具有法律意义，IP.com 以电子方式标记日期并保护每一个防御性发表的完整性。IP.com 发布的文件成为文本搜索数据库的一部分，可被世界各地专利局的专利审查员访问。为了确保遵守公认的法律标准，公开披露也会在 IP.com 杂志上逐月发表。该杂志已被世界各地的 35 家图书馆和专利局收藏。

IP.com 的首席执行官汤姆·科尔森指出，最高法院最近关于 KSR 与 Teleflex 的一个判例，提高了美国专利对非显而易见性的要求，如此一来专利和专利申请将更容易受到防御性公开发表的攻击。在该判例中，肯尼迪法官记录了法庭的一致意见，强调说："根据专利法，普通的创新成果并不是排他权授予的对象。要不是这样的话，专利可能会扼杀而不是促进有益技术的进步。"采取这一立场，法院坚持认为由于已发表专利对类似设备进行了描述，所以争议专利是无效的，从而扭转了美国专利局近期授予容易专利的倾向。由于这个判决，科尔森指出，"专利将更难获得，也更容易失效。"这一变化表明，在许多情况下，防御性发表相比过去将是更为可取的战术策略。科尔森说，"简单而言，让竞争对手的专利处在比自身专利更危险的境况，是有价值的。"①

贵公司是否在适当时候利用了防御性发表策略的优势？

许多组织都努力识别那些应被申请为专利的发明，但很少有组织会做出适当努力，去识别那些应该以防御性发表的方式放置于公共领域的信息。防御性发表的花费不像专利保护那么大，适当运用防御性发表策略有助于公司和大学保护自身的 i 产权空间不受他人专利申请的侵犯。而且，将防御性发表策略融入 i 产权战略中，可以节约资源并投资于那些可能带来最大回报的专利申请上。

12.4 先开枪，后瞄准

如同 i 产权组合开发的每一个阶段，选择什么样的方式来保护新颖的智力成果，都必须由一个功能完备的 i 产权团队在具有洞察力的 i 产权战略下

① 与 IP.com 公司 CEO 汤姆·科尔森在 2006 年 6 月 12 日的电子邮件交流内容。

来完成。构成 i 产权组合难题的所有不同部分都应在精确考虑相互之间关系的基础上进行设计，这就要求战略决策的制定者对经营战略、i 产权战略、竞争格局以及公司现有的 i 产权组合有全面了解。比如说，一个欠缺考虑的公开发表策略可能会毁掉公司自身的专利战略，反之亦然，这两者必须协同一致才有效。但一个常见的错误是，为了达到很高的精度和审慎性却牺牲了速度。在许多情况下，速度比精度更重要，“先开枪，后瞄准”的方法更加可取。如果一个敏捷的竞争对手在专利局那里击败了你，那么就算你的 i 产权组合如何漂亮也一文不值了。

致谢

Thank you

威廉·A. 巴雷特

我想对他们表达真诚的谢意：

在本书完成过程中，A.L.L（Advanced Liquid Logic，Inc.）公司的里奇·韦斯特、迈克尔·波拉克和瓦姆齐·帕姆拉给予我很多支持，他们为我创造了一个能够理解“i 产权”价值的公司环境，并给予我将理论付诸实践的机会。

还有来自北卡罗来纳州三角研究园区的 Moore & Van Allen 律师事务所中多位杰出的知识产权律师，他们也给予我许多支持和鼓励，尤其是迈克·约翰斯顿、玛丽安·弗艾拉。还有北卡罗来纳州罗利 Ward & Smith 事务所的埃里克·米尔斯；欧洲知识产权事务所 Harrison Goddard Foote 的托尼·乔克；印度班加罗尔 Biocon 有限公司的首席专利顾问阿尼迪亚·西尔卡博士。

富兰克林皮尔斯法律中心（Franklin Pierce Law Center）的卡尔·乔达教授为本书第 12 章提供了充满洞察力的见解。

还有 *Nature Biotechnology* 的副主编迈克尔·弗朗西斯科、国际许可贸易工作者协会期刊 *Les Nouvelles* 的编辑拉里·普隆斯克、*Intellectual Asset Management Magazine* 的编辑乔夫·维尔德，在他们的帮助下本书得以使用那些之前收录在其出版物中的作品。此外乔夫也对我的研究给予了宝贵的协助。

还有 Global IP Net 公司的安东尼·德·安德拉德，感谢他允许我使用“Global IP Estimator”的数据。

最后，也同样重要的是要感谢我的妻子辛迪。她忍受我将大量时间投入于本书写作，在谈话过程中我常常因为头脑徘徊在本书写作上而走神，而她从不抱怨。

克里斯托弗·H. 普里斯

感谢我的父母，鲍勃和爱丽斯，他们赋予我好奇心，教会我如何去探索问题；还要感谢我的妻子苏珊，她是整个家庭的核心，并让我们都能获得成功。

托马斯·E. 亨特

感谢我的父母，比尔和艾琳，他们以自身为榜样，教会我诚实正直的意义。

感谢我的孩子们，伊恩和欧文，他们的勃勃生机与不断进取精神感染了我，让我领会了“完胜（ownage）”一词的含义。

感谢我的妻子凯伦，在任何境况下她都有无限能力去发现美好，让我知道，只要有她在我的身旁，没有任何困难不能逾越。

本书的三位作者也想感谢威利出版社的编辑苏珊·麦克德莫特，以及制作编辑娜塔莎·安德鲁斯 - 诺埃尔，感谢她们专业而热忱的支持。

进一步致谢

本书第 3 章部分改编自 William Barrett，“Building a Strategy for Maximizing Intellectual Property Value，” *Nature Biotechnology*（January 2005）。

第 4 章改编自 Tom Hunt，“A Value Chain Approach to IP Management，” *IAM*（November 2003）。

第 6 章部分改编自 William Barrett，“The Patent Gamble：Strategic Insights for Playing the Worldwide Patent Game，” *Nature Biotechnology*（December 2003）。

第 7 章改编自 William Barrett and Christopher Price，“The Global Patent Value Matrix：Making Global Patent Strategy Decisions，” *les Nouvelles*（December 2006），并已得到国际许可贸易工作者协会（Licensing Executives Society International）的使用许可。

第 8 章改编自 Tom Hunt，“The Effect of Corporate Culture on IAM Initiatives，” *Intellectual Asset Management*（April 2005）。

第 10 章和第 11 章部分改编自 William Barrett and Dave Crawford，“Integrating the Intellectual Property Value Chain，” *Nature Biotechnology BioEntrepreneuer Supplement*（June 2002）。

第 12 章部分改编自 William Barrett，“Defensive Use of Publications in an Intellectual Property Strategy，” *Nature Biotechnology*（February 2002）。